张　炜

朱又可

行者的迷宫

（全新修订版）

2018 年 · 北京

图书在版编目（CIP）数据

行者的迷宫：全新修订版／张炜，朱又可著．—北京：商务印书馆，2018
ISBN 978-7-100-16352-1

Ⅰ.①行⋯　Ⅱ.①张⋯②朱⋯　Ⅲ.①张炜—访问记　Ⅳ.① K825.6

中国版本图书馆 CIP 数据核字（2018）第 150986 号

权利保留，侵权必究。

行者的迷宫
（全新修订版）
张　炜　朱又可　著

商　务　印　书　馆　出　版
（北京王府井大街36号　邮政编码100710）
商　务　印　书　馆　发　行
北京新华印刷有限公司印刷
ISBN 978 - 7 - 100 - 16352 - 1

2018年9月第1版　　　　开本 880×1240　1/32
2018年9月北京第1次印刷　印张 14 1/4
定价：65.00 元

不,我不是行者,那是一些了不起的人。我追赶行者,直到走进他们的迷宫。

——张　炜

前言　从锦鸡岭下到白云湖畔的长谈

朱又可

2011年4月11日，我从广州到济南，目标是采访张炜，就他的39卷本小说《你在高原》做一篇专访。

那天下午，在我住进张炜替我预订的山东财经学院旁边的酒店后，他就来到房间。

这是我第一次见张炜。他敲门，我打开门。他在门的一侧退后两步的地方站着。他站的姿势很端正，两手垂着，穿着西服；他的神情中有一丝警觉——是不是长期走野外养成的习惯？

进门后，我告诉了他采访计划。他说，两三个小时够了吧？我说，一次两三个小时，恐怕得打扰他两三次才行。他说，没有问题，只要我需要，他尽量调整出时间。

4月12日，采访正式开始。张炜的家就在附近的舜玉路，他手捧一只茶杯来了，像在机关上班一样。

张炜带给我崂山的茶。他喝的不是茶，是有治疗作用的药剂。他那些天患了带状疱疹。

9点钟，录音笔转了起来。

因为带状疱疹的折磨，张炜坐在那里不断地变换姿势，他说腰肋部串痛得厉害。有时他把脚放在旁边的床沿上,嘴里偶尔发出呻吟的声音。但事情在进行中,且带状疱疹又不是一下子可以好的,这颇让我不忍。

第二天上午我们第三次聊的时候,我跟张炜说,能不能聊它三天?张炜赞同,叫我把题目"荡开了"谈。

这样,每天中午和晚上,独自一人留在房间的时候,我都在紧张地思虑,以确定下午或次日上午的话题。张炜从不问接下来的问题是什么,每次都等于遭受"突然袭击",他说有准备的谈话可能没有激情。

那些天,张炜正在装修房子,他为了跟我对话,也无暇分心装修的事了。

有时我们中午或晚上会在完成半天的工作后在酒店一起用餐,然后各自休息,以积蓄精力下次再谈。

张炜不习惯房间里光线太强烈,他总要拉上窗帘,只留一点缝。这样,在暗淡的光线中,他语调徐缓地讲述。

因为"荡开了",就有了从容交谈的节奏和结构,主干和分支的题目就不断地生长,谈话的"工程"貌似从容实则紧张地一日一日进行了下去。当然,我们都发现,要聊完不断生长的话题,三天是远远不够的。

不知道是不是因为一个人会有多重背景和不同环境与阶段的缘故,我发现,张炜有多张不同的面孔,或者,他的面孔会变,"变脸"。当他的话题转到世界文学的时候,他严肃的脸庞和斜睨的眼光,好像显现出托尔斯泰的神态来,我怀疑是不是托翁的某种东西化进去了。有一刻,我甚至看到张炜的眼睛是磁蓝色的。当他叙述少年时期在林子里的经历时,我甚至觉得他的脸幻化出某个动物譬如鹰隼的眼神和轮廓来。当他回忆他20多年在胶东半岛的大山里反复穿越的往事时,我定睛再三端详他的脸,他似乎就是我非常熟悉的一个山东威海的朋友,相貌神情,一颦一笑,尤其加上他的山东腔,像极了。我思忖,一个地方的人都是有某种相似的。停下谈话的当儿,他就还原为最日常的张炜了。因为一连七天面对张炜,几乎一刻不停地把眼光停留在他的面容上,就像静止的电影胶片因为足够长了拉动起来就会产生运动的错觉一样,我在心里暗自定影了张炜面部变化的几张不同底片。

我住的宾馆位于锦鸡岭下,每天早上我都爬一次山。张炜自称是个"野蹄子",特爱走路,他说只要在济南,锦鸡岭他差不多每天必爬,只是因为这些天他身患疱疹,才没有爬山。

每天我从锦鸡岭下来,吃过早饭,张炜也就准时在9点钟到了。我们每天的工作就开始了。

到18日中午,我和张炜在锦鸡岭下的聊天进行了7天,共10次,20多个小时。最后收尾时,其实觉得有几个话题还没有聊。

张炜说,他5月份还去广州,剩下的话题,可以在那里补聊完。

4月19日,我离开济南回广州。

2011年5月5日,关于张炜的专题报道在《南方周末》刊出,占了三个版面,在这张报纸关于文学报道的历史上创了篇幅方面的纪录。恰在这一天,张炜到广州来领奖,他因《你在高原》获得华语文学传媒大奖的"年度杰出作家"荣誉。

5月9日,在广州白云湖畔酒店,张炜和我进行了第11次聊天,算是给这个专题做了了结。这次访谈前,张炜告诉我,有出版社想出版这个25万字的马拉松访谈,并让他征求我的意见,我自然愉快地表示同意。

那天我们聊了三个小时，张炜谈了在档案馆工作的几年所了解的"内幕性"的资料，以及他为写作《你在高原》的漫游中遇到的小故事。

当晚，《南方周末》总编辑及几位同仁请张炜在广州五羊新城的潮州酒楼小酌，大家一致赞叹他在时间上所给予的宽宏大量的"超规格礼遇"。

目 录

前言 从锦鸡岭下到白云湖畔的长谈 ·················· 朱又可 1

第一章 开始，从虚构到幻想 ····························· 1
  《古船》：批评和道歉 ································· 2
  《九月寓言》：千里迢迢背回一个鳌子 ················· 5
  80年代文学的冲劲和局限，深厚的腐殖质成长大树 ····· 9
  一直在"跑" ·· 15
  渴望保留不修边幅的气质 ······························ 19
  为什么要写得很长？ ··································· 23
  "消失的分号"，厅廊连通许多小房间 ·················· 30
  重复是一种强调，小说的繁复美 ······················ 35
  自学中医 ·· 40

第二章 家族和童年趣事 ·································· 49
  家族往事 ·· 50
  80年代济南青年的辩论和出走 ························· 55

梦想成为一名地质工作者 …………………………………… 65
"宁伽"是虚构的 ……………………………………………… 69
推敲山河 ………………………………………………………… 73

第三章　土地和人性 ……………………………………………… 81
创造出无愧于伟大作品的时代 ………………………………… 82
写作：那个遥远的高处的"我" ……………………………… 86
杰出的作品与时间 ……………………………………………… 90
从斗争时代到竞争时代：中国独特的家庭样本 …………… 98
人性的包含力和决定力 ……………………………………… 108

第四章　革命，承诺和飞蛾扑火 ………………………………… 119
革命论述和西方现代文学思潮的双重影响 ………………… 120
革命叙事退潮后的再叙事 …………………………………… 124
走出现代主义文学的集体忧郁症 …………………………… 127
自卑和模仿带来的痛苦 ……………………………………… 130
有承诺和没有承诺的人 ……………………………………… 134

第五章　行走，一些人和一些事 ………………………………… 147
徐福东渡考 …………………………………………………… 149
游走中遇到的人和事（河汉隐士；大痴士；找腿的女人；
　老酒肴；蓝眼老人；"精神病"；现代鲁滨孙）………… 154

《聊斋志异》的故事或是真实发生的（荒野酒宴；黄鼬附身；
老李花鱼儿；阿雅的故事；一次蛇懵）……………………170
消失的林野……………………………………………………183

第六章　富翁的迷宫，熏风和世外桃源……………………187
企业家的故事：超级富翁的个人迷宫……………………188
知识分子的复杂性…………………………………………201
起码要有"一毫米的理想"…………………………………203
在物质主义的熏风下变得酥软的文化耆老………………206
自我苛责是知识分子最了不起的素质……………………209
葡萄园不是世外桃源………………………………………211
创立万松浦书院……………………………………………221

第七章　漫长黑夜孕育出的一部文学年鉴…………………229
知识空前没有力量…………………………………………230
孔子在当年是思想最解放、觉悟最高的人………………234
周游世界：再也不能做一个利益的动物了………………246
绕开垃圾的办法就是回到经典……………………………254
频繁转型是没有想象力和创造力的表现…………………258
书的厚度只有时间才能给予………………………………262
最重要的是绝望之后的第二次选择………………………264

第八章　我就像那只寻找老窝的獾 ··················· 269
有深度的小说里应该听到嘈杂声 ··················· 270
表达善恶交织，就是要破掉生活中的虚拟性 ··················· 274
如果不能保持"一毫米的理想" ··················· 286
消失的故园和午夜来獾 ··················· 289
按照市场的框子去衡定雅文学会导演悲剧 ··················· 294
全盘西化和全盘本土化都是简单化 ··················· 298

第九章　在阅读中感受一种酽实的钢蓝色 ··················· 301
信仰与文学 ··················· 302
《你在高原》的创作论：语言、人物、情节、主题、世界观 ··················· 310
重复是为了强调 ··················· 319
和中外文学史上其他文本的区别 ··················· 326
诗歌和小说的关系 ··················· 327
小说中的诗性和神性 ··················· 329

第十章　只有时间才能给予的那种神秘力量 ··················· 333
文学不需要迎合、取悦任何一部分人 ··················· 334
"幸福"是商业主义时代利润最高的麻醉剂 ··················· 337
文学批评为什么消失，批评家趋利避害 ··················· 343
20年漫游中的危险与奇遇 ··················· 349
屋子大了不忍拆 ··················· 358
造了两台机器 ··················· 360

齐文化、鲁文化、秦文化 ·············· 362
100 年来，那锅千年文化老汤仍然没换 ········ 367

第十一章　这根弦，这根老弦仍然在弹拨 ······· 371
　　虚构越大，求实的力量就要投放得越强 ······· 372
　　韩复榘不是一副蠢样子，气质有点斯文 ······· 375
　　抱犊崮土匪事件 ···················· 379
　　"文革"不是突兀发生的 ················ 380
　　一个 50 年代人的沉沦故事 ·············· 382
　　游走的四个阶段 ···················· 389
　　挂职时期，开始第四次游走（老人与英雄；蚂蚱庙；岛主；
　　　人送外号"野蹄子"） ··············· 393

张炜生活创作年表 ···················· 407
后记 ···························朱又可 439

第一章
开始,从虚构到幻想

2011 年 4 月 12 日上午
第一次访谈
（济南锦鸡岭下）

这是第一次谈话,第一个上午。张炜说,前几天济南下了一场雨,天气还很冷,我来的前一天才升了温。阳光明媚而刺眼,但它被挡在了宾馆的窗帘外面。录音笔打开了,无声地跳动着数字。

一开始计划用两三次访谈完成采访,因此,提问的节奏是快的,企图在两个小时中包含问题的至少三分之一或一半。

《古船》：批评和道歉

朱又可：其实我曾想找个时间单纯跟你聊《古船》。以前还看过你在一个纪录片中谈创作经历……

张炜：对，谈黄河的。当时知道要拍一个纪录片，只是片名不知道。我当时在山西还是河南开会，编导在一个宾馆里找到我。我不知道总体要拍多少集，整体架构都不知道。我谈的东西放到哪里都可以，比如人跟土地的亲密关系，这个主题很常见。我说的是一个真事：一对老人回到了久别的故乡，谈起过去的事情，在炕上哭了许久。就讲了这么一个故事，它不难诠释。

朱又可：那是什么时间？你到黄河边去了？

张炜：好像是1986年，黄河笔会间隙，中央电视台的人赶过去了，拍摄点离那个地方比较近。我那时候30岁左右。

我当年在龙口，正和一个人聊天，偶然看到了开播的片子。后来每一集都有很多人看。我没有坚持看下去，因为当时没有那个条件，那时要到处走——放那个片子的过程，正好是我在胶东半岛走远路的时候。那是1987年底，是我在胶东走得最远的时候，那时心有点野。还记得当时走到一个朋友那里，他家里摆了一台电视，这才看了一些。

朱又可：现在看谈得很朴实。

张炜：也有人跟以前的作品联系起来做统一观，这是比较牵强的连缀，没什么意思。这段故事讲了一个永恒却并不深刻的思想，放在许多片子里都会和谐。像人和土地、乡情、故土、恋旧，都是人的常理常态，没有什么深刻的东西，更没有什么其他的意涵。

朱又可：《古船》也有过争论。

张炜：据说当年有一些意见，这是正常的——但争论会像一轮轮的水波那样扩大，最后就不知道是多么大的事了。所以单行本出版都很难。后来好不容易出版了，也还好。

朱又可：争论时还没出版？

张炜：没出版，只是由《当代》发表了。记得发表不久正好开全国青创会，会上开始传说这些争论。会议后半截议论最多的就是《古船》。但后来出现的一系列对《古船》的评论，好评还是较多的。几年之后，否定的一方还写了一封信，让省里领导转给我看，信里说：我最近看了一些对《古船》的评论——我当年更多的是根据"耳食之言"做出了不得当的、轻率的批评；对一部作品不能这么简单化，我当年那样做是不对的，希望你能够谅解，写出更好的作品，等等。但他仍然说这部作品可能是"瑕瑜不能互掩"——是这一类文绉绉的话。

领导把信转给我——信没有公开，而且是转给我看的。当年过火的批评造成的损害，对一个年轻写作者各个方面造成的损害，已经是没法改变了。当事人和旁观者的感受是不一样的。

朱又可：这是哪一段时间？

张炜：大概是20世纪90年代以后。书的出版是在1986年。我写的时候是27岁，书出来是30岁。书改的时间比较长。这是我的第一部长篇，对我来说比较重要。当时指责的主要问题是所谓的"土改"方面的描写。公开发表在报刊上的还没有多少这方面的批评，但是在私下里、在会议上，有人谈到"土改"不能这样写。关键是有人习惯使用我们都熟悉的那种极"左"的语言。

朱又可：那就是本地人吧？

张炜：我跟他们基本上没有什么交往，更谈不上矛盾。他们也不是对"革命"负责，他们没有那样的理想。有个别人将书复印了，摘了一些片段，然后再上纲上线。当年不是今天，我刚30岁，却因为这个连起码的文学会议都不能参加，成了另类。

朱又可：是山东的会议还是北京的？

张炜：任何会议都成问题。我在《古船》之前写了一部短篇（《第一扣球手》），只涉及改革开放初期，讲有些农民实在不易……一个打排球的农民的女儿，回来看到父亲这么累这么苦，很难过。这是最朴实不过的一种慨叹，却被说成诬蔑改革开放。有关部门形成了文件，认为"问题是非常严重的"。报刊也发表了批评文章，那时任何文学活动都不准我参加了。可见我的作品这之前就有了争议。

《古船》差点没能出版，直到今天还被一部分人认为是"有争议的作品"。中国极"左"的源流、痞子气、底层的阴暗残忍文化,实在是源远流长的。《古船》中涉及这些,但还远远不够。在现在的社会生活中,我们仍然会感觉到一些似曾相识的东西。一个写作者可不能那么天真。

《九月寓言》:千里迢迢背回一个鳌子

朱又可:听说《九月寓言》当时发表也遇到了麻烦……

张炜:就内容来说,《九月寓言》本来应该是没什么敏感的,但它的结局也让我大吃一惊。我很尊重的一位文学前辈,曾经对《古船》称赞得不得了的老人,一直给我很大的鼓励,他一再说:中国有这样年轻的作家,中国文学大有希望——这是让我汗颜的话。但是他看了《九月寓言》之后竟然说,再也不能把我们的社会、我们的农村写得一团漆黑了。实际上《九月寓言》里写的更多的是劳动的欢乐和人的顽强,是坚忍不拔、跋涉千山万水寻找新生活的信念。至于说小村人生活得苦,那也只是现实而已。我是从那个时期过来的人,小时候经常到那样的小村里去——我们一家住在海边林子里,因为孤独,我常常穿过一片林子到小村里玩。那个小村离我们算是最近的,它叫"西岚子",现在已经没有了。我最愉快的事情就是和小村里的孩子们一块儿捉鸟、捉迷藏。小村里的每一户人家我都熟悉——吃过他们的煎饼,喝过他们的水,怎么会不知道他们的生活?

《九月寓言》里写他们吃地瓜干——地瓜不好保存,那里地下水位比较高，不像南部山区，山区人可以打一个"地瓜井"，把地瓜放到里面保存到来年春天——小村人必须将地瓜切成片晒干，装到囤子里保存，太阳好的时候还要赶紧拿出来晒一晒。这是一年的口粮，要谨防发霉。其实海边湿度大，不发霉是不可能的，我亲眼看到小村人将长出绿毛的地瓜干拿出来晒，然后拍拍打打重新装到囤子里。这些要吃上一年。

就在这样的情势之下，从鲁南一带传来了饮食妙计——小村人大多是从鲁南那个地方逃荒过来的，其中有一个人想起了老家的食物——那时候坐不起车，交通也极不方便，从海边返回鲁南，不知要走多少个白天黑夜，没有钱住旅店，就睡在野地里……就这样，他千里迢迢回去背了一个鏊子回来。胶东海角一带不要说鏊子了，连煎饼这种食物也从来没有见过，鏊子更是连听说过都没有。所以那个地方有了一个鏊子，马上就被视为宝物。

这个跋山涉水背回鏊子的实有其人，姓张，叫张启祥，在书中被我易名为"金祥"。他用一块厚布包着鏊子，背在身上，一路上逢山翻山遇河蹚水，困了就在野外睡一觉，渴了就捧一把溪水喝，历尽辛苦，将这个宝物背到了小村里。背回这个东西，对小村来说可是了不起的一件大事，该记到村史上才对……鏊子支起来，把地瓜干粉碎，调成糊糊或捏成窝窝状，然后开始做煎饼——我见到的方法是将窝窝状的地瓜干粉团子放在灼热的鏊子上面滚动，粘上薄薄的一层，揭下来就是煎饼了。滚动之前先要用蘸油的布擦一下鏊子，以防粘锅。滚动之后，粘了一层，还要用一个木板蘸了水刮刮，刮得均匀并且眼看着焦干了，再用一把小刀从边上撬一下，一张圆圆的薄薄的煎饼就揭下来了。

我当时特别好奇，和一群孩子站在鏊子旁边，看一两个小时一动不动，并且还能享受摊饼人赠予的破碎煎饼。当时觉得那么香，本来地瓜干是难以下咽的,但是做成了煎饼竟然又香又甜又脆。如果拔一根大葱夹上,那就更棒了。全村像过节一样——对大人孩子都是盛大的节日。实在一点讲,从那以后整个村子的面貌都发生了变化,这样说是毫无夸张的。老头老太太将一些煎饼揣在腰里,上街晒太阳,一会儿拧下一点放到嘴里嚼嚼,让外村人好奇和嫉妒。当地没有这个饮食传统,所以小村人很是得意和炫耀,吃的时候故意不看外村人,拧一点放进嘴里……小村人把煎饼不叫煎饼,而是以鲁西南当地人的发音叫成"黏宁"——一个老婆婆说:"我昨晚吃了两个'黏宁',今儿又吃了一个'黏宁'。有'黏宁'真好,做一碗汤就成了,再也不用为吃饭害愁了!"

一贯鄙视小村的外村人第一次羡慕起来,他们馋得要命。鏊子在这个小村里就一个,他家摊完煎饼别家再摊,那得提前预约。去取鏊子时,讲究的人家不说"拿"和"提",而是说"请"——把鏊子请过来,当然是敬重。我记得最清楚,我们家也说:咱能不能请一回鏊子来呢?因为我们离小村最近,我们也是从遥远的外地迁移过来的,所以还不同于当地人。我们家小心地提出这个请求以后,不知小村人研究了与否,反正等了好几天他们才答应——他们派来一个人看着,用完要马上拿走。母亲摊煎饼的时候,我在边上看,好奇,当然也捏了一把汗。她去学习过,怎么调糊糊,怎么烧火,可最后实践起来还是不行:不是糊锅了,就是摊好的煎饼揭不下来。没有办法,最后不得不请来一个小村人帮我们,这才摊了一小摞——那个等在旁边的小村人立刻把鏊子拿走了。

他们对我们家算客气的,因为都是异地人。当地人歧视小村人,叫他们为"廷鲅",就是河豚,一种毒鱼。为什么取了这样的外号?我们一直不解,只明白是一种侮辱,想一想,可能是小村人就像毒鱼一样需要远远躲着吧?因为我们也是外地人,所以小村人多少视我们为同类。当地人如果要请鳌子,小村人就仰着脸,说:"不借哩!"

鳌子这个东西,在我的童年生活中留下了非常深刻的印象。

我书中写了"千里背鳌子",其实并没有什么夸大。那个背鳌子的老人,与真实的小村人一样,也要带一个"祥"字,因为我生怕写走了样——我要写出童年记忆中的那个老人,写他一路的风餐露宿。书中写他途中点火取暖,还遇到一个流浪汉,领着一头小猪,他睡到半夜伸出手来——背鳌子的金祥一直警惕他,没睡,躺下时还把鳌子捆在身上——金祥原以为那个人要偷走他生命般的鳌子,没想到那个流浪汉是个同性恋,那家伙的手没有伸向鳌子,而是伸向了金祥的身体。这大大出乎金祥的预料,也更加超出了他的容忍度:想想看,偷鳌子偷钱虽然不道德,但可以理解;把手伸向那个部位搞那个,就让金祥怒不可遏了!书上写他愤怒之间抓起鳌子猛地一抡,把流浪汉打倒在地,然后护着鳌子迅速逃离。

我有一个作家朋友,我们常常在一起互读作品——记得那次,到深夜两三点钟,他还在听我读《九月寓言》。当读到这一节时,那个朋友就捂着头,默默地到另一个屋子里去了。我追过去问:你怎么了?他也不作声。我没法念了,只好把稿子放起来。时间不早了,我正准备睡觉,刚躺下,他却走过来了。他抽着烟,说:"哎呀,原来文学在默默地前进!刚才,你一鳌子把我打中了,就像打在我头上似的……"他说自己嫉妒、羡慕、激动。

这一切至今仍然历历在目。这就是那个时候的文学状态。

朱又可:魔幻现实主义的鳌子。

80年代文学的冲劲和局限，深厚的腐殖质成长大树

朱又可：《古船》写的时候是20世纪80年代早期，出版是80年代中期，那是中国当代文学的黄金时代。

张炜：那个时候，整个文学气正，冲劲也大。80年代初，最开始是诗歌，然后是小说和散文。散文比较受注意，报纸副刊上的很多散文，包括重新印出的一些散文集，都广受阅读和评论。但是这一拨很快过去了，接着是短篇小说更受注意，中国最活跃的作家都把力量押在短篇小说写作上。

朱又可：诗歌是最先的。

张炜：是的，包括现在的诗，在文学的总体间，有极其特殊的位置，不像散文和中短长篇小说——它们和现实之间结合得比较紧密。诗在中国的文学里很奇特，稍稍独立了一点，它最少功利性，最纯，所以有一些心气很高的人不写小说，只写诗。但是它又面临一个很大的问题：读者太少。有人说写诗的人比读诗的人还多。缺乏众多的读者做基础，有时候整个文体会蜕变，出现其他一些问题。

我爱诗，一开始发表的作品就是诗。为什么一开始是诗？因为诗是很特别的，它跟整个中国文学稍微有点剥离——不是说它不好，也可以说它太好了，有人说这种好中也包含了一个弱点，即它跟整个中

国文学的主要内容剥离,因为它是比较纯粹的。其实更应该说,朦胧诗以后的中国诗歌跟世俗的中国文坛保持了一定的距离,这个距离对它自己有不利之处,但从根本上、从文体本身的生长来看,还是有利和可爱的。现在物质主义对中国文学伤害很深,对诗的伤害浅一点。但是它也有别的问题,比如说它缺乏一个高素质的读者群做基础,这就一定会对这种文体造成很深刻、很长远的伤害。

朱又可:我参加过一些诗人的聚会。现在外界很少有人关注诗歌。

张炜:诗也面临一个坎儿。比如说这样一种文体、一种体裁,写作者可以完全为自己写作。迎合读者太多的,一般都是次一等的写作。雅文学写作,诗和散文,无论如何都要保持一个界限:读者比作者多。但是作者考虑读者却不能太多——这并不意味着这种文体一定要跟读者剥离,因为没有读者就会有一种说不清的力量发生作用,作为一种文体,往往没有活力没有创造性没有再生性,最后影响到它的质地。

诗目前很特殊,也很难说不好。物质主义、重商主义对整个文学伤害很大,它对诗的伤害是以另一种方式出现的——整个的诗表现出一种气质,它正以相反的方式对物质时代做出某种回应——整个的文体变得悲愤,或者说是一种更偏激的姿态。它是以另一种方法,而不是跟随,与这个时代之间有了一种紧张关系。其他的文学体裁却跟这个时代结合得紧了一点——一开始是散文,再后来是小说。

所以当年的短篇小说评奖,受关注就很多,一年评一二十个,新时期最活跃的作家都在写短篇。再后来,短篇这种形式容纳不了那么多的情感和事件,大家理所当然地转向了中篇小说,慢慢地,作家中很重要的力量都转到了中篇小说写作上。再到后来才是长篇小说。
《古船》正好是在作家将力量转移到长篇那个时刻写出来的。

朱又可：80年代不光是诗歌，报告文学也有好的，各种文化艺术的门类都喷薄出来。后来就不行了，比如说报告文学，80年代以后就变成广告文学了。

张炜：报告文学后来主要写企业家了。中国文学80年代是很棒的，很有生气的。文学和人一样有气质，80年代的文学气质是最好的。但是80年代也有一个问题，无论是社会、人的精神还是文学，都是一整块的，没有呈现出复杂、混乱甚至某种迷乱的状态。80年代那种纯正、力量和高峰也有自己的局限。到了后来，那种所谓的混乱、迷乱、极其愤慨、不知所从的时代，却有深不见底的潜力掩藏在里面。混乱、无序有时会酝酿各种可能性。80年代则不同，一方面它有了不起的一面，气质好、向上、凝聚，这就有力量，有突破性，但另一方面，总体上显得比现在单纯，相对简单了一点。

而比较大的一些创作，总是以大面积的牺牲为代价的。无序、混乱，可以有大量的腐殖土积累起来。文化上以各种形式形成的退出、自杀、毁灭、完结，这一类的问题特别多，就会形成深厚的文化腐殖土。在这种腐殖土上，才能成长出特别强旺的精神个体。这跟巨大的悲观、失望是联系在一起的。大家都觉得很有奔头，特别是文化上很有奔头，很有力量，也就掩盖了自己的危机——因为比较单纯和一致，好是非常好，很能激励创造群体，但是慢慢地又会形成历史的贫瘠。

80年代的文学固然让我们怀念，那种蓬勃的状态、向上的状态，那种精神方面的极强的聚焦力，虽然它掩藏着危机。现在整个都打乱了，标准打乱了，几乎完全没标准。这样一来，很多非常有力量的人物可能被掩盖、被漠视——这让许多人悲观，但是这样的局面，特别在13亿人口的大国中，又没有那么简单，它会蓄藏起多种多样的能量和可能性。

这就是从得失两个方面看问题。现在这种文化上的大悲观，是必须付出的代价，但它一定会有收获。

比起80年代，现在有道德感的、有力道的作品似乎少了，但是比过去更复杂了——更趋向于一种精神现象的复杂，人性的深度、对人类生存状况的各种可能性的探索，都比那时候要丰富和扩大了许多。

朱又可：因为艺术、电影、电视到了80年代，朝那个方向走到头了。

张炜：80年代要面临一个演变、一个跌宕，不会一直是高八度地往前走，会有变奏。那个变奏，即便不是因为其他层面的问题，也会发生。再就是，这种变奏很快转向了颓丧，以嬉戏、过分的娱乐，来回应自己的时代。一个人从一极走向相反的一极，中间肯定发生了很大的事情。这部分人很绝望，由积极转向了颓丧、嘲讽。可见这两极实际上有时候还能相通。

这里面说简单也简单，说复杂也复杂，既有人性的东西，也有文化的东西。就像儒和道的转化，看起来二者离得很远，实际上又是相通的。强烈的入世和大幅度的出世，既是互补的，又是相对和统一的。80年代是儒家的入世精神，到后来道家的东西更强了。

朱又可：80年代是入世的，有担当的，觉得能改变社会。

张炜：入世，负责任，是中国人更认同的精神流脉，很有意义，让人怀念。一旦遇到挫折，就走向了道家——它有各种各样的文学表达，这从80年代末就开始了，人对闲适的、脱离社会层面的作品较易接受了，比如讲吃讲喝的一类。过去这些东西是不行的，写得再好，发表的时候要排得很靠后。像汪曾祺的《受戒》，那么好的一篇作品，在《北京文学》发表的时候就排得很靠后。因为它是在80年代出来的，如果是后来，价值就会不同了，结论就不一样了。它是非主流——每个时期都有主流，现在的主流是市场化、娱乐化。

朱又可：您说的那些偏激的批评主要是哪些人？《古船》发表后，我听说有人拍桌子。

张炜：也没什么。也许带有那个时代的固定思维。比如我前面提到的那封信，写得也很可爱，有分寸。有些词是用在所有作品里都可以的。原来的意见是听了"耳食之言"，可后来也没有说怎样研究这个作品——道歉和原来的态度，前提都是差不多的，都建立在没有研究（读）作品的基础上。文学作品的复杂性怎么估计也不过分，但是有人却觉得在对待文学作品方面怎么简单化也不过分。我们现在慢慢学会了对作品要稍微用超脱一点的眼光去看待，学会了一点宽容。

80年代整个文学比较有责任感，但也很脆弱。这表现在创作者虽有积极的心态、入世的心态，但缺乏更厚实的精神基础，也缺乏更大的从容和韧性。

朱又可：这看法是放在中国的传统里了。它实际上入世不独立，是依附。

张炜：入世，不管什么原因，创作者是自觉向善、向上努力的，不是抱着一种解构、破坏、沉沦这样的目标。后来的文学就不是了，包括绘画上的嬉戏、娱乐、反艺术的方式。当然，这也有可能产生杰出的作品，不能完全否定。达达主义，反艺术，也包括物质主义和欲望主义的作品，也能产生杰作。艺术是极其复杂的——我们平常说一个人一定要极其关心人生、社会，才能产生杰作，可是又会发现一些个案，有些人极其不关心人、社会和民众，竟然也创造出了不朽之作。比如有的文学杰作，就没有那么强的社会功利性，没有那么强的责任感和道德感。所以，千万不要说文学艺术必须怎样才能够怎样——艺术允许发生各种各样的偶然和怪异，可惜很多人不理解这个。

现在对于各种各样的、几十年以来的文学成说，敢于质疑和挑战，这是很了不起的。如果连这些都不能涉足，整个创作的凝固板块怎么能打破？它需要很多追问和反思，这很重要。比如过去我们总是强调文学比生活更强烈、更集中，这个说法也不能说不对，很多作品用这个概念和公式去套也未必不准确，特别是一些通俗作品，但是运用到所有的作品里面，显然就不同了，甚至说很大程度上是不一样的。

纯文学作品，不仅是变得比生活更强烈和更高了，因为这期间不只是发生了物理变化，而主要是发生了一些化学变化。作家感受、感悟了生活后重新创造出的一个世界，它跟生活压根儿就不一样——貌似一样，本质上却发生了变化，所以说这里不是物理变化，而是化学变化。就像粮食变成了酒，酒和粮食是两个东西——不是因为把粮食压得更紧更硬，它就变成了酒，不是这样的。雅文学与生活的关系就是这样，如果只理解它比生活更强烈、更高，就会产生一系列误解。对于文学的不同理解，会触动创作问题。这样的讨论在80年代不可能发生。从1990年一直到现在，还有一些走得特别远，甚至采用了反艺术的方式：绘画表现得最明显，也就是乱画乱写。这部分有的具有自觉性，有的倒也未必。

一直在"跑"

朱又可：80年代初，你为写《古船》去"跑"，和后来写《你在高原》的"跑"，两者有什么不同？

张炜：80年代初的"跑"，着眼社会层面比较多，比如要了解40年代那些变革的过程，其失误和动荡以及惨烈程度等，要搜集很多资料。再到后来就不完全这么简单和直接了，这与个人的文学演变及发展有关。后来的四处游走，到各地去，打捞的不再是单纯层面的东西，而是全面的了，比如说民间文学，天籁自然。这就跟少年和童年的很多感觉接起来了。这跟《古船》时期是不一样的。

刚才讲的80年代和90年代的差别也在这里。80年代依附和依赖当时的社会气氛，后来经过了漫长的"对外开放，对内搞活"，文化界经历了反思、松弛和进一步的视野开拓，想的就多了。个别人有可能将少年生活、青年奋斗，还有写作和阅读，整个一摊子文学现象和历史源头一下子衔接起来了。

写《古船》的时候，去半岛地区搜集材料，直接到胶东的粉丝厂，了解它的收入如何、领导结构如何，了解一个镇子的政治和经济情形以及它的历史。比如具体到"土改"，死了多少人，重要的事件有哪些，冲在前边的人是哪一部分，这部分人现在到哪里去了。目标明确，而且社会性很强。

今天走到海边或山里，对海浪的声音、迷茫的山雾更加留心。晚上在帐篷里看天空中亮着的星星，它们像燃烧着一样，一颗一颗的——这在城里是看不到的，因为灯光污染，不会有这种感受。在旷野里，会一下子唤起少年时的回忆。这一切作为文学的因素，显然无比重要。尽管与社会层面的东西拉开了距离，却更有意义了。

朱又可：80年代"跑"的时候，也看到山林、自然，但对这个留意多吗？

张炜：当年出发的目的过于明确，再加上没有那样的觉悟和情怀，会忽略掉重要的东西。人的情怀决定了许多。过去有一句话："看山则情满青山"，说的是人的感情把大山包容了、弥漫了。当一个人情怀不够、觉悟不高的时候，同样到一个地方，收获就不会太多。当然，后来的"走"和80年代的"走"，也有一个延续性，是更加走向了深入，有了大量重新探索和注意的角落，对于民俗部分、海洋动力学、植物学、考古学，包括造酒工艺，都感兴趣。我把各个门类的学问功课和实地勘察结合了起来。而以前行走的趣味性不如后来，包容性不够，对大量与当时的写作似乎没有关系的东西不太注意。

朱又可：《古船》中的王书记是一个正面形象，初稿中的真实情况是怎样的？你当时有没有顾虑，是不是一定要有一个正面人物？

张炜：《古船》并没有刻意加上什么"正面人物"。有文章说王书记是后来添上的，不是这样。但我在修改中可能稍稍强化了他。因为我看了大量档案，包括到实地去走访，都发现有这种人物存在——在任何时候，在某一种运动里面，在潮流中，顺着潮流的人很多，但其中毕竟还有理性的人，我们要写到这部分可贵的理性。那个可敬的形象原稿里就有，后来编辑说这个人物似乎可以加强。

书改动的时间长，这也是我的习惯。任何一部长篇改动都很厉害，因为追求完美之心迫使我一再地修葺。大的集中改动有两次，一次是在济南南部山区一座废弃的变电所里，另一次又跑到胜利油田的海边。最后发稿之前我住进了北京一个招待所里，编辑随时提出问题，我如果认为有道理，就随时调整。

朱又可：那是《当代》要发的时候吗？

张炜：是的。像现在的一个标准间，那时候房间里堆满了稿纸，还有剪子、糨糊这种东西……发稿前的改写虽然不大，但主要不是艺术方面的修改了，而是因为其他的顾虑。后来有人讲书里写了《共产党宣言》，说完全是为了"正面"的思想考虑、为了平衡才加上去的。这不对，原稿中就是这样的。虽然是写《共产党宣言》，但它的角度与着力点不同，它是和《天问》放在同一个量级和目的去使用的。因为这本不大的书强烈影响了中国，影响了当代人的生活，要寻根问底就不可能忽略它。我是从这个很朴素的想法进入，去寻找生活的根的。所以对于洼狸镇的人来说，有一本书是不可以忽略的，这就是《共产党宣言》。书中那个耽于思想的主人公一定要看这本书,要想它为什么这么强有力,从德国、从西方出发,改变了东方。东方有一个很具体的地方叫洼狸镇,竟然给改造成现在这个样子。所以这个阅读行为既朴素又真实,从生命和人的生存角度去看待,与当时的政治高调毫无关系。《天问》也是,主人公要问天问地——如果说《共产党宣言》是问地,那么屈原的书就是问天了,《天问》一口气排列了那么多问号。

朱又可:后来的修改中,编辑不太考虑这方面了?

张炜:出版者和作者不一样,作者有时候被整个气氛、故事给笼罩了,考虑社会性的细节比较少。在社会层面上挑剔,那是部分读者的问题。因为出了问题出版社要负责,所以有时候的把关也是可以理解的。使一个作品能够顺利问世,这是十分重要的。但是由于这些原因而伤及了根本,把一本书弄得七零八落不成艺术,那就是另一回事了。

朱又可:有人发火以后,《古船》还能出版?

张炜:何启治是当时出版社的负责人,负责这本书,同时又是责编。我看了他退休后写的文章,才知道当时出版这本书有多么不容易。他们有压力。后来有些事情就耽搁了,评奖更是无所谓了。《古船》反响较大,评论很多,他们的评论集编好了,但没能出版。

朱又可:评论主要是说好的?

张炜：各种评论都有，也有说不好的，只是很少。说它好中之不足，这种文章有一两篇。有一个社科院的青年评论家，还有一个到加拿大去的老评论家，两人在很短的时间内编了一本30万字的评论集。

渴望保留不修边幅的气质

朱又可：《你在高原》现在成书是450万字，我听说原稿是600多万字。

张炜：原稿是510万字左右，删了的部分，将来有机会也可以恢复一些。出版社有两个考虑：一个是太长了发行成问题，所以篇幅不要过分庞大；再一个也希望进一步压紧——有一部分压紧是有好处的。但大部分内容如果恢复了，会更饱满更强烈。因为这个书不是单行本，不是选择别致、精致的那种审美品质，而是比较开、比较大。当然这与粗糙无关，相反，它追求局部的精雕细刻。这个书有的结尾或者开头改了几十遍——电脑改起来不留痕迹，于是就不停地改。先用笔写出来，再打到电脑里，就为了反复修改方便。如果没有电脑，这个书再有两年也拿不出来，因为改动得太厉害了，遍数太多，要不停地抄出来，那将是多麻烦的一件事。

小说有一些局部文字极不好调度——或者味道出不来，或者没有讲清楚，或者是讲清楚了，味道也出来了，但文字又芜杂了，不够讲究……它要满足各种条件，服从很高的文学标准。即便一切似乎都弄好了，但也只是一个局部——你或许发现这样的改动会影响到书的其他部分，因为它要辐射到很多方面，这又有了一个与全书衔接的问题，还要再次对榫。所以有时候虽然只是千把字，却要改动几十遍。全书付出的劳动真的是太大了。

朱又可：删掉的是分散在各卷里面吗？删掉的是哪些东西？

张炜：删除的有各种东西，比如说从社会层面看比较强烈的东西，从叙述技法看过于旁逸斜出的东西——许多时候这种繁复的层次是需要的，这么大的长篇，应该允许它们的存在，这符合它的美学品质。

朱又可：我总体读的时候感觉故事性是挺强的，所以需要你说的：偶尔停下来。虽然那么长，但是读起来挺紧凑。

张炜：编辑或许会建议作者把游离于线性故事之外的东西压缩掉，这时要沉着一下，不能急于动手。这里面有些相当复杂的问题。写多了、看多了以后，会有一些觉悟。比如名著《堂吉诃德》、《白鲸》等，它们为什么难以超越？原因很多，其中一个重要原因，就是它们与规范的、专业作家习惯的操作不一样——首先在结构方面、在故事讲述方面、在谋篇布局方面，更自由，更随意。起码看上去是这样，有严格的法度在里面。

朱又可：敢于东拉西扯，汪洋恣肆。

张炜：《白鲸》大篇幅讲了海和船的知识，桨是怎样的，怎样熬鱼油，射鲸的炮是怎样操作的……每个地方不嫌其细，像进入了另一种专业，跟那方面的教科书差不多，完全不是文学的写法：回到了学术，又很拖沓。《堂吉诃德》的主人公上路后，走一会儿就旁逸出一个故事，讲得尽兴之后再返回，不久又故技重演。这种叙述太随性，显得很不专业，像是业余作者写的，但这个"业余"是打引号的，只是装成了业余，野路子，敢干，没有负担。作者像玩一样轻松，敢写，抱着极其单纯的想法入手：你不懂我懂，我要讲给你听——像文学稚童一样。

这就有了原始的生猛，与专业作家们完全不同。职业性的写作日久，反而概念化了，篇章凝固。专业的熟练、专业的高度、专业里的很多规矩，许多作家一点都不缺。大家都守这个规矩，作品就凝固了，不生动了。所以现在看那些熟练的好作家，作品的起承转合、结构，都是很规范、很均衡的，这也是不自觉中形成的。小说美学的均衡性没有打破，这只是一般意义上的好。这种专业化的写作太多了。这样的好往往会形成某种套路，匠气太重。

如果是一部"大河小说"，就必须写得很开，空间感要强。《古船》、《九月寓言》等，虽然不是严格地遵照专业的均衡和规范去处理的，但也差不多。比如从专业角度讲，那些长篇肯定没有过多的逸出和荡开，比较均衡，结构严谨，个别大胆之笔也要做得非常讲究。

一个专业作者写了30多年，应该有些经验之类。即使很放松地写，也要按照文体规范规律去运作。这是"功力"，同时也是障碍。到了写这长长的10部，应该是突破职业障碍的时候了。在这种漫长的叙述中，从结构上看，有些地方似乎是不拘小节，但它要打引号——真实的情形是精于计算，细节经过了严密的考虑。要写出一种"业余味儿"，这实际上是很难的，也很重要。

朱又可：这么长的东西，有时候读着觉得节奏很快，是快节奏，故事性很强。尤其讲故事的速度是挺快的。

张炜：许多专业作家都想写出《堂吉诃德》和《白鲸》那种不修边幅的气质，或者像穆齐尔的《没有个性的人》那样。这些作品无一不是极其令人羡慕的，同时看上去又是极不规范、极不专业的，是很内向的表达和思索。实际上，这里超越了一般专业的高度，需要更精湛的技艺。《西游记》也是如此，一个个故事貌似重复，但这种重复既造成了它的缺失，也赢得了另一种循环往复的趣味。不停地重复，故事都大同小异，这就是《西游记》。

朱又可：有的编辑有时是按常规来的。

张炜：编辑让我压得更紧，篇幅缩小了大概60多万字。这60多万字有一部分是需要去掉的，但起码还有一半文字，也就是30万字，可以重新添上——这样整本书就会更饱满、更自由，空间更大。这个"大"不是为求大而大，而是有深意的。昨天他们从网上转了一段话给我，其中说我没有达到那个高度——说这10部不如《刺猬歌》等精妙。也许吧。因为《刺猬歌》、《外省书》单纯从技术的角度讲，可能是我更好的几本书。

朱又可：干净得很。

张炜：他们说的是"精妙"。还有人为之辩白，提出质疑，说台北故宫博物院里有个宝贝，所有人去参观的时候一定要看，就是翠玉白菜。它雕刻得精美无比，但仍然不是长城。它们是相互不能取代的，是两个东西，不能随便作比。我不能自诩达到了翠玉白菜那样的精妙或长城那样的雄伟，但这样思考方向是对的。《你在高原》长达10部39卷，就要拉得开，就要呈现一定的"芜杂性"。如果像《刺猬歌》和《外省书》那样，是没法写的。大有大的原理，有它固有的原则，不然这种大就很无趣，也很廉价了。

为什么要写得很长？

朱又可：这是很大的问题，怎么去想到要写这么一个大的东西？有什么文本参照？

张炜：文本参照没有。尽管阅读中也有像《追忆似水年华》、《静静的顿河》、《战争与和平》这些作品，但都不是作为范本对待的。当年写完了《古船》，《九月寓言》也基本完成了，暂时不太想去写一般的单行本。心里各种各样的东西，包括几十年来的行走所积累的情绪，需要有一次大的释放。

朱又可：在精致方面，《刺猬歌》走到了顶点了。

张炜：我需要极其浓烈的、奔放的、更为吸引我的东西——它除非是巨型的创作而不能够满足。人生经验、激情、全部文学手段的使用，它得是这样的一次集合。1988年之前就有这种想法。我1975年发表作品，从写诗——那么凝练的形式——到散文，再到短篇小说，再到中长篇小说，从篇幅上看是一个逐步扩大的过程，再往前就走进这样一个庞大的计划里了。一开始我以为 10 年就可以完成。

朱又可：当时设计 10 部？

张炜：我知道大约有几百万字，结构起来才知道有多少卷，觉得这个工作可能要干 10 年——那时候年轻，敢想敢干，同时会把困难想得比较少。但是巨大的劳动量放在那里，具体做起来会发现许多地方需要投入相应的劳动，那是减省不得的。随着年龄的增长，有两方面在改变，一是个人劳动的速度在减慢，再就是对于各种事情会想得更细更周到。这两个方面的改变就使这个书拖了很长时间，再加上疾病，身体更加不如过去，结果最后写了 22 年。

朱又可：有了想法之后，就开始动笔写了，还是要"跑"？

张炜：我从 1986 年写《古船》、《九月寓言》的时候就在做这部长卷的准备。当时还写过一些片段，笔记本积了一大摞，行走的间隙要写，回到书房里也要写。那都是比较激动人心的片段，一些突如其来的思绪。直到写了很多本笔记以后，到了 1988 年下半年，就正式开始工作了。第一本是写《家族》，这中间插花写了别的东西——因为这个长卷太大了，要处理的问题很多，而我不可能在长达 22 年的时间里其他什么工作都不做。如果有一个新的构思，在故事、气韵和审美方向上与正在进行的写作差异很大，那就需要写下来。当然主要精力是写这 10 部。

朱又可：像《柏慧》，是单独的长篇小说。

张炜：单纯从故事上看，《柏慧》似乎与《你在高原》有连接，但从气质和叙述方式上看，二者差得还比较远，我只好让它独立成书了。还有《刺猬歌》，无论如何不能归到这10部之中。书像人一样，有自己的气质。作为单行本，《外省书》和《刺猬歌》，就我个人来说，可能是技法、思想等各个方面综合得分较高的。

朱又可：它一开始就吸引住人了，人说话用那种语言。

张炜：当然，那些单行本无论怎样还是替代不了《你在高原》的容纳——尝试了多种表达方式、多种元素、多种可能性。要看局部的技艺、精妙和凝练，可能是《外省书》、《刺猬歌》等。但《你在高原》走的是另一条道路，就像一位评论家说的，它全部的缺点也就是它全部的优点。它在更开阔、更巨大的物质层面展现自己的精神。

朱又可：行走中主要接触农民？

张炜：各种人都有，看山的老人，打鱼的人，还有逃避计划生育跑到河汊里住的人……书里写了很多。如果仅仅为了写作去搜集材料，过分注重社会层面的东西，目的性太强，思路就会封闭，就会过滤掉很多重要的东西。这需要完全放开，不要管自己的书用上用不上，只是自然地行走和生活即可。这个过程将接受很多启发，使人想得更多，使心情变得饱满，原来没有预料的，会全部涌进来。

有一次走到了一条大河汊中，那里全是芦苇——书中写到了这个场景。那里遇到的人可能是逃避计划生育的，开始是两个身上涂满了泥巴的小孩，他们走我就跟上，直走到一个隐蔽的住处——就是在发大水漩出来的一个小沙洲上搭的一个棚子。走进去，见到里面有锅碗瓢盆，一男一女两个人……

龙口市有一年发生了一个事件：突然从海里涌出了大量的海蜇。过去要在近海找到一个海蜇是很难的，到了秋天和夏末，偶尔漂来一个大水母，就是海蜇，比大食堂用的锅盖还大。1989年，突然一群群海蜇不停地往岸上扑，像自杀一样，一拨一拨往上冲，最后船都无法进海了，因为它们堆积在近海，像小山一样。那时候龙口的大街小巷都是运送海蜇的车辆：在海边用白矾处理一下，一车一车往外运，整个小城全是海蜇的腥味。

这就是书上写到的关于沙堡岛的故事。那是真实的。很多外地人来到这里，海边白天晚上都是人流，夜里灯火通明。捕捞加工海蜇的人发了大财。

一切故事都需要发现，它们并不在城市的窝里，不在网络中。城里的窝既有电脑又有电视，现代化的装修，仿佛很精致——这种现代家居生活是狭窄的，和许多虚拟的东西结合在一起，阻隔了更丰富的存在。而大山里的独居者，就那么住了一辈子，没有电视，更没有网络，却是直接连通了大地天籁。那种连接是更大的真实。

我当时记录了一些很有意思的东西——当年国家有关部门正在搞"民间三大集成"，也就是民间故事、民间传说、民间戏曲等整理汇集工作。这个浩大的工程今天看还有一些问题，它恪守的原则、工作的步骤，还可以更精准严格一点。但无论如何这是一件了不起的事业，它直接从最基层做起，每一个县、每一个区、每一个村，从那里挖掘寻找沉积的东西。每个省都汇集了很多民间文学，整理这些原始的资料耗费了大量的人力物力财力，但十分值得。这是一项抢救工作——可以想一下，如果更老的一代人不在了，谁来转述它们？随着网络时代的来临，它们将加速度地消失。

　　当年那些民间文学的印刷本很多，县区印得很简陋，但是在我眼里都非常宝贵。现在的印刷技术很高了，一周之内一个书店可以堆满各种精装书、各种花花绿绿的东西，这都是用先进技术印刷装订出来的，却有很多是垃圾。民间文学是一个真正的宝藏，有些故事生动极了，专业作家们编不出来。当年我就搜集了许多这样的故事，因为它们太有趣，对我构成了巨大的吸引力。我书中写到的许多故事，大半都是我个人找到的，并没有收入"民间三大集成"。

　　我有一次和朋友在一个海岛录制了一段很长的拉网号子，那是多么雄壮的声音——上网的时候喊一种号子，拉网的时候喊另一种，把网具收起来又要换成别的曲调和唱词。这些都与当地的历史紧紧相连，包含了丰富的信息。

　　朱又可：你是录音还是录像？

　　张炜：录音。那时候没有录像。录音没有录音笔，要不停地换磁带，我的录音带装了不知多少箱。在行走中，全部用笔记录就太慢了，而且很难传达出原始讲述者的那种生动。这些东西在长卷写作中是极重要的，而且将影响和援助我以后的写作——可以不直接写它的内容，但作为个人的生活和知识的基础构成，它会支持我。这种行走与见闻，这样的记录，会将专业的、职业的习气冲刷掉一些。专业化好的方面不用说了，书卷气浓，案头工作做得好，可以保持一种规范性和持久性，但有一个最大的弱点，就是文字的鲜活性会一点点丧失，现场感会减弱。有时候读这样的作品,文字规矩、讲究,技术层面似乎不错,但就是没有生气。一直这样写下去就有问题。所以,好作家有时候要警惕职业习气对自己的侵蚀。

有的作家到处跑,折腾自己,似乎不能简单地将其看成性格的原因,比如不安分、爱好野外生活之类。作家更爱写作,他处心积虑地要写出好作品——如果他知道了职业生涯对自己的损害,就会不停地走向山川大地。他要把固定的思路和习惯,连同疲惫,一起冲刷干净,然后重新出发。

我经历了几十年的写作之后,很想让作品"回生"。长期不再做案头工作,在外面跑久了,有一些字和词都忘记了,也就是有了职业上的生疏感。但是一旦投入工作,会很有冲劲,很有力量。《你在高原》这10部书,从结构到文字表述,跟我过去的作品已经有了很大的距离。

朱又可:写这么长的东西,你看不到范本。没有范本,有没有怀疑自己?

张炜:说到范本,一时看不到现成的——个人的阅读史上没有看到这么长的,顶多是四五本,像《追忆似水年华》,七本。有人会举巴尔扎克的例子,但《人间喜剧》不是一个"大河小说"的概念,那是一些独立文本组成的。所谓"大河小说",是指故事和人物贯穿到底的多卷书,这种写作有极大的困难。这样的书最大的忌讳是水分多,文字粗糙,缺乏精妙的细节,比如没有生动的人物,没有特别感人的、激情冲荡的局部。

作家在如此漫长的创作时间内保持相对饱满的情感,是难以做到的。许多多卷作品前几卷很好,随着字数的累叠、情节的发展,作者的激情就耗完了,然后一切都变得稀薄。我看过苏联作家阿勃拉莫夫写的四卷本的书,就是得过国家奖的《普里亚斯林一家》,100万字左右。第一卷棒极了,可以说拥有伟大作品才有的气概,读者很容易就捕捉到里面饱满的气韵,感受它一波一波袭来,让人激动不已。可惜的是从第二卷开始,这些神秘的东西就消失了——只是情节还在运行,那是原来设计好的,是它在往前发展,但阅读中感觉不到那种动人的力量了。

朱又可:写作中怎样一直保持那种力量?

张炜:可能有许多不同的方法。就我来说,我采取了两种办法:一是不停地游走,把书斋写作的痕迹、沉淀在脑子里的疲惫尽可能地都冲刷掉;再就是经过严密的设计,把这39卷进行细致的、小心翼翼的分割——这样就不一定从头开始写起,而是根据自己的欲望和兴趣做起。每一卷都有自己相对独立的气质、相对独立的故事,它们会与自己的兴奋点发生阶段性的对应,这样就不会出现文字的疲惫感。

如果按照大故事从头写下来,创作冲动就会递减,最后变得松软,这几乎是难以避免的。哪一个单元让人特别想写,特别冲动,就写哪个。《家族》是第一个写的,因为它是总纲,从那里分出很多线索,不先写是不行的。第一部写完以后就自由了,再不必按线性顺序去展开了。《我的田园》序六,却放在第二次工作中完成;《无边的游荡》序十,但实际上是放在第三次工作中完成的。写作者是这样做的,读者却大致会从头按顺序阅读,感受的是作者起伏的情绪与冲动,那完全不是一个逐步下降的过程。

朱又可：不是。我读到最后一本的时候有点留恋不舍的感觉。

张炜：最后反而是非常冲动的、有力量的，因为作者是在冲动中往前的。读者不会在乎作者用了多少时间、改了多少遍，也不管他先写了哪一部，最后只看结果。作者应该把各种问题都处理在阅读之前，在多部头的写作中也许尤其需要如此。如果作者不是这样做的，把问题全堆放在读者那里，自己没有处理完毕，而是让读者去代他解决，后果将是相当不乐观的。

所谓多卷本的"大河小说"，最大的杀手就是前强后弱，是逐步的稀薄与溃败。

朱又可：是为大而求大吗？

张炜：作者原来设立了一个庞大的故事框架，要完成它，却没有那样强大的生命力，即激情和情感——很多能力在前一两本书中都用尽了，接下去怎么办？你总得完成这个故事，所以写到最后肯定是死乞白赖的。

"消失的分号"，厅廊连通许多小房间

朱又可：你的方法是写的过程中停下来再去走？

张炜：如果能在工作中舍得做大停顿，舍得走出工作、走进大野，

问题可能会好一点。案头的机械工作让人疲惫、生腻,这是一切失误的开始。停顿的前提是事前经过周密的设计……

朱又可:什么时候设计的?

张炜:大的框架是越来越清晰的。1988年的时候还不知道要有多长,就这样写下去。写了一段时间以后,大致上就知道了——后来不知推翻了多少次,就在这些反复中有了一个十分周密的设计。有了细致的计划,也就可以随时停下,并可以从任意的某一卷写起。

但是这样的工作方法会带来另一些毛病,因为不是从头写起,情节及色彩会有许多矛盾,有时候从头看显得十分不和谐。这些是技术问题,总算好办,可以在最后两年里专门解决它们。

朱又可:主人公是贯穿始终的。

张炜:从情节上看,全书是用现代手法割碎了的,但是大的故事仍可以线性地把握,也就是说有一个大的故事。至于主人公们,当然贯穿故事的头尾。如果按照时间顺序来写,那就是传统的线性结构了,但现在没有,而是采取了现代结构。在《小说坊八讲》里,我没有以自己的作品为例,而是谈了大量的现代小说结构。我曾经做过一个演讲,题目是"消失的分号",似乎在讲语言:每个分句之间,全是从逗号到句号,没有表示并列或选择等关系的分号。现在的人使用分号的是越来越少了,都是逗号、逗号,最后一个句号算完。因为社会走向了无序,人的理性很差,不讲逻辑。我在香港讲课时,发现学生交来的作业,有不少是不会使用标点符号的,到了想停的时候就用笔按一个点，既不是逗号也不是分号。现在看报纸杂志，分号用得也比较少了，为什么？因为作者心里没有那种逻辑关系——只有找准了分句之间的逻辑关系、层次关系，才能够这样使用。分号不是表示一般的停顿，而是表示分句之间的并列、并置等平等关系，或是选择、转折等其他关系。

朱又可：过去的作家分号用得比较多，现在基本没人用。

张炜：过去的人形式逻辑比这个时代普遍要强。现在物质主义的热度太高，人变得糊里糊涂的；还有，就是平等和并置的思想变得少了。

朱又可：肤浅化了。他怕人家说他用错了，因为如果不存在层次关系，用分号就错了，那就改个句号算了。

张炜：很多长篇的线性结构、线性思维就是从语言开始的：逗号、逗号，最后一个句号。这种思维在整个长篇作品里都有痕迹。其实真正意义上的长篇，不是从逗号到句号的简单关系，而是中间有并置的关系。现在很多长篇大致就像一条走廊，进去以后顺着它曲曲折折走出去，无论怎么长，只是一条走廊，没有什么空间感和宏伟感，不像一座大的建筑。一些大作品就不是这样了，它里面有逗号和句号，还有顿号和分号——那是一种并置的、平行的空间，是同时呈现的空间。比如一个走廊进去，有一个厅，厅的不同方向都有房间，而房间的级别是一样的，这就是一个稍微复杂的建筑了。与此相反，如果仅仅是一条走廊，再曲折再长，那也只是一条长长的隧道而已。我们现在的很多长篇，严格意义上讲，并不具备长篇的结构内质。

朱又可：所以有的长篇从篇幅上看有20多万字，像那么回事，但并不让人感觉很有厚度，几个小时就可以读完。

张炜：有的长篇小说单纯从字数上看是足够了，实际上却是短篇和中篇的结构。它在结构方面没有完成，内容也就无从表达了。无论如何，它要有一些并置的空间，形成一座建筑。现代主义在戏剧和电影上做过直观的试验——戏剧舞台很大，是个不同层次的立体空间，我们可以同时看到不同空间里的表演，由观众自己把几个并置的场面组合起来。这种方法就不是线形的表达了。电影里做起来更方便。当然，这只是表面的直观的尝试，在文学里则要复杂得多——文字叙述总得讲完一个故事再讲另一个故事。但是有没有并置的思维，仍然会有表述上的极大不同。

谈到拉美的结构现实主义，这就很明显了。它和线性结构显然不一样，它的一个故事空间和另一个故事空间尽管有时候要发生联系，但大致还是各自独立的；还有时候是套起来的，但是不同的故事单元本身仍然具有独立性，这样给人的阅读感受就比较复杂了。真正的长篇小说中，有很多故事空间是各自独立的，它追求的是立体主义，是并置和交叠。如果采取一种线性时间顺序，或者虽然不是以时间为序，却仍然是以线性的思维来讲述，那么这个作品的表现空间就会比较狭窄了。

朱又可：当代小说的问题，是有的书虽然有这么厚，但你的阅读感觉是很薄的。

张炜：成功的长篇结构，无论用现代主义手法还是古典主义手法，往往都是非线性的，它具备并置的、并列的思维方式。以《西游记》为例：一方面它每一个故事的展开、高潮和结局都有点相似，无非是遇到一个妖怪，发现无法战胜，最后去找天上的神仙把它解决掉。这些故事看上去都在重复，这当然算是它的弱点，但从另一方面看，这些故事仍然有趣而不拙劣，还能吸引人看下去。为什么？就因为它具有那种复杂长篇小说才有的结构意义：空间并置。这使人看完了《西游记》而不觉得它单薄，它的故事单元是独立的。《红楼梦》也是这样。

到了现代主义，有时就把这种并置表面化了。比如有的西方长篇小说，甚至走到了毫无顾忌的形式主义，把这种古典主义的空间并置推到了表面化和极端化。比如在一页纸上画两条线，把它分成三栏：最上面一栏写一个线性的故事，这个故事是有头有尾的；中间那一栏是主人公的言论；最后一栏则是作家本人的随笔。这三个时空并置，让读者在心中组合消化。总之，走到了非常表面化和简单化的地步，赤裸裸的。

而真正高明的长篇结构，这条分隔线是看不见的。看不见并不等于没有，那是高度的语言艺术：让读者感受各种不同的故事板块，还有明亮和阴郁的侧面，给人以雄伟的语言艺术宫殿的感觉——哪个地方有一条走廊，哪个地方是暗道，通向怎样的房间，无比复杂、立体，留给人无限的想象空间。

那些简单的线性思维无论怎么改装，也还是解决不了这类问题。它有时候采用复杂烦琐的倒叙和插叙，结果只是形式花哨了，立体感和空间感并没有出现。还有的采用梦呓和穿越，最后总要进入一条走廊，弯弯曲曲下来，没有独立的房间，也没有门厅，更没有暗道，结果这个世界仍是狭窄和单薄的。这是构思之初就存在的问题，是思维方式的问题，不是手法所能补救的。

有些长篇在流传，也是被广泛赞誉的，如《少年维特之烦恼》、《茶花女》，但是它们更像中篇，因为它们没有那种空间并置，没有结构上的立体呈现。这个空间不仅是故事性的，它还有意境和思想。陀思妥耶夫斯基的《卡拉马佐夫兄弟》最为典型，它挖掘的故事空间、意境空间、思想空间交叠繁复，最后需要最优秀的读者去综合感受，去进入最复杂的把握。它的伟大感就是这样产生的。这和读一个单纯的线性故事当然完全不同。一部篇幅较大的创作，如果没有强烈而明确的并置思维，就会产生与它的长度不相称的虚浮文字，出现简单化和重复化。

重复是一种强调，小说的繁复美

朱又可：我读这个书，觉得有很多东西是在重复地讲，比如主人公不断地做苦役，被关起来，被损害，还有逃跑。

张炜：是人在旅途，是行走的重复。行走是人类永远的希望，也是永远的苦役。主人公要不停地走，他走过的大地是不重复的，景物是不重复的，山脉和河流是不重复的。我们如果忽视了山川大地的意义，就会混为一团。

人在旅途中遇到这样的人、那样的人，具体看来一点都不重复，但是采用的形式有重复，那是貌似重复——这会呈现一种繁复美，它拥有的更多，而不是考虑不周。重复是一种强调，类似于修辞学的意义。

朱又可：感觉在强化一个东西。

张炜：每个东西好像是重复了，但是每次重复强化的重点有移位，不完全是一个方向。一本行走之书，要越过大地，这里面地形、地貌、植物，每个地方都不一样——这样的重复，一般的读者可以略掉一些，却不可以没有。阅读是一件很奇怪的事情，可以略掉的和压根儿就不需要的，根本就不是一回事。

朱又可：你是用心写的，不是像电脑粘贴的那种重复。

张炜：语言是不能重复的，这就像每一片土地都不是重复的一样。太阳每一天都是新的，大山每一座都是新的。即便从文学表述的眼光看有重复感，但如果从地理考察和民间勘察的角度去看，那也是相当严密的了。事物的来龙去脉不一样，这些文字是实勘的气质，这种气质极其重要，它构成了自己的美学品质。就是说，在快餐时代，可以讨厌这些烦琐的东西，但不能否定客观世界本身就具有的规模和蕴涵，作者在必要的时候必须完整地呈现这一切。

朱又可：爬山的重复的部分，我觉得那是需要的。

张炜：地理和地质的部分似乎在重复，包括在大地山川上遇到的人。一部大的交响乐，某些旋律、某些具有标志意义的调性是一定要重复的。无论是形式的重复，还是其他方面的重复，如果不是因为作者的严重失误,那就一定是有意为之。这种强调就像数学问题一样,是经过了反复计算的。这么大的东西没有打引号的"芜杂气",肯定是不祥的。

一切的、丰富的意蕴,要讲出来,讲得很细也不可能。但有一点是肯定的,为了呈现一片茂长的大陆,它各种各样的可能性和繁殖力我们都必须去经历。人在大地上行走,遇到一大片林野非常惊讶,再走下去还会遇到一条汹涌的河流,就这样无限地走下去,不停地惊讶和感受。大陆的茂长,它的重叠与繁密,更有丰腴,会深深地印在心上。这是同一种强调,就是大地。

朱又可:你要表达的这块区域指的应该是胶东?

张炜:不完全是。行走应该是面向更广大的地区,但主要活动范围大致是以山东半岛为中心的。作为文学作品,还不能具体地说就是山东半岛,书中就连"山东"两个字也没有出现。作者需要很具体的现实基础,这样才能生发想象。

朱又可:地名都没让它出现,包括济南、青岛。

张炜:那样不仅有阅读的局限,还会对号入座。比如我参与徐福研究20多年,涉及秦汉史中各种各样的资料,跟学者们学到了很多。这个过程,在《海客谈瀛洲》中涉及很多,如果是实地和原名,必然会有人对号入座。徐福研究也像其他历史名人的研究一样,发生过争抢出生地这一类事情,争论是很多的,有一些未免可笑,但描述时还是尽可能不要引起纠纷。地理方面是难以编造的,每一座山、每一条河都要按照真实记录和观测来写。

但是也有许多西方文学作品和电影恰恰相反，偏偏要写具体的城市名字等。这种例子太多了，比如有的具体到纽约的第几条街——作品中地名和人名虚与实的关系是很有意思的，有的明明是真实的却尽力掩盖，有的明明是虚构的却刻意注明……

朱又可：第一卷《家族》里面，也没有出现什么日本人、共产党、国民党这样的字样。

张炜：没有。这跟刚才的道理是相似的，因为它毕竟是虚构文学作品，不是纪实文本。作者通过文本实现的重点是不同的，不是让它比所谓的现实生活更强烈更集中，而是要它发生"化学变化"，它是关于人类的、人性的——看起来是局限在特定的历史时期和地理环境下的，是此时此地才发生的故事，但实际上是人的故事，是人性的故事。如果仅仅是与特定的历史时期、特定的地域对号，思维就难以弥漫开来，阅读的重点就偏离了。

朱又可：根据是这样的，但地理名字都不存在，包括那时候外国军队的名字，官军……

张炜：书中写到了德国人、英国人、日本人、土匪，这些有阅历的人会分得清清楚楚。但不清楚也不要紧，书的重点不在这里。所有人的行为都呈现了人性的深度、人性的可能。当然，那种写得很具体的方法也有它的好处，那样现实记录感就会特别强，也将呈现另一种美学特质。不过，这里走的是另一条路，作者愿意让它混沌和浑然——

一切现实的考察都为了一次更大的虚构和想象，而不是简单追求特定的现实效果。

有人以为既然做了很细致的地理和历史考察，就一定要严格地把地理标记和历史标记都一丝不差地描述下来——可以这样，但不一定要写出真的人名与地名。实地考察的实与细，是为了焕发和激扬关于人性和历史的大幻想、大虚构。粮食不等于酒，但酒是来源于粮食的。如果造完了酒，一定要丢下几粒玉米进去，证明这是玉米酒……其实不必，玉米粒完全不是酒，它是酒的来源，它已经发生了质的变化；玉米酒也不是将玉米压缩而成的，而是发酵了，发生了化学变化。

《九月寓言》里面没有出现"文革"两个字，但是里面全都写了"文革"的生活。如果懂得这段历史，那么看起来根本不需要解释；但是如果对这段历史毫无所知，读起来也没有妨碍，可以很放松地读，那样获得的将是另一种情致。人们对于人性本身是不会陌生的，这就可以了。

朱又可：就是写这么大的一个区域，又不确指？

张炜：不确指一个区域，却要来自它，就像玉米酒里没有玉米粒，却真的是来自玉米一样。作者写起来、想象起来，文笔要有方向，幻想要有根底，就跟一棵树要发出很多叶子、要有根底的支持是一个道理。这个生发的基础，就是山东半岛，特别是东北部河汊和入海口一带。越是现实的材料，考察得越是细，浪漫的幻想就越大胆、越无边际。相反，如果心里没底，山到底是怎样、人到底是怎样一无所知，也就不敢去想象。这就是现实生活资料与虚构和幻想的关系。

自学中医

朱又可：怎么去走一座山？

张炜：野外行走，有时候带帐篷，有时候不带，就住在老乡家里。后来有了充气的小帐篷，这才有携带的可能。行走应该有各种方式，机会是很多的。

朱又可：一座山要走多长时间？

张炜：那不一样，比如胶东的山，除了有"胶东屋脊"之称的栖霞地区，一般都是海拔不太高的。有的山岭一早开始攀登，夜晚就可以翻过去了。

朱又可：你翻过去还是要回来？

张炜：锻炼身体的人登顶还要下来，行走的人是为了重新赶路——如果从"屋脊"地区走到北部海边，那要走很久很久，翻越的将不止一座山。这条路我走了许多次。

朱又可：从济南家走还是从哪儿？

张炜：从半岛的栖霞南部走到龙口海边。那条长路要走一天一夜，到了海边以后，两腿根部按一下就像针扎一样。冬天大雪茫茫，那条路是危险的，特别令人难忘。接近年关，深冬时节，交通客车绕路穿山，一般人也挤不上去，只好翻山越岭往回走了。

朱又可：纯粹是为了回家吗？

张炜：有时候是。童年因生活所迫要走的路，与后来有意去考察走的路，加起来是很长的。小时候的生活环境是林野大海，那些经历加上后来再到林野大海的观察，全都融合在一块儿了。有意考察与不得不走和不得不生活的环境，两种感受是十分不同的，这是最难忘的经历。

朱又可：你后来走的时候会录音采访？

张炜：那是后来要写书，才准备了这些行头。把各种东西都准备好，帐篷、海拔气压计、罗盘，这是地质所的朋友送我的。那时候录音机特别少，我有一个进口的好物件：打到一个档上，说话它就转，不说就不转，可以节省不少录音带。那个机器现在还有，成了我的纪念品。这些东西是后来准备的，它们对我来说不是最重要的，因为通过这些东西获得的是数据之类，而情感方面的构筑在这之前就大致完成了。

朱又可：不以写作为目的的走，是什么情况？

张炜：比如说童年、少年和青年时期，考学之前在整个胶东半岛的那段日子，对生活的看法已经形成了。山、海、林子，包括对动物的情感，早就形成了。要写具体的作品，需要在理性上再次把握，这时的数据，比如拉丁文转译的植物学名、动物学名，都需要从头做功课。从小看到的在天上飞的、叫个不停的鸟，如果写它，不能说"一个在天上不停地唱着的鸟"，它得有名字，它就是百灵。这一切要一一落实，书中有很多的鸟、兽，比如说狐狸、黄鼠狼，比如说燕子，仅仅知道这些常见的远远不够用，还有各种植物、山脉、石头，需要很细致的功课。这些功课对于文学写作也许不是最重要的，但还是不能废弃。最重要的当然是山野大地的经历，以及这些经历给人的心灵留下的一切。这个工作量蛮大的，我把南京地质学院的教材，绿皮的，三册还是两册，都细细地学了一遍。

我自修过地质学、考古学之类，这些急用先学的东西忘得也快。写《古船》的时候，钻研过中医，现在什么都不知道了。我是一个学得快忘得快的人。

朱又可：那里面你写了一个医生，《你在高原》里也写了一个医生，他有一种药引子叫"魂"和"魄"。

张炜："魂"和"魄"在《本草纲目》里就有，在分类上属于"人部"。古代药书上说，"魂"很轻，上扬；"魄"很沉，下降。所以人死了以后，"魄"会沿着脚尖垂直的方向沉入地里，要取这味药就得在规定的时间内顺着脚尖指向去挖，那样会挖出一片椭圆形的土，那里面就包含了"魄"。它在土里结成一个核，扁扁的，呈深棕色。"魂"是飘逸的，往上走，取药时要用一个袋子，在合适的时刻把它收进去。

朱又可：那是看不见的，是吗？

张炜："魂"与"魄"都看不见，但是"魄"入地后附在土坷上，也就有形了。这些东西都是古代中医学的部分，《本草纲目》里有记载。这一切并不能简单地斥一句"迷信"就算完。

朱又可：你写这些东西跟老中医聊过吗？

张炜：写《古船》的时候跟中医学院的一些老教授过往较多，请教他们，跟他们学习。《古船》里有很多药方，老中医是认可的。只是大夫说我下药偏重，但认为用药大致都是对的，他们在方子上加减了一下。

朱又可：《红楼梦》里写的药方，专业的中医说没有问题。

张炜：那肯定没有大的问题，因为古代的文人大都是好的医生。但是不能用那些药方治病，因为每个人病况不同，中医是一个方剂只对一个人、一个阶段。现在很多中医成方，什么六味地黄丸之类，严格讲已经脱离了中医的本质意义。中医贵在能够应对万千变化。每个人，甚至是同一个人，得病的过程中变化很大，用一个成方吃下去怎么得了？这是要针对具体某一个人的生理、心理各方面的状态才能下药施治。但有时候为了批量生产，也只好如此吧。有很多国粹的东西，太严密、太精致，也就不实用了。它那么个体化、具体化，需要多少配方、多少中医，思维得多么辩证和清晰！所以太精致的文化就不实用了。

比如说京剧,严格讲不存在"现代京剧"这个说法,因为京剧是某一个时期里产生的音乐、剧本、服饰、唱腔、锣鼓、脸谱等,它们形成了一个相对固定的统一体,这全部的元素综合而称为"京剧"。"现代京剧"只能说是采用京剧唱腔的一种现代戏曲,不能说是京剧,因为服装不是古代的了,故事也不是了,剧本更是现代人写成的。没有古典气质,哪里还是京剧?京剧是写意的艺术,台上一朵大牡丹,或者画上竹子、摆一个几案就可以演,马就是一个马鞭。现在的京剧讲实景,真树真屋,水在哗哗地流,火车冒烟驰过——一切都搞到了背道而驰的地步,看起来现代了,实际上土到了家。编导根本就不理解这门艺术的精髓是什么。写意的艺术,不是解剖的、写实的,不能是实景。而西方的歌剧就不同,它的布景越实越好,如果演集市,舞台上就真的布置起一个集市,人群熙熙攘攘。有导演要为一位著名京剧演员的舞台艺术拍一部影片,工作人员告诉他布景要换上实的,也就是真山真水之类,老演员听了气愤地说:那还要我干什么?

中医也是同样的道理,现在不少中医是将中药当成西药来用的,病人有火了就给降火的药,有炎症就给消炎的药。实际上中药哪里是这样发生作用的?它是各种药性复杂的综合的作用。

朱又可:现在也不用号脉了,因为也号不出来,就开始做这个检查那个化验。一看你上火了,就用西药来给你去火。

张炜:中医我没有入门,皮毛而已。只因为要不断地写到中医,才学习了一些。其实中国作家最好学习一下中医,入门越深越好。古代的中国文人几乎全是医生。做官的是文人,也是医生,他们琴棋书画无一不晓,那些成为他们基本的知识构成。古代做官的大致都是文学家，是知识分子和医生。时代在变，因为各种原因，官员的队伍成分在改变，今天的官员大半既不是知识分子也不是医生——后者的变化是很自然的，行政人员不可能有那么多时间学医行医。在中国传统文化里，哲学思想，包括语言的调度和运用，都和中医学问密不可分。音乐、书法、绘画、戏曲和中医，有很多东西是相通的、互为表里的，其思维方式、表述方式都是一样的。中医既可医人又可治国，它配药的方式和治国的方式差不多，和文章布局差不多，总之贯穿着相同的哲学思想。

当代的文化人，如果是植根于本土并力图有所创造的话，不妨好好学一下中医，以及琴棋书画等传统文人的那些东西。可惜要有这样的天资和训练，得具备诸种条件。在匆忙的网络时代，如果一个人学习中医并沉入到传统文化中，就会克服浮躁。我有这个意识，但是能力有限，坚持力也很差，所以学中医，包括涉猎植物学、地质学等，大致上是花架子，是实用主义，并不能有多么大的收获。只要学习的功利性比较强，就不会长久地坚持下去。我前一段的喜欢更多是为了写作，所以未免采取了急就章的方式。

当年为了写好一个中医人物，看了一些医案，还去中医学院拜访老师，最后让他指点，试着开药方让他看，怕的是闹出笑话。后来在生活中少有尝试，如果有信得过的人，就给他开点药，不信任也就算了。有人说中医不科学，哪里是不科学，是深不见底的大学问，太难太难了。

朱又可：我也在刚看了几页中医书时给自己瞎开药，后来发现不能那样糊弄。不过有时我也会按照祖传的方子，自制一些助消化的药丸，一些朋友吃了效果也很好。

张炜：有一个好朋友经常吃我开的药，离了这些药还若有所失。他见了我第一句话就说：你该给我开点药了。他信服，我才敢动手，加加减减，方子简单。面对民众行医，那是绝对不敢的——自己连门都没有入，既不会号脉又不会背汤头歌，专业人士必备的那一套几乎一点不会。这只是一个爱好而已。无论对音乐、绘画还是书法，我都没有成为专业人士的野心，即使想也做不来，既无时间也无能力。但是内心深处多么希望把这些融会贯通，化为自己全部的修养和学问。

朱又可：很多中医都基本上放弃了中医的原则，都不是太相信。

张炜：中医怀疑自己的专业，这是中国文化的悲剧。中国名中医越来越少并非偶然，这是东方整体上"脱亚入欧"的形势所致。我曾经写过一篇文章，题目就是"中医难觅"。中医学院毕业的，加上上百的教授、副教授，究竟有多少合格的中医？有的临床差，理论也不好，问题很多。过去乡村里那些中医都是赫赫有名的，民众极其信赖。现在不要说走乡串户的救命大恩人了，像《你在高原》里写的三先生这种人，也是绝无仅有了。在一个地区能找到一位令人信任的老中医吗？很少。所以这不仅是医学的一个问题，更是传统文化衰落的一个表征，我们绝不能只将其看成是一个专业的衰败。中医如果在中国大盛，再次出现声名日隆的几大名医，那将对我们整个民族的素质，对我们思想的探索和成长，都大有帮助。

中医的问题是中国文化是否自信的一个大问题。

有一位老中医，他对西医的滥用和人们对中医的误解痛心疾首，拍着桌子说：中医才治病，西医怎么能治病？我们听了会不解，因为西医治好了很多病，怎么能说不治病呢？后来才理解，他是从更高的哲学意义上谈论问题的。在他眼里，西医就是一个临时止症的方式，而中医才是从根本上、整体上医治的，它防治于未病，考虑问题全面而系统，甚至把节气、天时、潮汐、日月运行都综合起来思考，是一门关于生命本质的学问。所以，从这个角度来说，西医是粗疏的、治标不治本的。他的关于"治病"的内涵与我们理解的并不一样。有人说，西医的外科手术和检测手段非常精密，中医只靠望闻问切。而他说，外科手术并不是西医所独有，中医也包括这些部分，并且是其强项。现在的检测手段正随着科技的发展而提高，中医必然也会采用。

朱又可：很多人觉得自己有病，可是按照西医的检查没有问题，各项指标都正常，但是病人就是说自己有问题。

张炜："望闻问切"包含了不得了的大学问。比如看舌苔，中医一看舌头就什么病都了然于心了。有没有火，是实症还是虚症，是肾的问题、心脏的问题还是气血的问题，就能判断个八九分。鲁迅讽刺中医，说他们将人的舌头称为"心之灵苗"。其实这是多么精妙的一个比喻。舌头是那么好那么方便的判断对象，不是"灵苗"是什么？西医为什么不能看看舌头呢？中医能够正确对待"心之灵苗"，这太了不起了。读鲁迅的散文《父亲的病》，可以看到他对中医的讽刺，那是愤而言之，是文学之言。我们不能说鲁迅无理性到了那个地步，那么智慧的一位文学家、思想家，还不至于昏聩到那个地步。他是围绕一个具体事物极而言之。包括他对孔子、对中国传统文化的议论，都是在一种特定的情绪和文化环境里的发言，背后仍然有很强的理性和达观。他一方面激烈地说中国书不要读，另一方面在《中国小说史略》

里对传统小说不吝赞扬,还说《史记》是"史家之绝唱,无韵之离骚"。通读鲁迅才能理解鲁迅,不能抓住只言片语,或陷入某一种特殊语境之中。都知道鲁迅反对孔孟,但这么说也简单了些,就入世精神看,就基本的道德精神看,鲁迅其实正是一个罕见的现代大儒。

民族要走远路,还是不能背离传统文化之路。几千年下来,经过了一番又一番折腾,一个又一个朝代走到今天,有无数的经验值得借鉴。匆忙的一生很快过去,但是任何一代遇到当下的问题,都必须面对。

第二章
家族和童年趣事

2011 年 4 月 12 日下午
第二次访谈

　　回顾的开始是家族故事，张炜不愿多谈，似乎对往事有若干禁忌，这和小说中的主人公宁伽是相似的。

　　回顾会把叙述的速度拉慢，回忆会自然地渲染上情愫。

　　地质队员的生活，能把海边林子里的少年的幻想带向远方。我小时候也在大山里居住，也一样向往那些有关无关的外来的信物，常常目送盘山道上的卡车直到不见了踪影。我能理解张炜的少年生活，他沉浸在往事中的叙述语调是缓慢的，有一种忧伤和热辣……

家族往事

朱又可：你小时候全家搬到林子里住，是从另外一个地方迁徙到那里的，这牵扯到你们家族的事情。

张炜：《家族》里集中写了一些事情。作家一般会尽可能地绕开真实的个人——无论怎么绕，也还是借助现实去想象。很早的时候，我们全家不在那片海边林子里，我们是从外地迁到那里去的，因为各种原因……在动荡的社会生活里，几十年周折了好几次，最后就来到一片没有人烟的地方居住了。小时候看到的人很少，无非是打猎的、采蘑菇的，再后来接触到园艺场、林场的人和一些地质工作者，他们都是到处游荡的人。离我们林子最近的一个小村叫"西岚子"，要穿过长长的林中路才能找到。这个小村我在《九月寓言》里写过，它是从遥远的地方搬迁过来的，是逃荒人组成的一个村落，让人感到分外亲切。我小时候跟那个小村的人发生了很密切的接触。后来那一带发现了煤矿，还发现了浅海油田，于是矿区建起来了，各种外地人越来越多，我的视野也开始扩大了。

我原来接触最多的是动物和植物，那是一种孤独的童年和少年生活。

大约16岁左右，我一个人到南部山区去生活，后来返回了一次，最终又回到山区。这样一直到1978年，我考入了半岛地区唯一的一所大专学校的中文系。

朱又可：你家住在林子里，是单独住吗？是不是和你《家族》里面写的有点像？

张炜：是单独，在林子深处——40年代末搬入的。反正是经历了动荡的生活，最后既不能在城里，也不能在乡村生活，是这样一种可怕的状态。父亲一直在一个水利工地，在南部山里。但与小说还是不一样，小说是一种虚构。真实的情形或许比虚构的生活还要复杂一些，它一旦被对号入座，对生活和艺术都是尴尬无趣的。

朱又可：这么讳莫如深？

张炜：有些作家是不愿意书写自己的——无论是苦难的家族还是幸运的家族——我就属于这样一类写作者。我并不是担心一些人思想僵化，将作家的表达和他的经历之类一一联系，将文学表达简单化和表面化，于是对作品和作者造成双重的伤害——我不是出于这样的担心，我只是不愿意谈论自己。

朱又可：你说到一个人骑着一匹红马走掉了，是你祖先中有这样的故事吗？

张炜：《古船》里也有这样一个人，一个老爷骑着马到处去还账。我的外祖父有过类似的经历。有一次他骑着大马外出，回来的路上遇到了伏击，那是一次暗杀。结果只有他的大马回家了，它进门后就用头去磕打木台阶，家里人觉得非常怪，一摸马背上有血……外祖母和母亲跟着马出门，后来发现外祖父倒在一条路旁。这件事情让我永远不忘。

朱又可：外公是一个大夫？

张炜：他是当地的好医生……阅读需要超越现实，这样放空了去看文学和创作反而更好。之前批判《古船》，总有一些奇怪的解读。《你在高原》里写到主人公宁伽，他的母亲不让他谈家里的事情，非常严厉地叮嘱了，但是他不小心突破了这个禁忌，结果出了大事。这使他牢牢记住了母亲的教导——母亲曾经让他就此发誓，可是在炽热的爱情面前，他还是说了，结局多么可怕。生活中类似的恐惧不是空穴来风，实在是出于生活的教训，如果是50年代生人，就会明白这是真实的。

朱又可：作家对自己的出生和来历，不想多谈吗？

张炜：许多人是不谈的。因为阅读者很容易把作品跟作家具体的创作道路、思想倾向等各个方面发生联系，产生特殊的反应——这也属于"化学反应"，已经完全不是原来的人和作品了。这对艺术和思想的理解都没有好处。当然，不仅仅是因为其他顾虑，更多是因为现实生活和艺术想象的关系，作者担心被扭曲和误解。

朱又可：小说中写到了家境的败落。

张炜：那是很大的一个家族，后来分成了很多份儿。其中的一个兄弟未能守住自己的家产，开始胡闹，吃喝玩乐，把这一份挥霍掉了。

现实中是有这样的家族的,就在半岛地区。所以凭空想象是不行的,人的思维需要沿着真实攀缘。

朱又可:纯粹靠阅读别人家族材料来写就没有感情。

张炜:那样文笔就没有张力。作家如果带着一种个人的情感、血缘的力量去拥抱历史材料,去解释和再造,一切也就不一样了。这时候可以变形,可以改造,但必须有一个核,核应该是坚实的。

朱又可:你为了写《你在高原·家族》,会重新找一些资料吗?

张炜:尽可能多地了解一点,这太重要了。因为从小就知道这一类故事,耳濡目染,很具体,这就避免了故事的概念化。类似的故事很多,在貌似一样的故事里面,找出这个故事的个性到底在哪里,这才是重点要做的事情。我小时候跟在外祖母身边,跑到林子里去玩,有点儿像童话和小说里经常写到的那种场景。《你在高原》里我反复提到的离我们家最近的那棵大李子树,全都是童年的真实记忆。那棵大李子树真是够大,我到现在都没发现有比它更大的——浓旺的大树冠好像一直笼罩了我的身心。

朱又可:那是一片原始森林?

张炜:原始林与后来的人工林连在了一起,成为无边无际的一片,不知有多少万亩。那棵大李子树就在我们房子旁边,出奇的大,记得比我们的房子高多了。我回忆起小时候的环境，马上就会想起它，它代表了童年的全部烂漫、向往、迷茫和未知，总之一切都包容在那棵树里了。回忆中很难从它的形象的笼罩中解脱。一到春天它就会开满繁花，整个世界都是它的香味，无数的蜂子蝴蝶都飞过来了。

朱又可：在你们家院子旁边吗？

张炜：就在我们房子后面，偏右一点，下面是一口甘甜的、永不枯竭的水井。大树分开几个巨杈，树干需要数人才能合抱过来。它在我心里是十分神奇的——不是象征的意义，而是深刻的印象和记忆让我吃惊。

朱又可：纯粹为了写作、为了家族、为了追求历史感而去找材料，那是不同的。

张炜：它需要有一种纪实和回忆的品质。特别是比较宏阔的文字，纪实的品质要自然而然地显露出来。具有那种品质，里面的很多虚构、浪漫的气质，一旦结合起来，才会有张力。史诗的气质不能表面化地追求，它来自内在的决定力，比如纪实的品质。

朱又可：像曹雪芹的大家族败落一样，这部书也写了大家族。

张炜：小说写了两个大家族。

80年代济南青年的辩论和出走

朱又可：小说最重要的原型是宁伽？

张炜：读宁伽（jiā）也可以，实际上应该读伽（qié）。小说里有一个地方，是在"小白笔记"这个缀章里吧，谈到这个问题。有人叫他宁伽（jiā），他也不反对，但是准确的叫法应该是宁伽（qié）。

朱又可：你能多说说这个原型的故事吗？

张炜：因为是第一人称，阅读中才会与作家本人靠近。但这只是为了叙述的方便，肯定不是作家自己——但是会不自觉地在叙述中融入自己的生活。这里面写了大量远行的朋友，这在现实中倒几乎都是真的。80年代济南很有一拨人，辞职后要到西部去，心气很高。有的眼看要大学毕业了——考大学多难，他们却在冲动中不想读下去了，可见那时的心情是很激烈的。当时我们都投入了，也很激动，参与其中，准备行李之类上路的东西。那一拨人有的今天已经不在了，有的就活在当下的潮流里。当年那么大的雄心，多么严酷的环境都不能改变他们，但是商业主义的水流一冲，这支队伍就散掉了，人生道路就分开了。我是一个参与者，也是一个旁观者、目击者，最后成为一个稍稍冷静的观察者和总结者。我跟这拨人的距离，跟小说里写的宁伽与吕擎这拨人的距离差不多，参与的深度和程度跟他们也差不多。

朱又可：这种经验我以前从来不了解，那是什么年代？

张炜：我印象中是70年代末80年代初，全国有一个"真理标准大讨论"，还有在青年中关于"人生意义"的大讨论。那是一个思想活跃的时期，很让年轻人冲动了一番。

朱又可：那么早，是什么原因？

张炜：一拨最优秀的年轻人，他们觉得个人经历单薄，没有经历苦难，不懂得生活，又没有下乡——大致是一拨养尊处优的子弟，心气很高，也很痛苦。他们准备做一番为之献身的大事业，又一时想不清楚，没有更具体的目标。

朱又可：当时多大年龄？

张炜：有的十八九岁，有的20岁多一点。这些人出去闯荡了一阵，历经两次出走，一度抱定了不再返回的决心，永远也不再回到城里来了。那种干劲是很大的。年轻人的理想主义，其冲决力是不可预料的，他们很激烈很决绝。

朱又可：我是正常的大学毕业，可以选择这儿，也可以选择那儿。

张炜：他们这拨人有的在银行工作，有的在公安局工作，都是很好的家庭；有的再有一个学期就毕业了，也一定要跟着走。这一切，处于冲动之外的人，过了那个时期的人，都不会理解。我和他们在一起，当然理解。这些人真挚、诚实，没有什么矫情。

朱又可：是50年代的人吗？

张炜：大致是50年代生人，也有60年代生人。他们这些人读的书多得不得了，而且常常给我开书单。

朱又可：可能他们原来读书的条件好，别人看不到的书，他们能看到。

张炜：反正他们读了大量的书。比如后来商务印书馆重印的那些思想类的汉译名著，他们早就读了很多。这的确是全城最优秀的青年。那些年社会上有很强的辩论风气，所谓"真理越辩越明"。济南南部有一座山叫"英雄山"，从山脚修起一个个台阶，山顶是一个大的平台，山下有一个广场，每到黄昏的时候，一拨人就在那里辩论。这里渐渐集中了全城最善辩的人，他们有的来自大学，有的来自其他行业。这些人逻辑很清晰，就跟当年齐国稷下学宫的那拨辩士差不多——记载中学宫最有力量的辩才可以日服千人，令失败者心服口服。济南的山下广场上每个黄昏都有一场大辩论，围观的人多得不得了。辩论中的失败者就留在广场上，而胜利者要登上一个台阶。看起来这是很形式主义的，但那时候就是如此。经过两个多月的持续辩论，最后只剩下五个人，只有他们抵达了这座山的平台，也就是说他们到了山顶。

朱又可：落在山下的就再也没有机会参加辩论了。

张炜：那是一个被淘汰的过程。辩论者开始在整个济南范围被知晓，后来名声更大了，就有从外地赶来的人参加辩论。记得从青岛来了一个博闻强记的人，这个人有备而来，特别能说，读书特多，背起黑格尔的言论一字不差。就是这样的人，最后也被我的朋友们辩倒了——他们站在一个山腰的台阶上，面对无言以对者喊一声："下去——"那个青岛的年轻人就下山了。他失败了。就是这样一拨精英，最后只剩下了五个。就是说，经过两个多月的大辩论，最后站在英雄山山顶的只有这五个人了，而我的朋友占了五分之三。

我说的将要远行的朋友，就包括他们。在物质主义时代，实用主义和犬儒主义时代，人们根本不会理解他们的行为，会觉得他们是吃饱了撑的。而当年那是很庄严的行为，是感人肺腑的。我也不是什么苍白书生，从小经历得太多了，也不是很容易就被形式主义给吓住、被他人轻易说服和打动的人。我乐于参与这种事情，帮他们准备睡袋、帐篷，操持粮票之类。记得我们用线绳捆起一大摞一大摞粮票，以备路上使用。那时候年轻人的状态和现在好像是两极。现在去写那一极的生活，很困难，而且需要不小的勇气，因为要做好被今天的人误解的准备。

朱又可：这样的情况其他城市有没有？

张炜：相信许多城市都会不同程度地存在。那是一个时期的风气，而不是单独在某一个城市才出现的。风气是一个强大的东西，人人都在风气中。当时全国的风气是追求真理，是阅读、追溯、询索、叩问，是那样一种精神状态。在那种状态下，50年代生人这一拨表现得最为突出。

这拨人很激烈，也比较深沉。我跟他们联系紧密，虽然我直到最后也没有走开，没有辞掉工作。后来他们都走了，这导致的结果就是回城没了工作，只好顺势下海经商了。这些人当中的一多半，即便经商也不是以赚钱为目的的，而是为了赚一大笔钱去做别的事情——书中有个人物叫林蕖，他说自己蓄下的钱财"要有伟大的使用"，也绝不是一句空谈。

朱又可：赚了大钱了，上亿了。

张炜：这拨人当中有的发了财，不久又变成了穷光蛋；也有的成了真正的大富翁。钱对他们的腐蚀是很厉害的，他们最终分化了。

朱又可：和常人一样了。

张炜：这部分人里面，有一些始终怀着一颗剧烈跳动的心，他们是难以平静的。

朱又可：你写庄周这个人物，他变成流浪者了？

张炜：是的。不止一个朋友没有了，消失了，消失在民间，在谁也不知道的什么地方。书中还有一个跳楼的画家，故事中他没有死——实际上是我不忍，现实中他是我最好的朋友，他已经死去了。

朱又可：林蕖和这个人是好朋友？

张炜：庄周和他是好朋友。我写的是他的胯关节摔坏了，残疾卧床了。实际上这是一个天才画家，是我心中的凡·高。他在20岁多一点曾给我做过一幅素描，那是他留下的最后一幅作品。我以前还为他写过一部中篇小说……

朱又可：以他为原型的？

张炜：就是《请挽救艺术家》。其中引用的一些信件就是他的原件——我写不出那样的信，只好用他的原文。这个人对生活绝望了，像许多天才人物一样，他们当中有些人是脆弱的。我到现在认识这么多艺术家朋友，但仍固执地认为他是最有才华的人。他从省城回到了半岛，后来跳楼了，一共两次，终于……

朱又可：什么原因？

张炜：绝望，单纯而又执拗，对这个社会不能接受，对生活不能接受。他是特别敏感和纯洁的那种人，是悲剧人物。他给我的刺激太大了。与另一些人不同，有的人出走的时候那么壮怀激烈，回来后却一头扎入了欲望之海，变成了非同一般的坏人。

朱又可：林藻等于坏人了。

张炜：有的犯罪了，有的堕落了，有的没心没肺了，而有的那么有才华，却又自杀了。这都是50年代生人的故事。我平时不太敢想那个画家，因为他跟我不是一般的密切——两个省城里的单身汉，几年来一起弄吃的，一起讨论艺术，一起幻想。我们在一个机关工作。

我写作中有一个很大的愿望，就是把这拨人的经历写下来。没有比我们这拨人更惨的了——话又讲回来，每一代人都觉得自己是最惨的，经历的事情最残酷，领受的苦难最多——但每一代人也都是可以比较、可以量化的。50年代生人这一拨真的够不幸了，他们生下来就没有东西吃，比如说1960年是长身体的时候，却遇到了大饥饿。他们走过了那样的年代，充分领受了那个时期的严厉。在学校教育方面也是大不幸，不能学英语，不能读国学，如果家庭有问题，连高中都不能上。他们经历了"文革"，那是多么残酷和荒诞的年代。可是到了所谓的思想解放时期，从政治的严酷突然来到了物质主义的声色犬马，等于遇到了人生最突然最巨大的跌宕。这一代人无法承受，他们没有做好准备。他们是特殊的一代，他们具有足够的悲剧因素。

朱又可：饥饿年代我没有印象，我1964年出生时饥饿已经过去了。

张炜：50年代中期出生的人还有一些印象。所以说这拨人到了90年代以至于现在，他们的分裂、变化、坎坷，往往是惊心动魄的。就周围的这拨人来说，如实呈现出他们的生活就是极有震撼力的。把宁伽的家庭、家族，包括他的童年、少年、青年、壮年整个展现出来，是一个大得不得了的工程。我并没有写一部史诗那样的欲望，没有想过，只是它本身的确起伏很大，跨度很大。

朱又可：从根上写至少是100年。

张炜：对。100年还多了些。比较粗的是写了晚清。宁家、曲家的发家史不是从民国开始。曲家开金矿比较早，是清代。当然，那是粗笔勾勒。这部书是这样的——越是拉近，越是给它篇幅，给它细节，给它详尽的展现；更早一点的事情就稍微粗放一点，但也不是用笔勾到就算，而是有人物和细节。这样算起来有100多年了。重点的描述还是放在当下。

朱又可：庄周这个人物，真实的原型，到后来不知所终了？

张炜：这样的人一开始还会偶尔在城市里冒一下头，后来就没有了消息。虽然书中的各色人物都是实际存在的，但那些只是想象和构思的基础而已。写作原发的基础和写作的动力到底来自哪里，作者自己是知道的。

朱又可：我不太理解80年代初一帮人出走那件事。

张炜：当时他们是壮怀激烈的，那时每个城市都有一拨精英，这些人躁动不安，想彻底改变自己的生活，但又不知道从哪里入手。后来他们发现打碎眼前的个人生活秩序是必需的——打碎整个社会秩序的能力没有，打碎个人的生活秩序却是绰绰有余，所以他们就动手了。这是很久以来的固有方法——当年那些大家族里的子弟总是要出走，出走看来是人生的大事情。今天这些人的出走，一点也不亚于当年那些人的难度和意义。

朱又可：《圣经》中的人物就是不断地出走。亚巴郎、若瑟、梅瑟（摩西），出埃及。

张炜：五四时期的代表作家多次写到出走，它既是永恒的主题，回到具体现实里面又是全新的问题。总是有人在不断地出走，但是具体的社会环境变化了，具体的理由和目的也不尽相同。

朱又可：书中写到的80年代这些人的出走，和后来的比如说几个主人公从家庭里面的不断出走，是不一样的？

张炜：出走是一个永恒的文学主题，也是一个生活主题。从《圣经》的出走，五四前后封建大家族成员的出走，可见一斑。到了80年代，这些躁动不安的青年——他们都有很好的家庭背景——却又要折腾一番。不同的出走里面，似乎有共通的东西，即生命的寻求和叩问是一样的。但是他们冲破的阻力、面临的社会问题完全不同了，无论是物质的还是精神的状态，区别太大了。

关于"出走"的文学主题似乎有许多话可说，古今中外的文学人物，比如娜拉、霍尔顿、哈克贝利·芬、贾宝玉、子君等，大致是反抗、叛逆、决裂、逃避、绝望、寻找以及天生的野性等多种因素造成。既文学又现实的例子当然是托尔斯泰，他用自己的行动演绎并诠释了"出走"的主题……还有一个集体的例子，即美国属于"迷惘的一代"的作家们，在第一次世界大战之后，为寻求文化精神信仰而旅居欧洲……还有"途中"这个哲学概念，人在途中才向往家园和回归。

朱又可：后面还写到出走，基本是从家庭里出走。你写的主人公不断返回到山区去，不断到庄园、葡萄园里去，那实际上是从家庭里面出走。

张炜：这个宁伽是一个矛盾重重的复杂的人。有些事情说说很容易，在生活中做到却很难。一个人结了婚有了家庭，他要走，却没法走，面临着很大的人生问题。谁如果觉得这是矫情，那就试试看。这是很困难的，需要有破釜沉舟的力量。读者能体会这一拨躁动不安的人，所以有人说他们具有"令人尊敬的疯狂的激情"。疯狂的激情很多，现代艺术里和现在的社会状态里从来不缺乏这些，但是令人尊敬的激情就很少了。这里有一个前提，即他们的品质必须是质朴的——外人看起来很疯狂，但是如果真正接近他们，就会充分理解一切，于是就会产生尊敬。如果是简单的模仿，就无法让人尊重。书中的宁伽和他的朋友们所面临的不可克服的矛盾是很真实的，不是什么时髦。

朱又可：他们出去了多少年？

张炜：他们出去了两次，第一次多半年，第二次是三年左右。后来灰头土脸地回来了，算是成功了吗？世俗意义上的成功当然是没有的。

朱又可：事实上出走的人里也有女的吗？

张炜：当然有，但主要是男的。他们最早就跟书上写的一样，到了当年的鲁南山地深处。那里贫困得不得了，条件恶劣。到了夜里，他们说大风掠过屋顶，就像大石头从上面滚过。他们在那里办学。那时候吃的东西也没有，就像书里写的，在严冬，锅里煮的是地瓜干，下面烧的也是地瓜干。因为没有柴火，没有煤炭，如果出去买烧的东西，加上运费等，还不如地瓜干便宜。这种生活以前说起来都不会相信，但他们亲身体验了。

我的书中写到一所房子，是石头垒的四方大屋，没有门，只有窗户，进屋时弟兄四个要从窗外往里跳。这竟然也是真的。为什么会有这样一个建筑？不知道。只知道四兄弟没有女人，没有钱，没有任何希望。这是表达了一份绝望，还是什么？我们不理解。人在非常绝望的时候，生命会呈现千奇百怪的状态，表达怪异。书中还有一个青年，他在最无望的时候把自己的眼睛弄瞎了，流窜在大山里，却能健步如飞。这都是真的。用一部书罗列千奇百怪的人生，尽管也有意义，但还不是目的。做记者的知道，生活中千奇百怪的故事和例子很多，不需要文学去呈现。但不同的是，这一切整合到书里的时候，是经过了造酒式的发酵和酿造的，这就变成了和生活完全不一样的东西、个人化的东西，其中包含了极复杂的工作。读者仅仅是听这些古怪故事、传奇，那就不需要文学写作了，记者带着他的相机、录音笔也就解决了一切。

梦想成为一名地质工作者

朱又可：宁伽确有其人？

张炜：无一不是实有其人，也无一不是虚构。文学与报道是极为不同的——现实人物关系对书的虚构产生了关键的帮助，但任何一本书里的人物都不能说是生活中实有的。这就是小说的艺术。将生活材料彻底发酵是重要的,这样才能把它变成酒——这是所有艺术生成的通理。但是粮食肯定全都存在——作家的想象力是那么贫乏,很少能够离开真实去虚构任何事物;另一方面我们又惊叹其虚构能力之强,可以把所有的现实变形、组合、再造,让当事人也恍惚起来。一切都服从了艺术的和谐。

朱又可:这个人物是一个贯穿性的人物。能不能说这是为一个地质队员写的小说?

张炜:主人公学过地质,有过这样的从业经历,这是重要的。我们小时候那个地方发现了石油、煤炭和金矿,这部分地质人戴着太阳帽和黑眼镜,看上去很是浪漫。他们到了哪里就在哪里搭起帐篷,木板一铺,帆布一扯,就是很神秘的窝了。他们从来不住到老乡家里。我们小时候没什么好玩的,除了玩林子、玩海、玩动物和植物,再就是分拨打架。外来地质队员就像天外来客一样,他们的服饰和口音都与当地人不一样,让我们觉得特别有意思。他们也喜欢我们,跟我们玩,讲许多故事。我们在他们的帐篷里有时候要待到下半夜。白天看他们的机器、看他们的操作,一切都忘记了。那时候觉得这个职业特别神奇、特别浪漫,对他们跋涉千山万水的辛苦考虑不多,只往有趣的方面想。这些人到处走,知道的事情特别多。我们缠着他们讲故事,也吃他们的东西,因为他们好吃的东西也多。作为交换,我们就带水果给他们。他们买来许多海产品,大口喝酒抽烟,我们也跟着学。这对于林子里的孤独少年来讲,是非常具有吸引力的。所以我曾经铆着劲儿要做这样的工作,我后来的很多诗和散文、小说,都写了地质队员的生活。现在的主人公是地质工作者,因为只有如此,他才能够进入推敲山河的状态。

朱又可：有跟他们走过吗？

张炜：经常在一起。和他们一起出去跑的时候偶尔也有过。后来有意地接触他们，那是为寻找写作所需要的东西。我不得不自修地质学，济南的一些专家成了我的老师和朋友。学术是一种支撑。平时作家写山多么大，树多么高，但较少从学术层面去剖析、去描述，这就不够准确。我们需要另一种紧实和确切，许多时候需要这个。写大地，或许需要考察黑土黄土的形成。从这个层面去写，不仅是色彩，不仅是文学气质，还是一种思维深度，穿透力，刚健强劲的凿实感。什么植物什么科属，云母岩花岗岩闪长岩，这些跟浪漫主义的虚构在一起，形成了一种张力。

朱又可：地质队在旁边住了多少年？是来来去去，这个来了那个走了？

张炜：半岛上的地质队一直有，我十几岁离开那个地方时他们还在，现在偶尔还有。金矿、石油、煤炭这些勘探，可能不是同一个地质队，反正他们来来往往很多。后来，1987年底我又回半岛长居，再次见到了他们。这之前我曾在半岛到处游走，与过去的童年、少年生活又重叠起来了，这就发生了很多感慨，对生活认识的角度、高度，还有方法，都不一样了，出现了很多新的内容。我今天自觉行走和观察的意识很强，过去是自然而然的，是生活所迫。那个流畅的童年，和为获得资料与知识的访查多么不同。过去接近地质队员是好奇和好玩，现在自修地质学是为写作准备资料——这两个不同的趋向衔接起来很有意思，单纯的前者很重要但不够，完全是后者也会有很多问题。

朱又可：后来读的书里有地质学？

张炜：对。那时候年轻，野心很大，总想做一个庞大的东西，所做的功课也就特别复杂。那时候自信力也很强，总以为无非10年，就可以把这个东西写完。各个方面的准备相应地开始，包括读书，什么东西都读，并立志要行万里路读万卷书……做起来才知道有多么难——如果那么容易，很多人早就做了；简直是越做越难，但是又不能把已经做出来的东西全都扔了，那样就前功尽弃了。时间拖下来，渐渐也就不急了，知道这不是一鼓作气的事，索性慢慢地做。

现在做完了想一想，很不容易。说起来轻松，但22年是用劳动叠加起来的，从1988年做到2009年，不可谓不长。但时间教给人的很多东西，不是聪明所能替代的，有些东西短时间想不明白，比如它的结构、技术、工艺，连这些相对简单的问题也需要在时间里解决。有些东西解决不了，只得交给时间。有很多思想、形象，也包括情节，诸多元素要随着时间改变，22年就是不停地修理和补充的过程，是一次次扭转局面的过程。

朱又可：是陆陆续续地写，过程中再去读别的东西，同时不停地走？

张炜：已经完成的，还要不停地推翻，有的大纲都推翻了。打印稿交给一些好朋友看——是我信得过的很苛刻的朋友——有一个朋友说，他18年前看过同一部，这哪里是当年的样子！改动太大了，面目全非。有几个朋友从头看过全书。他们虽然苛刻却是令人信赖的朋友，如果只说好话，那就没意思了。他们对我的帮助很大。

"宁伽"是虚构的

朱又可：宁伽是你小的时候在地质队里认识的人吗？

张炜：宁伽是一个虚构的形象，这个人离我最近，但又不是我。那为什么在序言中说"我的朋友"宁伽？那是我心底最亲近最熟悉的人……我从来没有做过地质工作者，也没有考上地质学院，只是在心愿中做了理想的虚构，在小说里实现了这个愿望。我曾经特别想考地质学院，当年想起来都睡不着觉，真是喜欢那个工作。我的理想是做一个地质队员，或者在葡萄园里工作，业余当一个写作者，写诗。那是多么浪漫的事情。

朱又可：你在17岁以前接触的地质勘探队的人，他们像走马灯一样，没有一个保持联系的吗？

张炜：有一两个长期保持联系的地质队员，名字记不起来了。当年我们还交换书看。记得很多书是他们给我的，什么《春风化雨》、《幸福的港湾》，几本书的名字我还能记住。还有一个地质队员在写一部长篇小说，名字叫《浪狂港静》，写一个海港，写与特务的斗争——那时候都要写阶级斗争。我不知道里面更具体的内容，只是时不时地就要想起这个名字，觉得好得不得了。当时我想，这个人像神一样，多么不简单，多么了不起。

朱又可：那可能比较符合当时阶级斗争的美学。

张炜：我对这些东西不会忘的，书名不忘，但是作者名却忘了。他一直在写，但是我没有读过。从他们手里借的书，让我入迷。这些书都是"文革"前出版的，读起来半懂不懂的，只觉得无比有趣。我跟他们交换书，跟他们喝酒，学他们抽烟。这些交往是最有意思的经历。记得他们晚上还组织节目，用木板做舞台——农村的舞台都是土垒的——他们在木板铺的大舞台上面表演，一跺脚就砰砰响。看他们表演、放电影，真是幸福华丽的生活。

朱又可：他们带来一种新的文化生活。

张炜：他们讲大量的故事，如在哪座山里遇到什么怪事，在哪条河里逮过什么大鱼，遇到什么鬼鬼怪怪的。我有一个孤独的童年，却有助于开发想象力。

朱又可：你们就是一家人。当时住在树林子里边？

张炜：在林子深处。那片林子太大了，不是几万亩的问题——它连着大海，又往更远处延伸……在这种寂静的地方，消息闭塞，只有靠想象才能满足自己，才能弥补，想象就是一切。这拨地质队员经多见广，给我打开了一个全新的世界，对我影响很大。后来我也到处走，这不是蛮像一个地质队员吗？

朱又可：你是模仿，向小时候的地质队员模仿。

张炜：我觉得自己生活中的愿望就是那样，色彩和质地也差不多，所以就当成了一回事。可惜的是我不懂地质原理，对这些一窍不通。这就是我自学地质专业的原因。我的书原来有一个副题，叫"一位地质工作者的手记"，后来出版社说这样限定得太小了，只"你在高原"就可以了，这可以给读者很多想象的空间。我同意了。不过，我在序言里还是说这是一部"地质工作者的手记"。我忘不了写作的初衷。

朱又可：那是缘于你少年时期跟他们那种充满了感情的交往。后来你想读地质学院没上成？

张炜：但是我让宁伽代我去读了，可惜他也没有一直干这个工作，干了两三年就不干了。因为他不能到地质队里去，只能待在研究所里。他走不出去，这跟原来的愿望相违背，那就不如到一个更自由的地方去。后来宁伽还不满足，竟然辞职出城，这样就可以走遍大地了。

朱又可：这个东西完全是虚的。有没有更接近现实中的某一个人？

张炜：没有。向地质部门的人请教是自然的，后来都是好朋友了。但这拨人和小时候是无关的。那时候是好奇，现在年纪大了，带着过去的好奇与这拨真家伙对接，看他们拿出各种标本……在标本室里我是陶醉的。我对地质学有一个情结，并认为地质学与文学贴得最近。行走、浪漫、探寻，可以在很大程度上满足一个足不出户的人的好奇心。

朱又可：我小时候在山区，每天看公路上的汽车，目送着汽车直到看不见为止，因为想出去。

张炜：与地质队员的来往，这个经历对我影响很大。其实我以前很多作品都写到了地质队员，《古船》里也有他们的身影，他们还丢了一个神秘的勘探用的铅筒——那也是小时候的真实经历。

朱又可：是核辐射的东西？

张炜：对，它的内核是铀。

朱又可：宁伽是你不断地想象的，可能换一个人未必有那么深的感情，如果他住在马路边熙熙攘攘的地方——因为你太孤独了。

张炜：周边的生活很喧闹，内心却可能是安静的。这种喧闹是在外面充分地发散了，获得了满足。一个人就是自己跟自己对话，内心倒可能是喧哗的。我小时候距离最近的那个小村，就是西岚子，现在没有了。那个地方后来采煤、建医院、建城区，完全是一片楼房了。有一次上海的朋友来这里，一定让我想办法找到过去生活的那片林子和房屋的位置。这很困难，全是楼房。我们在一所医院那儿找到了原来的位置，他照了很多照片。西岚子村，那一次我们发现它已经变成了一个动物园，有猴子在里面跳，朋友也拍了照片。总之，一切都变了。

朱又可：你原来住处的那棵大李子树呢？

张炜：全都没有了，大约是一个医院边上的空地……一点痕迹都没有了。勉强能找出一个坐标——西岚子的坐标可以找出来。它在1975年左右就开始大幅度消逝，80年代以后就一点点没有了。用今天的眼光看，那片林子真是漂亮得不得了，而当年的感觉是荒凉得不得了，全是大林子，很粗的大橡树、白杨树和柳树……多得不得了。1949年之后这里建了一处国有林场，而这之前林子还要大得多。离林区较远有一个村子，它的名字叫"灯影"，可见当年这一带有多么荒凉。

朱又可：一个幻想的地质队员的生活。你从来没有从事过这个工作，但是一直在模仿这个行为。

张炜：一方面是写作需要，另一方面是从小就到处游走——这就跟地质队员差不多了。

推敲山河

朱又可：别人考察一个地方的生活，他们的眼光不一定放在山水上。

张炜：或许有人会更多地从社会层面去注意这一切，因为写作者对社会层面是很敏感的，压迫、政治事件、社会冲突、经济状况，对这些很敏感。但是对另一部分则有可能是麻木的，比如自然天籁、山川大地——对它的质感，对它给予人的精神状态的影响，会有些麻木。

但我与林野是一种童年的情感，所以并非什么色彩和意境的追求。香港还有研究者直接认为我是写自然生态的，当然也未必。

朱又可：别人写到自然的背景，可能像国画一样勾一下，你这跟西方油画一样了，是逼真的。

张炜：因为记忆和情感是逼真的，那是斑斓的一片。童年时期与海、林、山脉、大地的亲近，跟后来尝试理性的、学术的理解和命名，有一个转变的过程。比如说过去只是喜欢树木，能叫出它的名字，而后再看这棵树，就需要依从植物学的角度给它重新命名——比如杨树，杨树分很多种；松树，也有很多种。还有石头，也是各种各样的，有详细的分类。这很重要，这是传达信息的新方法。

朱又可：其实你不用描绘它的形象，只要给出一个名字，别人就可以想象。

张炜：比如说我从市区到这里来，要经过路中间的一排大树，如果只说路过了一排绿色的、很粗很大的树，对方并不知道是什么树。但如果我说那是榉树，路过一排巨大的榉树，对方就有了具体的概念——懂得的人一听就知道，或者查一下就可以；即便只看字形，也会给人一种感受，"我从一排巨大的榉树下走过"和"我从一排大树下走过"，语言的质感是不一样的。我把过去经历过的植物、山川、河流，全都用这种通用的、学术的、准确的名字重新命名一遍，这本身就很有意思。

朱又可：人们往往忽视了这一部分。实际上，按照创世学说，天主先创造了那么多事物，最后才造了人，让人给动物和植物去命名，这是重要的过程，是生活中最重要的仪式。

张炜：命名的过程是建设一个世界的过程。存在还不行，还得命名。从小时候跟这些混沌自然的摩擦和接触，到后来有能力去命名，这个过程走了几十年。这样想一想就很有意味了。

朱又可：你书里还提到了海洋动力学，这是怎么回事？

张炜：它也是专门的学问。海洋动力学，研究海洋和滩涂的人需要掌握。有一拨人的工作必须研究海洋动力学，比如说建港工程师。沙丘链的形成、沙嘴沙坝的形成，还有韵律地形的产生——海边会看到有规律的一个连一个的弧形，这就是"韵律地形"——都与海洋动力学知识有关。

从事科学研究的人会以自己的角度进入诗意。写作者需要和他们对话，接触他们的知识。我曾看过一本书，叫《近代地理学创建人》，通过这本书不仅可以了解其中不同的学术道路，而且它的叙述语言干净利落，是别一种表述之美。从文学语言的角度看，让人觉得质地很好，很受触动。我看了《爱因斯坦文集》的上下卷，有一卷里面没有那么多公式和符号，多是演讲和笔记之类——他作为科学家不是为了写一篇好散文，但是那种质朴清晰的文字比许多作家更能打动我。就是说，仅仅从文学语言的角度看，它也是上乘的。还有古代医案，那些名老中医也不是为了写美文，但有的文字美极了，气质很特别。文章是一种生命表达的形式，它需要真，需要质朴，这样焕发出来的璀璨、丰腴和美才更持久,更有力量。任何艺术,如果不质朴,也就完了。

有一些学术语言是非常棒的,我看土壤学,其中有一句话直接写到了书里——它的表述是很学术化的,但是在我眼里又是最好的文学语言,它说:"黄土是一种年轻的土壤。"作家写土壤,可能轻易写不出这样的句子。

朱又可:它形成年代比较新?

张炜:黄土形成土壤的时间短。比起黑土、褐土、河潮土等,黄土算是一种年轻的土壤。这个话我觉得有意思,印象特别深。土壤学是很有意思的。比如河潮土,是最适合耕种的。

朱又可:我们国家哪个地方是这种土?

张炜:在山东半岛就有。有时候在方圆一百里的范围内就有各种土壤。看土壤学里的图表,里面有一个个不规则的圆圈,每个圈都是一种不同的土壤。它们的形成有规律,经历了漫长的历史。有时很小的一个地带就有完全不同的土壤结构。这个圈里是河潮土,那个圈里是褐土,大地变成了斑点狗、花纹狗。它作为一门科学,会焕发作家的想象力。

比如说古航海——书中有一个叫纪及的人,在科学院专门搞古航海研究。各地争夺徐福的起航地和出生地,当然要把这一类专家找到,因为他们的话才有权威性。后来我在工作中接触了不止一位古航海专家,他们这辈子什么都不干,只专注于研究古代的港口和航路,他们干的是这种工作。

有一位古航海研究专家，瘦瘦高高，戴了副眼镜，主要研究中日航道，对鉴真和尚几次东渡的航道研究得很细。还有关于徐福几次到日本考察的起航地、中日古代贸易、日本遣唐使来中国的航道……他研究这些。文化的、商业的、宗教的各个方面，都包含在古航海研究的领域。这些东西深入进去不仅深邃，而且有意思。在作家眼里，它们是有诗意的。

《古船》里面反复写到一本《海道真经》，有人还以为那是虚构的，其实那是很有名的古代航海学著作，是中国社会科学院整理的一个成果。

朱又可：学习海洋动力学，不光得读书，也得找一些专家吧。

张炜：中国国际徐福文化交流协会里有这样的专家，他们的研究对我很有帮助。这个协会考古学、秦汉史、古文字学……各方面的专家都有，还有民俗学专家。他们在一起，是知识的大成。

朱又可：植物学方面的书有吗？

张炜：这方面的书很多。比如说《怎样来学植物学》，就很有意思。到一个地方去，在那里生活一段时间，可以就此为半径，将100公里之内所有的植物认识一下，张口就能说出这些植物的名字才行。登一次山，就能看到很多的树、草，所有绿色的东西都能叫上名字来，这种人并不多见。

朱又可：原来我们就说是无名小草，其实任何一个东西都有名字。

张炜：我们东边的山叫锦鸡岭，登山这一路，看到的植物品种太少了——如果到东部半岛海边，走上一路会遇到几百种上千种植物，但每一个都叫得准确太难了。十年前，我一路都能叫出来，很少有不认识的。现在就不行了，已经忘记了，看来给自己办"速成班"，"急用先学"是不行的。

朱又可：有没有和植物学专家一块儿走过？

张炜：那样的专家最是宝贝，跟上他们是学得最快的。不能仅仅依赖植物图谱，尽管上面画得很像，但还是认不准。有的看起来差别不大，细分又有许多种，就需要在实际中鉴别。说到百合科属，像萱草、卷丹，都属于它。有一种"青岛百合"，是以这座城市来命名的；还有一种植物叫"胶东卫矛"，可能只有胶东半岛才有。四川的兰花有好几百种，而全世界兰花的品种大概要以万计。植物学分类可能是比较烦琐的，但没有办法，这不是中国一家的学问，植物的学名都是拉丁文转译的。

朱又可：不能太笼统。

张炜：说到兰花，有人问我有多少种，他们让我往多里说，我只说了几十种。其实呢，要以万计。可能也有一个慢慢演化变异的过程。它会发生变异，这是在漫长的时间里形成的，以后还会产生新的品种——这在植物学里叫"变异"。人工改造的力量也很大。比如说果园，小时候的印象是果树特别高大，大李子树、大苹果树，爬上去以后完全被树冠覆盖和笼罩了。一棵树能采很多果实。现在园艺场里的果树又矮又小，结的果子伸手就可以取到。大树哪儿去了？了解以后才知道这是一门新的技术，名叫"矮化砧木"。就是说，这种技术专门将树木变得矮小，这样管理方便，株产降低了，亩产却提高了。以前采摘需要很高的梯子，现在就跟摘黄瓜差不多。

朱又可：亩产最大化，劳动量最小化。

张炜：但是这样的果园并不好看。过去雄伟的大树，现在没有了。这是观感。深入任何一个行当都有学问，用文学的眼光打量它，就产生了诗意的美。复杂一点的书或许要追求许多东西。

朱又可：写到人，研究人，有人的生理学、病理学、心理学、民族学、社会学等。

张炜：说到这些就复杂了，一己之力只能了解皮毛。我有过长期住院的经历，这对我帮助也很大。书中写了大量医疗方面的内容，还有大夫的故事，他们与社会的关系，等等。住院时间不长，谈不到细节和感受。气氛，特殊的声息和氛围，只看几次病是不会准确捕捉到的。待几个月，有切身的病痛，感觉就不一样了。医院也是一个大世界，跟我们熟知的外面的世界是两个圆相交，有切点。

第三章
土地和人性

2011 年 4 月 13 日上午
第三次访谈

　　昨天晚上，张炜在我下榻的酒店里吃饭，就在餐厅靠窗的一角。正好山东青年作家创作会也在这个酒店举行，作家们于是都围在这个角落的桌子边聊天。吃完饭，山东作协的评论家赵月斌和签约作家瓦当拽着我去夜市上喝啤酒、吃烤虾。瓦当敏感，也有一种颓废感。赵月斌朴素，热诚，不慕虚荣。当然，这都是印象，我对他们都有亲近感。

创造出无愧于伟大作品的时代

朱又可：你谈到文学"入世"造成的伤害，这个看法很重要。哪几种文学形式分别成为当时的主流，结果受到了伤害？

张炜：中国有一个文以载道的传统，这当然无可厚非，它与儒学的传统有关。但是具体到作品就有一个问题，要看载的是什么道，小道还是大道。有些很具体的"道"，其实无道可言，更不是一个大道。"文以载道"之说包含的东西特别多，不能简单化，不能因此而迫使文学就范。我们有时候连街道上布置的什么事项都要去"载"，文学作品就成了廉价宣传品。即便是很深刻的思想、很高的理念，通过作品去负载的时候，也必须是真正个人化的表达；而充分个人化的表达有时就难免晦涩，有其深邃性和偏僻性——他表达出来的东西有时候是混沌的，那才靠近了文学的本质，可以多方诠释，可以含有长久的感动力。

看起来"载道"有很大的志向、很强的责任感，有一种心怀天下的抱负，但也往往是这种巨大的抱负把它引向了反面，它呈现出来的气度、胸怀和思想格局反而不大，有时候甚至会很小。一个人出于对更大的客观世界的牵念，这种牵念持续不断而且非常遥远，作品才会具有神性和宇宙感。这样的作家在中国是欠缺的，这也可能与宗教传统的缺失有关。我们的道教和佛教跟西方的有神教还不一样，前者突出的还是人的玄思能力。中国当代作家的作品，我们较少看到字里行间弥漫着对自然的敬畏——只有少数作家会呈现出对未知的浩瀚宇宙、对神性的敬畏。这来自遥远的牵念。

当代作家的这种神性的指向，我相信不是受某一种文学作品和倾向的影响，而是一个生命抵达某一阶段之后自然出现的感悟，是一种辽远的心灵感慨，是源于生命底层的一声叹息。像李白那样举杯邀明月的诗人，面对苍茫星汉的深沉喟叹，在我们的文学传统里是原来就有的，只是后来才慢慢被急功近利的社会要求导引和遮蔽了。再到后来，当代文学就像革命列车上的一件可有可无的行李。实际上正常状态下，文学是远远大于这辆车的，它更永恒，也更阔大。有时候我们习惯于说作家应该写出无愧于时代的伟大作品——这个说法也对，无论如何，现实和时代还是一个作家生发想象的母体——但是从另一个方面讲，又可以反问：我们怎样才能创造出一个无愧于伟大作品的时代？

文学的历史和社会的历史都说明，从屈原、杜甫、李白到现在，几千年来文学家对社会生活有过多少美好的想象和伟大的设计，可是现实生活却差得很远。大多数时代，无论怎样，毕竟还是与伟大作家的想象和诗人极度追求完美的要求相差得很远很远。他们在文学作品、在个人想象中所寄托的伟大希望，一个无愧于伟大作品的时代，还需要一代一代去奋斗。

以前我们总是从一个角度设问太多，好像文学总是处在一个尴尬的、被动的、可怜的和服从的位置上。这是一种荒谬的倒置。久而久之，我们的创造主体也把文学降到了那么可怜和渺小的境地，它没有了大品格、大器局、也没有了那种跟宇宙的神性连接的可能。而这种连接一旦发生，文学就是无边的阔大和深邃的。

我们长期以来形成的学术套路，还停留在极其简单化和苍白化的阶段，只是沿着"通过什么，说明了什么"的框架去诠释文学作品。

打开一本评论杂志，里面的多数评论都在沿着这个套路前行，多数文章都是这样架构的。实际上，文学是一种语言艺术。将文学比成一座建筑，它只有一个门，就是语言。文学批评几乎只有贴着语言这道门才能走入这幢建筑内部。如果离开了语言，也就不得其门而入，其他的都是白说。

文学批评不是通过什么说明了什么，不是三段论，不是简单的推理和论证。它应该是赏读之后的文字，是悟想过程的产物。但是一切正好相反，我们常常喜欢时髦的词汇，采取新奇的手段，借用西方后现代主义的分析方法，以此替代文学的"入门"。于是我们的学术和创作都容易在急功近利的入世层面上打转。这种狭隘的入世，以及对入世简单化的理解，造成了许多弊端。学术推动创作，创作印证学术，二者联手达成默契。这个"入世"有时候是带引号的，实际上儒学的入世，他们还是不理解。如果看《论语》，就会发现没有那么简单——它既有对眼前的社会、事物、人的关切，还有旁逸斜出的更多的思维向度。比如说孔子问几个弟子：你们生活的理想是什么？有人说治理一个国家要懂得礼数，有人说方圆多大的土地给他几年的时间可以治理好，有的说强国富民……最后一个弟子说：我的理想不过是到了春天，到沂河里洗个澡，与几个好朋友一起，吹吹爽风唱唱歌儿。孔子说：咱俩的理想一样！可见圣人是多么幽默松弛的人。同时，这段对话也不能完全看成是一种笑谈，里面还有一种对自然、对生命的无尽留恋，有一种对幸福人生的深刻理解。人和自然的这种神秘的说不清的情感与依恋，包含了悠远的牵念和感怀，它比一般的"入世"之"道"更大。这段话其实就是在表达"诗意地栖居"的理想。

文学应该徘徊在这些更高更大的、遥远到难言的"道"里——文学载的是这个"道",才有可能是正路,也才是更合适的诠释。如果背离了这些,文学也就只好变成一堆可有可无的杂拌和零碎。

朱又可:一直有"与时俱进"、"笔墨当随时代"的说法。你怎么看?

张炜:这些说法就看怎么解析了。与时俱进,笔墨当随时代——问题是怎样俱进?时代又是怎样的?要追随时代里的什么东西?这些都没有界定。任何时代包含的东西都是特别复杂的,如果真的能追随时代——也不可能不追随,人不可能离开自己生活的时空,他要踏在这个时空的基础上发力,发挥他的想象力和创造力。但是一个时代里面包含的东西既多,作用于人的方式又大不相同,人和人想象力的差异、关怀的角度深度以及高度都有区别。同样一个时代,我们常常会发现一些怪才、异人,或者相反——一些可怜的追随者。比如说连街道布置的计划生育"只生一个好"那类诗都要作的人,也是时代的产物。另有一些"节日诗人"和"事件诗人",意思都差不多。还有的诗人写了那么多紧跟当年建设的所谓火热的诗歌,但是也曾把自己的想象引向星空。一个人有不同的思维,创作会呈现出缤纷的色彩,这都是跟随时代的结果。

朱又可:精神的成果应该是大于物质、大于社会的。

张炜:民间有一句话:"只有想不到的,没有做不到的。"说的是自然的现实的呈现总是五花八门的,是很多人刻意的或即兴的创作,是单独的创作者无论如何也想不到的。现实具有无限的可能性,最后总要以精神的方式凝固和积攒下来，化为永恒。我们现在看到很多记载盛唐和康乾盛世的文字，推论出那时的物质生产总值约占整个世界的三分之一或五分之一——无论几分之一，都是相当了不起的物质存在。但是后来盛唐与大清如何了？都相继凋敝到了那个地步，多么可怜。所以，物质的积累、财富的创造是人欲和本能，我们只是没有办法把这些积累长期保存下来，原来人类没有保存的能力。

比起物质的保存，人类积累思想道德伦理成果的能力就更差了，比如说再伟大的思想，无论是国外的或国内的还是当代的或历史上的，都在争论不休，不停地肯定复又推翻批判……我们总是在精神层面、伦理道德层面上出问题，在思想上出问题，在文化上出问题，才导致了物质财富不能保存，其他全部被破坏一空，一切又得从头做起的悲惨境地。唯独科技有点不一样，科技常常会得到有效的保存和积累——假若这一茬人的记忆不是从根上毁掉，那么以前的科技发现就会传递下来，并且会一点点往前进步，倒退的情况是比较少的。

写作：那个遥远的高处的"我"

朱又可：你究竟为谁写作？读者？市场？今天？未来？

张炜：在我看来，一个好的读者和一个好的作家是同等量级的。有人说阅读相对简单，只要识字就可以，而创作很难。中国民间有一个说法：看花容易做花难。但实际上真正能看懂花的，也同样难。我接触过大量的读者，跟他们交谈就会发现，有的人虽然表述能力很差，但的确是懂的,他能感受作品中的一切,这说明他是很高级的读者。阅读的能力和写作的能力是不同的,这两种能力虽然不可以换算和等同,但要达到较高的量级都是很难的。对于作品的全部感悟,许多读者不能表述,但是心里都有。他可以用另外一些概念来表述,许多时候跟作家的感受是一致的。他知道文字内部蕴藏了什么,是怎么一回事,他懂得文字背后的东西,懂得形成文字的代价在哪里,盲角在哪里,无限的可能性在哪里——他阅读的时候留下了这些感知空间,所以能够掌握这部书。

作者为什么不能迎合读者?因为不可靠,因为危险。只为读者写作,很可能就要假设这样的读者的存在——既然有一大批或一小部分这样的读者,那就要自觉不自觉地去迁就他们。其实这是以取消自己为代价的。我以前谈过个人的临场感受,说我在为一个"遥远的我"而写——那个"我"在更高处,他在注视我,我为他去写作。

朱又可:你什么时候有这种意识?

张炜:80年代中期,我就开始解决一个问题,即设问并回答为谁而写。因为在我们的传统里,特别是这几十年较短的传统里,核心问题就是强调文学为谁。有一个很有意思的说法,就是让老百姓喜欢,其余都无所谓了,甚至还问"你算老几"——这个"你"就是指创作主体,指作家。创作者都不算什么了,作品怎么会有价值存在?当然也不必期待会产生什么了不起的杰作了。到了80年代中期,我们越来越无法回避这个问题:到底为谁而作、为何而作?这决定了根本的问题。如果说为民众,那么民众是谁?如果说以大多数人的喜闻乐见为目的,那么让人生疑的例证太多了。

"民众"这个概念不能来自假设,否则就成为一个不存在的伪命题。民众和乌合之众的关系是什么?哪些人是乌合之众?哪些人才是民众?

如果将"民众"视为一个理想的、理性的概念,那就只能等同于时间的概念——在时间里留下来,肯定是获得读者人数最多的,这也就是"民众"了。真正的杰作往往并没有一哄而上的阅读效果,起哄的"民众"大致就是我们常常说的"乌合之众"了。

谈到更为可靠的"时间"这个概念,我好像仍然不能接受。因为即便如此,写作的功利性也还是太强了。作家的自由,真正的自由,连时间也不能过分地干涉,这才是理想的境界。

后来我用了一种很"虚"但又很"实"的说法,来做了稍稍准确的表达。我努力回忆自己的写作状态:凡是写得好的时候,倾注其中、沉浸其中的时候,总是觉得有一双很高的眼睛在注视我,它在我不能察觉的时候随时出现。就为了让它满足和高兴,获得一个呼应和理解,我才努力而兴奋地工作着。那个高处的人既是我,又不是我,因为他比我高、比我远,他是更遥远、更全面、更完整的一个生命。我和他达成了默契和呼吸的关系,那是一个"遥远的我"——这样的表达,才比较接近写作时的实情。

这样的写作是自由的、个人的,是其他人所不能取代的。

现在我们大家很容易写出一些区别不大的、似曾相识的作品,所以它们最后不得不被淘汰。非常个人的,不被重复的——跟未来、现在、过去都不重复的,或者说是很大程度上不重复的——才会被保留下来。

比如托尔斯泰,同样是代表一个国家和一个民族的大师,他跟法国的雨果差异多大?跟自己国家的普希金、屠格涅夫、陀思妥耶夫斯基差异多大?他们各自独立——当时、过去以及未来——直到今天的俄罗斯，也没有出现与托尔斯泰重复的作家。以往俄罗斯历史上没有产生过托尔斯泰式的作家，不仅是规模，而且是个性的特异。所有这些杰出的作家，都跟另一个"我"进行着对话，当然这个"我"打一个引号更好。

朱又可：它有什么不同？过去强调为人民写作，现在强调为读者写作。对于写作者而言，现在市场化时代和过去的政治挂帅时代有什么不同？

张炜：不同时代的同一个概念仍有区别，比如"人民"，有时候社会色彩就比较强烈，而"读者"则包容得比较宽泛。"读者"现在作为市场化下的产物极具诱惑力，无论什么样的"读者"，多多益善。为"人民"写作，在文学艺术被工具化的时候，在一部分人那里是成立的，商业化时期就不太成立，因为这个时期的"人民"已经悄悄换成了"读者"——可以是各种各样的人，只求其多，只求有利可图。

但这是指通俗文学和一般的文化产品，而不是指诗性创作。

文化产品与艺术作品不可以混淆，这种混淆在创作者那里是一个严重问题。一个写作者没有文学理想，就会成为一个艺术商品的制作者，尽管是一个人在创作，但由于要迁就许多"读者"，个人性就必然要消磨，这跟一个创作组、创作群体制作出来的文化艺术产品是同等的意义。这个过程，也是自觉不自觉地跟很多因素达成妥协的过程。一般我们这样界定艺术产品和艺术作品：超过两个以上的作者产生的"作品"，一般来说只能是艺术产品或制品。比如一部电影、一台戏曲等，这里面有剧本作者、导演和演员的协作，甚至是灯光、布景各个方面的综合,这就成了一个运用艺术手段制作的产品。

电影艺术和戏剧艺术是存在的,但不是独创的艺术作品。严格意义上的艺术只能是一个人完成的,不跟任何的艺术思想和艺术个性达成妥协。

所有留下来的伟大作品都是真正意义上的个人创造。个人性越强,越不被重复,越是突出了艺术创造的诗性特质。

简单由人数去定义艺术,当然也不准确。有时候复数是潜在的。

杰出的作品与时间

朱又可:文学和社会的关系一直在纠缠,在中国,写作者现在似乎不太谈论这个话题了。

张炜:这个话题不是因为老旧才谈得少,而是因为浅显。它是很容易破解的命题,所以在大多数作者那里已经不成为一个问题。有些问题,人们会慢慢感觉到它们的深度——深度破解,还要等待未来。比如胡适有一句话:"只有实践证明才是检验真理的唯一标准。"这样的话从来没有人质疑,因为说得简明易懂。

实际上也真的是这样。这个命题在本质上没有多少问题,用来推动社会发展,通俗易懂,很容易理解,也很有说服力。把深奥的东西简单化,这是一种本事,有时候这也是必要的艺术,会产生一种爆发力。它们要经受进一步的认识,比如这里的"唯一标准",既不能简单化,也不能庸俗化,引向深入的理解会更好,比如思考:实践的时间和范围怎样划定？由哪些人来实践？实践的深度与广度如何？要知道没有这些设定、没有这样的前提，实践就成了一句空话，标准也就不存在了。因为我们都知道，某个观念在一天、十天、一年和百年的实践中，其结果往往是大不一样的；另外，在一个小的范围里和更大的范围里实践，得出的结果也会相差很远。可见，仅仅是浅显地说一说，很容易成为实用主义的说辞。

朱又可：很多东西需要更深入的理解。

张炜：任何实践都是在一定的时间和范围里进行的。如果后者不能确定，这个所谓的验证标准在逻辑上就行不通，就成了一个伪命题。就主观认识的方法和途径而言，就经验性而言，实践非常重要。实践是重要的，理性也是重要的。有人说理性也来自实践，这个或可讨论。实际上，实践与理性不能对立，它们都是检验真理的标准。因为理性和常识产生的时间远比人类具体施行的某种计划和观念所需要的"实践"时间长久得多。永恒的东西既已存在，它就只是等待被发现。真理需要发现，实践有助于发现。理性和实践有一个互为印证和互为检验的过程。

文学要接受时间的检验，这样说比简单说"接受实践的检验"更好一些。对于文学，我们会因为实践的目的不同、方向不同，而把很拙劣的东西当成最好的东西。时间已经变化，过去文学与社会关系的实践，又被拖到了文学与市场经济的实践中来了，本质都没有变，即肤浅的实用主义。而文学总是站在一味迎合市场的实用主义的反面，自古如是。

说一部作品发行量很大，这是经过了实践证明的；而过去，推动了当年荒谬的社会生活的作品，就是好的——这两种所谓的实践标准本质上都差不多，都不能令人信服。

可见，实践过程中需要贯彻理性，没有理性指导的实践，只会变成实用主义，只会简单化和庸俗化。关于什么是杰出的文学作品，人类千百年来早就发现了一些永恒的标准，这并不需要什么现实中的印证。当然，具体到每个时代，这些标准会发生一些变化，但是它们的基本元素和原则是不变的。

人类应该相信真理的存在，不能总是讲相对性，讲逐时而变，这样哪里还会有什么标准？没有了标准，就会使用实用主义的托词。

朱又可：以《你在高原》来说，你说过需要用"时间"检验？

张炜：因为"时间"两个字更准确。失去了时间界定的实践是可疑的。多长时间的实践才算数？谁来告诉我们？我说的时间，是在时间里流放它，让时间无限地冲刷它——有这样的自信才行。如果没有时间的限定，那么在一年里可能挺好的，两三年就不一定了，如果拉长了放到20年里，可能还很有害。所以，时间比实践更具尺度意义，把这个尺度抽掉了，将是非常危险的。时间和空间构成一个坐标，没有它们，"实践"就没有意义。

对文学作品而言，它固有的品质并不会因为实践而改变，只会随着时间而愈加显露其固有的品质。

朱又可：假如20年内都很好，然后过了20年被忘掉了，或者说在几年内不重要，或者说作者这个人去世了，作品却慢慢重要了，这个怎么检验？

张炜：作品好不好有一个永恒的标准。每个人的发现力不一样，好作品就在那里，但不是所有人都认识它。凡·高活着时作品一幅都没有卖出去，而毕加索的作品卖了那么多——毕加索后期的作品曾被看成了不起的杰作，后来人们慢慢反思，渐渐知道它们没有那么高的艺术价值——商业价值是另外一回事，但那并不说明艺术上的杰出。实践检验并不等同于市场检验，卖了100万的在艺术上就一定是优于50万的，这岂不荒唐？这是金钱标准，不是艺术标准。各种标准虽然不是完全对立，但对立的情形的确是常常发生的。

朱又可：作家有时对自己的作品也不是很自信，怎么检验是他把握不了的。

张炜：作家是为永恒的真理、为心中的艺术而写作，关于作品的标准是在心里的，那是一个永恒的标准。相信这个的，就是好的作家。为满足永恒的标准去写作，这就是信得过的作家。这样的作家中国需要更多一点，而实用主义的作家又太多了。我希望自己是非实用主义的作家，但不够纯粹。我希望自己是一个对所谓市场类检验标准想都不想的作家，但我一时还做不到。完全为自己心中的永恒之物去写作，这是最好的。

写作是一个发现和认同永恒标准的过程。如果一个作家，他写出作品之后就怀着一种怀疑的谦卑的态度，等待时间和读者的检验——这个态度是好的，这个作家也是可爱的，但不是大气的，有时候甚至是很可怜的，最杰出的作家大概都不是这样的。不需要这种等待和期待，无论客观上存在怎样的可能性、怎样期待的必要。我就不相信历史上如屈原、苏东坡、托尔斯泰、陀思妥耶夫斯基、雨果这种类型和层级的作家，还会时时谦卑地等待未来的检验，怀着那样的期待心去写作。他们只是顽强和执拗，只为自己心中的永恒性去写作。这种对检验和期待的舍弃，不是自大，而是遥远旷阔的自信。

朱又可：他有自信。这种自信是不需要等待的。

张炜：不需要等待。如果他对永恒性没有感悟和感知力量，就不要去写作了。这不是狂妄，这是生命里面存在的、天地之间存在的知性。优秀和杰出的作品也有被埋没的可能，而且太多太多了。作品的流行是文运，是运气，和刚才讨论的东西不是一回事。埋没是很正常的，平常被埋没掉的作品，用佛教里的说法就是"恒河沙数"。对于动不动让作品去接受阅读检验这种说法，要知道有多么靠不住。

朱又可：有的作品，也许在作家活着的时候流行，死了以后甚至死了几个世纪都流行，但忽然到后面就不行了。

张炜：如果没有理性的参与，抽掉了理性的因素，作家只等待实践对他的恩惠，那是无法生存的。对创作主体来讲，自信心太重要了，它实际上已经囊括了为谁服务、为谁写作、怎样对待文学的未来等等问题。这一系列问题都囊括在这里面了，没法回避，也没有回避。

朱又可：《你在高原》和当代所有长篇小说的质地不一样，读的过程有点冒险，没有一种确切的时间感。究竟是什么时间？

张炜：里面一些事件是当代的，还有一些是哪个时代发生的看起来也很清楚，但只有经历者才知道。比如说里面写了大量的橡树路里的事件，现在的这些80后还不记事，他们怎么会知道"严打"？那时是相当紧张的，风声鹤唳的……

那时晚上一块儿跳舞都不行。稍稍随意的两性关系，那绝对不行。而今在有些人那里，简直是以淫为荣以娼为傲。社会伦理标准在短短的时间里变化成这样，怎么让人消受？《你在高原·橡树路》中写了这个事件，经历了这段历史的人都清楚，里面一点没有夸大的描述。夸大之后就会混乱，作者没法写，没法有力地推进自己的故事。对于经历过这些事件的人来说是清晰的，没有经历的也并不妨碍理解，因为都是人性的故事。未来上百年之后，假使还有人读这本书，有些东西可以忽略不计了，但人性的光明和幽暗，他们不会忽略的。现在过去30多年了，好像只是一闪，那段历史就过去了。

朱又可：你的作品中，没有地点和名称，也没有时间标注。

张炜：那些不重要。它们对读者来说不重要，对文学的思想性、艺术性都不重要。如果他们想找到纪实文字来印证当年的事件，那也很容易。

朱又可：你把时间模糊掉了。

张炜：明确的时间与现实地点都没有，但是文学和人性的坐标都要极其准确。文学地点和现实地点不能画等号,文学时间和现实时间也不可以画等号,后者只是构成了个人创作想象的一个基础。有经验的读者就像好的酒徒,不需要从酒里面打捞粮食颗粒,只需深深品味。我们有一部分读者的阅读习惯是,喝过了酒还要从里面扒拉出玉米来,因为这是玉米酿造的酒——这是不必要的。这瓶酒封存到未来,让未来的读者饮用,他会品尝这个酒的口感,享受酒的醇厚——顺便告诉他这是粮食酒还是葡萄酒,那也很好,他可以想象。但是他绝对不会从这种酒里面去打捞粮食颗粒、葡萄皮等,不会的。我们阅读文学作品最高的享受和需要是什么?是像品酒一样获取那种难言的美妙。可惜还有相当多的人专门要从白酒里打捞粮食颗粒,从葡萄酒里打捞葡萄皮,并以此为己任。

朱又可:你有意模糊掉的是1980、1990这样的时间,也没有出现"严打"这个词。

张炜:"文革"这个词也很少出现。这些政治意味、社会意味、现实意味特别强的符号,更多地属于纪实文学,或纪实文学风格的虚构作品。诗性写作保持文学的纯粹度或者某一种理想的需要,有时就省略了这些显著的符号。像北京、上海这种字眼,也几乎没有出现过。好像唯一出现的地名就是青岛,济南也很少出现。一些很小的地方的名称反而出现过,如北马——它只是龙口西部的一个镇子。

朱又可:西方的作品写历史大事件,哪一年哪一月哪一日,什么地方,有时是非常确切的。

张炜：西方艺术不是写意的，它们来自逻辑实证主义，来自解剖学。即便是很诗性的作品，也常常强化它的纪实色彩，与强烈的虚构想象形成反拨。如果说我也做了一点这样的尝试的话，那只是在山川河流、地质风貌、植物动物方面细细记录了，让它们的具体、真实与整个虚构产生反拨。而在社会层面的具体记录方面，则要小心得多。有些东西具有特殊的烟火气，跟某种文学向度发生冲突，对接起来有一点点矛盾和折损，这就让我躲开了。

回头打量我的所有作品，极少出现"文革"、"大跃进"这类词，还有一些现实城市的名字——它们在历史的长河里，百年或者更长时间以后，也许要查字典才能读懂。但是山川大地上的动植物，还有人的行为、心理状态，大家永远都会明白，那是永恒的。我们这一代人觉得"大跃进"是很大的历史事件，对未来的年轻人却需要好好解释，要放一些注解在旁边。

举一个简单的例子，如果写一段动人的爱情，它发生在"文革"中——"文革"是那么大的事件，但未来阅读者重视的，是那个环境里的爱情，而不是"文革"。他关注的是动人的爱情故事。"文革"是另一回事，是专门搞历史学的人调查研究的。至于说任何的爱情故事，乃至任何事情，都是在特定的社会环境里才能发生的，那么我们就把特定的环境写清楚——如果有很强的描述能力，就不需要强调"文革"这两个字，而是要写出它的内质。"文革"也是形形色色的、各种各样的，有上万个角落和事件；"文革"只是一个概念，不能统一所有的特定环境。上海那么大，北京也很大，大到可以视而不见了。我们看见的只有具体的故事和人性。

从斗争时代到竞争时代：中国独特的家庭样本

朱又可：你写的爱情和以往我们看到的不一样，你写的爱情都是悲剧，最后大部分或基本上都会发生变异、变质。

张炜：也有一部分人始终是相爱的，只是爱的内容在改变，重心在移动。比如书里的主人公宁伽和梅子的爱情，里面又掺杂了很多东西。他们一开始的爱和后来的爱，共同生活中都遇到了很多问题；肉体的爱、灵魂的爱、生活中那种习惯性的相依相存，全都不尽一样。生活中爱情就是这样的，很难是一种色彩保持到底的。有的会分道扬镳；有的虽然在一起，但是早就离得很远了；有的是一部分联合得越来越紧，另一部分离开得越来越远。这种生命的不可解性、不可知性，没有比在爱情和婚姻中表达得更充分的了。朋友关系中也存在这些复杂的因素。知心朋友从小在一块儿，有的会一直到长大，他们会产生出很多问题。

虽然不能说"他人是地狱"，但生命是不可以得到充分理解的。我们有时候非常理想化，把完全不可以一致和不可以理解的两个生命合而为一，强化亲密无间的始终如一的爱情。这基本上是假的，不真实的。

朱又可：强迫症似的。

张炜：这不真实，而且一定掩盖了很多东西。哪怕两个人无比和谐，所谓的琴瑟和鸣，也都是表面的、侧面的现象。因为那是两个不同的生命，他们生命的韵律、节奏、内在的驱动力、创造力都不同，更不要说还有个人的生活习惯，后天、先天、血缘一大堆东西，构成的必然是一团矛盾，是互相不可理解的复杂关系。所谓的好朋友，无非就是两个人之间有一个感悟力特别强，能充分体悟到对方生命中很多不可解的内容，沟通起来比较方便而已。同性成为好朋友，异性成为好朋友或者夫妻——如果成为夫妻，在一块儿生活，问题就来了。日日夜夜年复一年在一块儿生活，就会检验出生命里的最大奥秘。严格来讲，生命中有绝大的一块地方是盲角，那里不可以理解、不可以猜测、不可以确定。面对非常严酷的生命事实，文学要有触碰的勇气和能力。

朱又可：不像有些经典作品把爱情写得始终如一，你写的爱情、友情，就像你说的会在风的吹拂下变质。《刺猬歌》令我很震撼；《你在高原》和其他经典作品中写爱情的开端是一样的，但后面就变了。

张炜：里面的几对夫妇，曲涴夫妇、宁伽夫妇、阳子夫妇、小白夫妇、庄周夫妇、吕擎夫妇……极其复杂。要敢于触碰生命里最大的隐秘。和谐是某一种脆弱的结构。写一些真善美的爱情和朋友关系，这是有的，但是即便写到了这种关系也要写透，敢于触碰敏感、惨烈的层面和部位。比如说宁伽和梅子，在外人看来，无论家庭结构还是经历、外貌，两个人似乎都和谐得不得了，可能是最好的夫妇了，简直可以载入史册了。但是以全书450万字这么大的文字量去展示他们的话，又会发现问题多得不可胜数，有的甚至是不可容忍的。但是粗粗地看，会觉得这是多么好的一对，这是最成功、最典范的婚姻。

《曙光与暮色》里一个老教授和一个美丽的校花在一起，他快到花甲之年才娶她，俩人好得不得了——当然是特别好了，在经过那么严酷的生死考验之后，他们心里还是那么彼此渴望。但我们要注意的是，这个老教授在与她结合之前曾经诱奸了一个傻女；还要注意，老教授的妻子在那么冷酷的环境下竟然跟一位漫画家发生了肉体关系。难道这个女人背叛了那个老教授吗？因为老教授跟那个傻女的事情，就可以将其判定为伪君子吗？如果这样就太简单了。生命里全部的复杂性，要勇于面对，不能概念化地理解友谊和爱情。生活中我们很容易概念化地理解，这种概念化无所不在，于是就会影响到虚构——从语言运用、作品细节到人物关系，概念化的思维都在腐蚀我们。

好的作品与一个时代的思想主题可能完全脱节——什么是时代？时代的文学仅仅是一个概念。从整体的文学概念中独立出来的作品，才是有意义的、可以存在的。比如在"文革"时期如果出现了今天这类市场流行小说的写法，这个作品肯定是了不起的，因为它突破了"文革"时期的文学概念。

朱又可：但现在这种市场化是类型化的、太常见的东西。

张炜：是的。一部作品跟时尚的距离越远越好。对于人性、对于时代的深度思考，才是最为紧密的关系。

朱又可：在人和人的关系，友谊、爱情、婚姻的关系中，现在我们看到的写离异、写滥性的东西很多。你写的是中规中矩的关系，而在这种关系中发生的事情，就像葡萄酒打开了空气进去以后变了味的东西。

张炜：这就是变质，它在这个时代大量发生。它对人的考验无所不在，腐蚀物质掺在风里，日夜吹拂。写出这个时期变异的强度和烈度，才是表达了这个时代。不能只是简单地说这是一个变革的时代，而且还是一个变质的时代。人的变质需要极端重视，这是时代观察的要点。

朱又可：很多都是这样触目惊心的爱情的变质的东西。你和别人不一样，别人写淫乱、放纵，写那种东西太容易了。

张炜：放纵都是一样的，是概念化的。有一种东西看起来是非常和谐的，是非常美好的回忆——如出版家雨子，他的爱人特别漂亮，大眼睛，像朵花儿一样。他们夫妇之间很好，但是这种好掩盖着很大的波澜。如果是一首进行曲的话，它才刚刚奏响。敏感的读者会知道、会预感到他们两人之间将要发生一系列大的问题——或者已经发生了某些问题，只是在某一个范畴内得到了控制和掩饰。

朱又可：你设置了老画家，雨子之妻对老画家试探性的温柔保持开放的态度。

张炜：这种关系看起来没有那种道德伦理的冲突，但是我们能感觉到，有关的人故意不去触碰这些问题。

朱又可：酿酒师和他的妻子呢？

张炜：通俗一点讲，他们两个人是人生观不一样，对爱情恪守的原则不一样：一个是完全开放式的，有个人的性的准则；另一个表面上跑遍了世界，非常开放，但实际上骨子里很传统，很山东化。总之，这里面有各种类型的夫妇，像老教授这种，还有完全新派的艺术家阳子这种。剖析较细的夫妻有那么几对，最细的当然是宁伽夫妇。还有一对夫妇需要注意，他们是拐子四哥和万蕙，他们是农耕文化培植起来的那种关系。

朱又可：就是葡萄园的那两个看园人？

张炜：对。他们俩的结合不太一样，他们是在这种传统的农业社会里生存的夫妇。但这种始终如一的好是有巨大代价的。拐子四哥周游世界，曾经在兵工厂里干过，后来又做过流浪汉，见识是宽大的，阅历广泛又复杂。而对方完全是一个村妇，他对她完全能够理解和包容，他大于她不知多少倍。在这种状态下，两个人也可安处，有时候没有波澜和冲突，或者说冲突很少。当两个人在量级上、在地位上、在经历和其他方面差不多的时候，对抗就出现了。可能没有一对夫妻是相安无事的，会有大大小小的矛盾以不可调和的方式渗透出来、表现出来。农耕形态中的夫妇关系则要另说。

朱又可：环境也简单，因为在农村。

张炜：农耕生活方式，往往是很饱满的世俗生活，这有利于夫妇生活。但这还不是主要的，主要的是这种生活形成不了量级上的对立。一方对另一方的很多东西忽略不计，对方或者没有能力或者从不准备向他（她）做出挑战和质疑。如同万蕙，她觉得对方很高很大什么都懂，包括阅历、知识各方面，她对他完全是一种依附。她的任务和天职，就是照顾好他。生活中常常也是这样的。

朱又可：所以你写的爱情和很多作家写的爱情不一样。你是怎么把婚姻放在这种背景中的？

张炜：虽然照例也发生一些背叛、挚爱、离合、紧密和疏远——爱情无非就是这些元素，不断地吵闹与和解之类，看起来从过去到现在，从中国到外国，大致就是这些元素构成的——不同的是，中国是由相对贫瘠禁锢的社会没经过多少过渡就一下转到了物质主义时代，人的欲望完全被催发和解放出来了。这样的情况下，大多数婚姻，在结合前或结合后，在前期或后期，就不得不接受成倍的严峻的考验。

婚姻的双方实际就是人和人的关系，因为有了婚姻这种形式，也就使这种关系变得更密切，也更容易暴露、更容易说明重大的社会问题。所以，应该抓住婚姻关系去考察人性和展现人性，它的各种各样的可能性就都在其中衍生出来了。它与其他时期和其他族群的不同，在于环境的剧变。一般的中国人，不为神负责，不觉得有一双上帝的眼睛在看着他，在欲望大涨的时期，更容易干出一些意想不到的事情。我们过去讲要"慎独"，就是越是单独处理事情的时候，越要万分地诚惶诚恐。夫妇两个关起门来，会暴露出很多差异和矛盾，会有相当大胆的表现。目前这种剧烈的利益竞争，对家庭、友谊、爱情的冲撞和侵犯十分强悍。

朱又可：我们面对的是一个全新的时代。当然西方资本主义商业社会，也有好多作品描写家庭关系。

张炜：我们现在经历的或许是人类历史上少有的一个时期。就个人的阅读所及，很少有国家、民族有类似的一个历史段落。我们现在所走的道路，既有禁锢时期的因子，又在商品经济方面走得相当远；既引入了大量全球化的资本主义游戏规则，甚至不得不接受像犹太人和荷兰人一手建立的华尔街金融霸权，不得不忍受一夜暴富的那些人的耀武扬威和两极分化的社会现实，又相当原始地步履蹒跚地走向市场经济。在这样的特殊环境里，一个敏感的人要有足够的顽强才能生存。就伦理层面接受的冲击来说，夫妻之间的表现会越来越尖锐，当然还有其他方面，这一切成为中国独一无二的家庭样本。

朱又可：你写了那么多对夫妻，他们后来慢慢地都在改变。

张炜：很难说哪个事件把人改变了，这是一个无察的过程。人在社会里生活，就像站在腐蚀力很强的风里，它看不见，却无时不在地穿过生命体，每一次加到生命里一点东西，每一次又带走一点东西——不知不觉间生命的质地就改变了。其他人也在变，但改变的速度有所不同，方向也不同——可能风穿过一个肉体的时候，被更坚硬的东西过滤掉了一些；而这风却足以把另一个人的钙质给带走。从此这两个人就没法在一块儿生活了：一个是无钙的松软的，一个是坚硬地站在那儿。

朱又可：你在写作之前有意设置了这么多对夫妻？

张炜：不是有意。复杂的长卷必然会有更多的人物，有更多的家庭。这个小说在架构时的预设虽然是个细致的工作，但临场创造还是要占极大的比重。创作过程总是一言难尽的，很多人会问到一些问题，比如这么大的篇幅是否一定要做好提纲？其实每个人的写作习惯不同，一般中短篇小说是不必要提纲的，尽可能让脑子里留点空白，一张白纸才可以任意描画，在线条的局限下反而不好。作家的临场爆发力，决定着想象的飞扬力。艺术创造，说到底是生命在那一瞬间的灵感和冲动，那才是最好的产物——深思熟虑、提前谋划，那是写论文的方法。

文学作品是即兴和感动，是瞬间抵达的饱满和生鲜。换了另一个时间，表达将会完全不同。作者在这段时间里的生命质地如何，会留下各种各样的痕迹，留在瞬间的创造里。作品是波动的、起伏的，有时候冲动得不得了，让读者吃惊：怎么会有这样的冲动？有时候又沉静得不得了，低沉阴郁得不得了——它就是这样起伏变化，综合表达出生命的奥秘。作品的价值也在这里。要保留足够的空白，给感性留出发挥的空间。

篇幅长一些就需要有一点提示。因为太长了，设计总是需要的，但这种设计的负面作用要降到最小。一般的做法是先去想人物，想大约要写一个什么故事，粗粗地想。重要的人物写在纸上，会有看不见的线把他们连接起来。长时间处于一个世界，人物之间肯定会发生摩擦，发生故事。这些故事、人的行为，必然要跟作者心目中的性格逻辑和生活逻辑相吻合。反过来，如果事先想好了故事，再去让人物行动，这些人物就会概念化。因为不同的人才做出不同的事，而不是相反。

两个人可以成为夫妻，就让他们成为夫妻。各种关系都要在这种人性的逻辑里运行，而不是在故事的逻辑里运行。故事的逻辑一定来自人性的逻辑，不会反过来。一旦构思得过细，写作时就局限了瞬间的爆发力。创作就是让局部的、瞬间的爆发相互连接。

朱又可：所以你通过家庭关系写出了这个时代的人性逻辑？

张炜：它们慢慢地在书里形成、生长和丰满。当第一部（《家族》）快要完成的时候，10部书的发展、起伏的脉络就大致在掌握之中了，这样就可以将每一部甚至每一卷比较严密地分割了——哪一段时间适合写哪一部分，就把它写好。

写一个局部，也肯定会有很多的枝蔓茂长起来，这却不是局部所能容纳的，那就要留待将来。当动手写另外的部分时，又会产生更多新的想法，它们相互弥漫和笼罩，让整个写作变得越来越饱满。每一部分写完都要从头读起，还要连续通读——这就会发现很多技术上的问题，更要解决韵致上的统一，这些都需要拿出几年时间去调度。这样的工作方式，或许可以使写作保有瞬间创造的爆发力，让那种新鲜思维保留下来，减少因为日久劳作形成的疲惫和陈旧，同时又能将所有毛疵尽力打磨掉。每一部的风格差异越大越好，但综合到10部里又绝不能是支离破碎的，而应是真正的同一大书。

朱又可："家庭是社会的细胞。"你也是通过家庭关系写这个社会。实际上，你可能一开始不是有意的，但是最后把人性逻辑的发展用家庭承载了。

张炜：人性的逻辑贯穿了全部篇章，而不是反过来让人性服从这个故事架构。几乎所有重要的作品都在解剖不同的家庭，像《卡拉马佐夫兄弟》、《安娜·卡列尼娜》、《战争与和平》……贵族的家庭、贫民的家庭，它们的变迁、悲欢离合，表现的是整个时代和社会的冲突。要表达社会与人性，最近的路径仍然是婚姻、爱情、家庭；再次要一点的，是朋友。

除了家庭的故事，我还着重讲述了一个朋友群体的故事，这个群体是怎样分化、瓦解、组合和演变的，这个群体的迁徙、流动、转移。人和人离得越近，人性的表达就越淋漓尽致，越可能展现曲折的细节。生人之间相处，由疏离的表层掩护起来，双方只好凭其相貌和言谈举止理解一点皮毛，但是两者如果成为长年一起的好友，或在一块儿工作，就必然会有深入的了解。为什么说工作中很难以朋友相处？就是人性的各个棱角都要发生摩擦，是彼此充分暴露的过程。如果不抓住最紧密的亲朋关系去展现人性，也就失去了最大的机会，这恰恰是表达社会和历史的机会。

朱又可：你表达的这段历史和这段人性是独一无二的，是既区别于西方又区别于我们过去其他时代的。

张炜：孔子说的"性相近"，指人性的本质特征。在一个特定时期的本质特征只是"相近"，而不是相同。哪怕写出一丝差异，都是很难的。没有丝毫差异，则是一种概念化。这个时期的人情世态发生了多大的变化，但是一些两性关系的故事却似曾相识，这等于没有写出"习相远"。一些悲欢离合的细部，应该有这个时期的客观性，要一是一二是二地写下来。

朱又可：是很坚硬的东西。

张炜：人物不能填在一个故事框架里。现在很多流行故事是设计出来的，然后把人填进去，而不是从人出发去写故事。这里没有第二条道路。为了表现一种强烈的社会状态，就杜撰一个激烈的故事，这是适得其反。社会是人构成的，我们写的是人为的社会。即便回到了天籁，写河流、山脉、大海，也是人性的感知。大海和人性发生摩擦那一瞬间产生的波澜，是唯心主义的激扬。

诗人的大海是心海，一个人没有发生感知，就无从谈起想象和仰望，那个大海就不存在。它是客观的，又是主观的，心造之物在诗人那里很多很多。所以，从诗学意义上看，有一部分是唯心的，唯心的东西在文学里很重要。我们承认永恒的真理，就应该承认心的无边的力量，由心力所决定的、滋生的、变幻的一切，都不是作为物质放在某处的实在。它和心是同在的，它不需要实践，它是永恒的存在。

人性的包含力和决定力

朱又可：你的小说韵律是很深沉的。我想知道你作为文学家，怎么对待现在人们经常讨论的一些社会议题，或者它们是和文学无关的？因为你的作品是非常含蓄的。

张炜：任何一个时期，任何一个国家和民族，有勇气的作家跟世俗的紧张关系，其强度都是很高的。这种"强度"有时是极其表面化的、即时化的，但也有更深沉、更阔大、更遥远的……这二者似乎不应该有冲突。所有的问题都是人性以及人性与环境的问题，都起源于那个地方。

比如我们说过的爱情关系、家庭问题，很多矛盾冲突都源于现实，都与这个大的客观存在相联系。但是我们不能忽略生活的细节,当作家的人生理想与现实发生冲突的时候,他需要处理许多具体的、局部的问题,需要更深入地探讨和更仔细地甄别。文学不能简化成匿名信和大字报,这方面,鲁迅在给山西榴花文艺社的一封信里说得很清楚,他强调了深沉的勇气,告诫文艺青年需要阔大高远的关怀,告诉他们在这种激烈的对抗中,什么才是"真勇"。

思想者、作家,他们置身于强烈的现实冲突之中,会更多地盯视人性的黑暗的深渊,那里可以发现一切的蕴含与可能,也可以获取斗争的力量和信心,以及彻底的悲观主义。人性的黑暗深渊里会产生出各种各样与之有关的故事,但是这并不意味着放弃对现实情节和细节的判断、放弃否定和鞭挞剖析,而是需要进一步地强化和提升。一部深刻的作品将处理无数的现实冲突,涉及大量敏感的史实,但作家最专注和最深入的部分,仍然是关于人性的解读。

朱又可:刚才我们谈到家庭、婚姻、爱情的蜕变,还有革命者的蜕变——有些革命者后来蜕变为一种适应者或者养生专家了。

张炜:从表面上看,宁伽的岳父铁来曾经是多么淳朴的、为理想而斗争的热血青年,后来却成为一个极其庸俗的现实主义的既得利益者。其实这不单单是一种蜕化,要从一开始的经历和冲动中去寻找原因。那种热血冲动,实际上也与简单化的功利分不开。他那时不可能拥有更遥远的关怀,而后随着年龄的增长也并没有提升觉悟,所以很快就变成很概念化的利益集团的一分子了。他的执拗和坚守原则有着死硬的派头,可惜全是非理想主义的概念化,是狭隘的冲动。所以,后来他不知不觉跟走私、洗钱搅在了一起,跟违法犯罪搅在了一起,这一点都不奇怪。他唯一可以圈点的是当小姐给他按摩的时候,碰到了他的下体,他立刻说:那不可以。他只能守住这一点底线,这就很不错了。

一方面可以说:看一部分人挂什么招牌不重要,还是要看其人性品质,这比什么都重要。有些东西不过是人性的产物,可惜许多时候人们将其反过来打量,认为真的是一种强有力的培植改变了人性——不,最终来源还是人性,是人性结果了其他,而不是其他结果了人性。但另一方面也要如实地强调:其他对人性所起的作用是巨大的,会令人产生深刻的异化;从这个方面讲,又可以说社会环境已经把人性大大地结果了。

朱又可:所以不是让作品直接变成一个批判的武器。

张炜:那样文学就做小了,尽管那也很重要,会产生出另一种美丽和品质。总体上看,文学真正的勇气不是表现在那个方面的,而是对人的生活的各种可能性的探究、对人类经验的某种延伸、对人性曲折角落的诠释和求索,这些更像是文学的任务。

朱又可:作家和社会的关系是什么?这个东西对你构成了什么妨碍了吗?

张炜:任何社会都是建立在集体主义上的,这应是一种规范和规则,它对每个个人都有一种约束力。任何时代,不只是目前,都是如此。只是较好的环境和较好的时期更有利于个人的保存、个人创造的保存、个人空间的保存,而另一些时候不利于这种保存而已。什么是好的环境?就是更有利于个人性的发展和保存的环境,或者干脆说更有利于诗意的生长的环境。任何一个杰出的作家都充分张扬个性、强调个人独立的价值,这是生命的尊严,是永远不能妥协的东西。就诗和思来说,阶段性的妥协和冲动都是中气不足。不能总是尖音,尖音一度是需要的,不能否定一切尖音,但它终须化为日常的执着、深沉和韧性,而不是相反。但是真的不能否定所有的尖音,这也是大型交响乐中所需要的,它有时可以引发雷鸣电闪——但如果全是雷鸣电闪,这个交响乐就没法听了。

朱又可:这是人性还是文化?

张炜:文化跟人性的关系比较复杂。人性和文化有一个共同的起源,就是土地。亚洲人的思维、东方人的思维和西方不一样,就是因为土地的差别。这里面有很神秘的决定因素,风、地磁、气候、经纬度等,一切的综合产生了这样的人种,流动着这种血液,滋生了这种文化。东方有很多不同的集团和规制,但是在运用和实践上,却呈现出与西方大为不同的风貌。

比如泰国的君主立宪和英国的就不一样。在议会里摔椅子揪斗在东方是常事,在欧洲就成了奇谈。规制也有一个水土不服的问题,水土对人的血液、文化、人性最终都具有强大的规定力,它是母体,是最后的决定力。人改造水土是微乎其微的,但是水土决定人、改造人却是批量生产般的简单和容易。

朱又可:辛亥革命至今100多年,有没有什么改变?

张炜：有一些东西在发展，有一些东西在倒退，另有一些东西在演化和蜕变。我一开始就说，道德伦理、文化思想这些东西不总是呈现一种进步的状态、积累的状态和得到有效保存的状态；科技最有可能得到有效的积累和保存。道德伦理、文化思想之类的常态是不停地被争议、被质疑，有时还要发生倒退和毁坏。它们常常需要毁坏后的再生，而不是呈现一种直线上升的趋势。艺术也是这个范畴的东西，所以艺术不会线性进步。现在科技突飞猛进，但不能说今天的诗就超过了屈原，那是战国时代。艺术不会进步，文化、伦理、道德、管理世界的方法也不存在线性进步的问题，更多只是优劣之别。它们是曲折循环、往复不断的过程。

朱又可：体制是一种管理方法吗？

张炜：体制是一种文化的具体衍生物。

朱又可：没有世界共同的东西吗？比如说生存价值？

张炜：我们承认不承认、相信不相信真理？如果相信，它就不是随时而变的，而是已经存在于那里的，我们通过实践可以更加接近它、认识它。从文学的角度来看，杰出的作品有一些永恒性的指标，它不会因为我们身处电子时代而改变，它最基本的东西不会改变。共同价值当然存在，但是它怎样凝固在一个形式中并且表现出来，大概是比较复杂的问题。

移植一种形式，起码会呈现不同的形态，因为水土不一样，形式上的变异一定会发生。它的结果是不一样的，欧洲和美洲不一样，南美和北美不一样,西方和东方不一样。即便是英国和法国也不一样,法国把国王都杀掉了。伊朗把国王赶跑了,可是又有了宗教领袖置于权力结构的顶部。这里面有一个问题,就是斩钉截铁地说必须怎样,或者说只有哪一种才是对的,现在还有些困难。我们不能那么简单化,简单化就是概念化——虽然这绝不意味着一定要拒绝探索。要保持一种清醒,这就是个人的独立判断。

朱又可:你觉得社会环境重要不重要?

张炜:非常重要。这跟不能说文学不重要是一个道理。但一切都是人性的产物、山水的产物,反过来这些产物又会作用于人性和山水。

朱又可:社会环境和文化又是什么关系?

张炜:文化和人性是一样的,它也是由水土决定的。这里面当然情况复杂,有很多东西不能简单化、表面化地去画等号。文化的相互影响也是明显的,那等于是水土的渗透。同一个历史文化事件,理解上也会有差异。比如五四,我们一讲就是反帝反封建,实际上当年也许有好几个五四在同时推进,关键是怎样诠释和认知。胡适他们的整理国故也是五四,那是对传统文化的检点,好的留下,坏的剔除,学习国外好的东西;反帝反封建也是一个方面;除此之外,还有享乐主义的部分——这也是五四包含的一部分内容,完全是模仿西方的文艺复兴,当时西方新兴的资产阶级追求享乐主义,他们需要艺术的支持,更需要文化的解释。

朱又可：还有性解放，也不是单向度的。

张炜：有好多方面的解放，不然享乐主义就无法推行。任何一个阶层要生存，一定要寻求文化和伦理上的支持，不然的话个人不安，也没法好好享受那种生活。男人、女人、物质，所有的享受都需要相应的观念开放，西方的文艺复兴如此，中国的五四也是如此——起码是有这样的倾向。对五四的解释尚且这样复杂——不同的人心中有不同的五四——文化问题、人性问题也就更复杂了。

朱又可：反帝是反帝国主义，不是反帝制。

张炜：是的，我们现在纪念"伟大的"五四，就是纪念它这个方面。但是与这个五四并行不悖的或互相交织的还有其他，这就不被纪念了，因为既不合现在的辙，也比较晦涩。对五四的解释尚且如此，人性和文化之类该有多麻烦。土地滋生文化，文化影响人性，人性决定体制，一切相互关联，有血缘，有脱胎，有创造，还有一种外来因素影响下的演进和探索。

朱又可：是的，这点很重要。一个作家在这个时代会面对这个命题。

张炜：作为一个作家，这个时期的困难性在于，从来没有面临过这个命题，早就习惯于直溜嘎巴脆的思维——这个痛快，但是行不通。如果说过去的作品对这些善、道德的坚定、恳切的向往都是没有问题的，那么在表述的时候是不是有些简单化了？有时不是为了更少引起争执和反对而留有空间和余地,而是个人的认识走到了这一步——不得不留有余地和保持一份质疑。比如对于理想和理想主义的关系,对于"理想"这个概念的理解,就发生了很多变化。在《你在高原》这部"大河小说"中,它的犹豫、质询、徘徊和沉思的状态常常呈现出来。比较过去,那种坚定性和肯定性似乎就减弱了。这倒是表明了个人的力量在增强,因为有勇气去质疑了,有勇气把一些东西放在房间里保留和打量。整理个人的思想,这是一个庞大的计划,它呈现在这个作品里。

朱又可:以主人公宁伽为例,来讲讲这方面的思想整理。

张炜:宁伽这个人物,如果是过去,会写成《秋天的愤怒》里的李芒式的人物——尽管有沉思,但仍有那种勇往直前的力量、不停思考原理的精神——像《古船》里的抱朴一样,尽管思考和怀疑,但坚定性还是非常强烈的。宁伽就不是,他对自己的行为和思想有一种循环往复的追究,常在肯定和否定的过程之中。一方面他怀疑别人,另一方面也怀疑自己。当看到别人所具有的强大行动性的时候,他觉得自己缺乏行动能力;当看到他人的行动力、执行力时,他又质疑对方的莽撞性——他有时候缺乏行动力,却又是那拨人里的一个异数:在无比钦佩吕擎这些人远行的同时,他做出了突兀的令人始料不及的举动,即辞掉一切,离开家庭,去东部购地定居。后来,那一拨比他更有行动力的人不得不被他的行动所感召,甚至直接奔他而去,以他为归宿。他对庄周等人的劣质婚姻、风云突变的婚姻感到不解和痛苦,但是又对自己维持得很好的婚姻时常警觉,那是慢慢变质所引起的巨大的痛苦。

他是一个懂得生命的纯粹，同时又懂得怎样维护这种纯粹的人。他知道现状的艰难，对困境、窘迫、人生的巨大悲剧感受痛彻。这样的一个人当然非常复杂，最软弱、最坚定、最犹豫不决，又最义无反顾；具有理想主义，同时又极其反感概念化的思维方式。他周边有很多人对理想主义充满质疑，对那种许多人共同达成的、长期不变的所谓理想投去了怀疑的眼光。一个人活着就像逆水行舟，不进则退，永远保持向前的力量、行进的力量，就应该是理想了；如果总是觉得我们大家都有了理想，把这种认识状态固定下来，那这种理想就是假的了。行进就是批判和甄别，离开了这种状态，哪里还会有理想？理想如果形成了不变的概念，大家都怀有了这个共同的东西，纯粹、一致和长久不变，这不是十分奇怪吗？

朱又可：你刚才说"行进"……

张炜：是的，不进则退。永远保持行进的状态。

朱又可：可他面对着前所未有的困难。

张炜：他面对的全部问题，是中国很多知识分子、坚持独立思考的人都会遇到的。只要还有一点点不随波逐流的执拗，都会面临这些。只是用450万字把这么多问题呈现出来，让80后、90后的孩子都有50年代生人那么多的牵挂，那也过分了。当然，后来一代的忧虑和牵挂也是独一份的，像宁伽内弟那样的青年，他们的精神世界是不同的。这里强调百年历史，特别是50年代生人的这一拨，他们的确是这个时代活报剧的主要导演者、扮演者。这些人在许多领域都很成熟，有主意，有决定力和行动力。

朱又可：宁伽们是早期革命者的最后一批延续者。

张炜：他们继承了很多东西，但是极为不同。革命的遗产后来人接触得越来越少了，但是50年代出生的这拨人接触得多，它们是他们背在身上的沉重的负载物。这是复杂的遗产。面对质疑和痛苦，他们也要分担和接受。这是不幸的一代、尴尬的一代，经历和目击最多的一代，有过大欢笑和大号哭的一代——其中的优秀者曾经有过"令人尊敬的疯狂的激情"，因为其生命质地是朴素的，不是那种模仿和矫情——"疯狂的激情"、"令人尊敬"，这里请注意激情的性质，还有就是"其中的优秀者"这一句限定。

单说"疯狂的激情"，那太多了，多到令人厌恶。激情的产生需要理由，坚实的理由。它在哪里？为什么要尊敬疯狂的激情？这里要用历史、细节、人物去说话，用人性去说话。有时候仅仅是荷尔蒙，就能让人产生疯狂的激情，没有什么其他理由。所以，这里很容易讲述概念化的重复的故事。要完全是个人的独特感悟和表达，要和所有的以往都不一样，要建立起这样一个心灵的世界。疯狂的激情容易唬人，但是沉默的人会辨析一切。巨大的激情让人不知所措，可是要产生尊敬之情却不容易，这里需要的条件太多了——充分展示这些条件，字数少了不行，它大约要耗费好几百万字。

宁伽的族裔，不同阵营的高官，从海外归来的知识分子，美女，奔走的流浪汉，重商主义的一代……这么多人一起，解释一个大的命题，即疯狂的激情如何产生。这个命题太大了就有分散的危险，甚至到了某种瓦解的程度。小说主题为什么不能学术地提出？因为它渗透在每一个词语里、每一个人物里，在一笑一哭之间，在庞大艺术躯体的细胞里。这不是论文，它有无数的主题，有潜隐的，有明朗的……有一次我看到好朋友写的一本书，很有意思，缺点是有一个非常裸露的主题——一种意念如此强烈——但看了以后仍然觉得很棒、很瓷实、很有意思。后来才发现，那个主题是虚在上面的，是显的主题；后面还有隐的主题，有非常复杂的思想交织。

第四章
革命，承诺和飞蛾扑火

2011年4月14日上午
第四次访谈

昨天（4月13日）下午，张炜和我分头有事，暂停半天。我去了位于洪家楼的山东大学老校区，那里有一座老的二层西式楼房，是原来的济南天主教区的修女院，现为科学社会主义研究所。

今天上午，9点开始，继续和张炜的访谈。中间，楼上响起有如直升机降临或坦克开上楼顶的巨大轰隆声，且伴以楼体的震动。第一次遇到这种听觉经验，我和张炜纳闷，猜不到是什么声音，犹疑是否要离开房间躲避危险。如是打断者三。问服务员，亦不知。后来，告知打听的结果，是楼顶有一辆水车在浇花。奇怪，水车浇花居然有如此大的响动。

谈话又继续下去。

革命论述和西方现代文学思潮的双重影响

朱又可：你个人在创作中面对两种大的影响，一种是中国20世纪中期以来的革命论述，一种是这几十年来西方作品的流入。这两种大的潮流，你怎么来面对、化解？

张炜：当年中国社会对文学的要求、读者对文学的期待，很大程度上达成了一致，不然也不会形成那么强大的流脉。那个时期思想和流脉的范本，是一种客观存在。问题是我们如何更深入地看待这些范本。在具体的社会环境里，它们肯定具有一定的合理性。那些提出文学指导意见的人，其个人立场、个人职业习惯，都影响和决定了他们的观点。我说过，他们很愿意把文学做成一个螺丝钉，或者当成革命列车上的一件行李。其实，无论是多么大的机器、多么快速的列车，都是文学作品里面的一个影像，是作为思考的材料出现的。也就是说，它们是小于文学的，而不是大于文学的。

话说起来容易，但是直到今天，我们会发现我们还是受到四五十年代文学思潮的影响，它深深地左右了创作。不过有时候它会稍稍变化一下：当年为阶级斗争服务，所有的作家都在写这些斗争；后来改革开放开始了，就有大批量的作家在写改革开放。80年代前后，除了写"伤痕文学"的控诉式作品，就是写改革之后的喜乐、富裕之后的不安——这都来自三四十年代的革命文学传统和文学理念。再往后发展，到了今天，在这种相对紊乱的、多层次的、复杂的文学格局里面，还会隐隐地听到一个主调，这个主调仍然是图解、服务，服从所谓的社会主题——市场消费的主题。

我们有相当一部分写作，很容易便捷地由三四十年代为阶级斗争服务，转向为今天所形成的物质主义主题服务。过去的阶级斗争描写，会制造出无数虚假的细节和事件，一部作品哪怕只写了一个生产队、一个车间、一个码头，里面也肯定有蓄谋破坏的、冷血的阶级敌人。实际上，只要是从那段现实生活中过来的人，真实情况怎么样，大家心里都很清楚。

那么今天又是如何？其实都差不多，道理都是一样的。比如说大量的作品在写市场经济的时候，已经循着市场属性给予了极度的夸张，暴力与性，变态与裸露，无所不用其极。这跟当年配合阶级斗争的写法、极端化的表达一样，唯恐不激烈、不炽热，唯恐不耸人听闻。这种配合、概念化和图解变形，在本质上与昨天是一样的：一窝蜂地投入强势和主流。这不能完全看成是来自西方的文学范本的影响，而更多的还是来自三四十年代以来的文学为阶级斗争服务等创作理念——从这个角度去理解今天的文学格局，似乎就明晰多了。

不顾一切地追随物质主义，再加上对大量文学舶来品的模仿，才有了今天的文学面貌。西方极端化的、标志性的一些作品，如《在路上》、《北回归线》、《查泰莱夫人的情人》、《尤利西斯》、《追忆似水年华》之类大胆的文学实验，包括卡夫卡等，这些现代文学思潮与东方配合式的写作习惯的结合，才孕育出了今天的文学畸形。在今天，要产生一部独立的有力量的作品，就必须从这两种概念化的思潮中解脱出来。上面提到的一些西方文学作品尽管良莠不齐，但自有价值和意义，要模仿也绝不能取其皮毛。

这一切说起来容易，要做到非常困难。沉浸于两种不同的概念和潮流里，看起来走了两极，但两极是相通的，最后合而为一。我们看不出今天这种强烈的市场化、商品化的创作离当年配合主流的写作道路有多远；恰恰相反，在很大程度上，它们的本质意义是一样的。今天的这些写作方式，与当年阶级斗争时期的很多创作路数似曾相识——我们隐隐地感到它们是那个时期的文学变奏，是往昔的和鸣与和弦。从那一极变成这一极并不困难，所以我们会发现：当年几乎所有的作家都在写阶级斗争，唯恐不惨烈不激烈；今天则有大量作家投入了娱乐主义，倒向了物质主义和商业主义，唯恐不激烈不炽热。这样做轻车熟路，毫不费力。千万不要因为他们换了符号、换了概念，就觉得与昨天的文学道路是对立的。

我们还会发现一个有趣的现象：做文学研究、文学评论的，也包括部分读者，已经被训练出这样的一副脑子，他们满足并赞赏那些投向强势和主流的写作。和当年我们耳熟能详的图解式的作品一样，那时候那些文字一定是流行的、发行量很大的、很受上下注意的，因为它们是一个时期的潮流托起来的一层泡沫。今天仍然是一样的，和当年在性质上一点没有改变。

无论是国外的还是国内的，尖叫总是很容易被注意，会有很多人回头、凝眸、谛听，但真正的杰作，总是要走入个人的偏僻角落，在那里默默地生长。

朱又可：阶级斗争的文学，包括战争文学，甚至早期的改革文学，写保守势力与改革势力斗争，也可以归到这里面？

张炜：都包括了。写什么不重要，内容和题材，重要也不重要。比如写平反冤假错案，写改革开放，还有以前的合作化运动、"土改"……这些内容都可以写。涉及这些题材，不同的作家、不同的个人高度处理起来会迥然不同。举一个例子，写抗日的小说，今天能够被人津津有味地去阅读的，大概孙犁算一个。孙犁的小说和当年其他人写抗日战争的小说区别在哪里？背景是一样的，大的内容相同或相似，但是我们觉得它更像文学，更具有文学所应该具有的元素，个人趣味空间被很好地保留了。他用大量的笔墨写到了优美的自然、男女的情感，尤其是写女性，文笔特别细腻，情感层次特别好。他对于女性的那种特别的爱恋，极其细腻的描写，出于个人的生命体验和观察，并没有被宏大的主题淹没。

孙犁的小说，涉及人性里面永恒的部分，这是文学的重心。如果仅是为了一个主要的任务，为这场战争而写，那就把自己的文学降低了，成了所谓战争机器上的小零件。这部机器闲置不用时，这些小零件也肯定没用了。孙犁的作品显然还不完全是这架机器上的小零件，所以机器挪走了，废掉了，它还仍然存在。

朱又可：现在的文学也是一种和全球化、开放（包括性开放）等相配合的东西。有人认为是积极的，是对的。

张炜：我们刚刚从整齐划一的思维里走出来，面临着一场所谓的反思，文学上常常讲的一个词即"解构"。我们发现一系列的文学动作都在解构：原来的思想伦理体系与社会道德结构全部被作为破坏的对象。其中包含了它的意义，就像人们耳熟能详的一句话："破字当头，立也就在其中了。"破中肯定有立。但是真正的理性主义者不会简单地以"破"和"解构"作为自己的目的，而始终是一个"立"的过程，即以"立"字当头，以积极和建设的姿态来投入。"立"的旁边就是"破"，二者真正的区别就在这里。

简单化的"破",所谓的造反和砸毁,那是痛快的,但毁坏却是大面积的,根本不问青红皂白。这个过程中投入最多也最勇猛的,总是那些人文素质很低的人,即所谓的"痞子"。赞扬"痞子"极易博得"思想解放"的口彩,但世界因此付出的代价却是巨大无比的。生活中常常是这样:有理性的人许多时候不是最勇敢的,但却是最重要的,是他们保证了一个时期的运动不致走向极端,从而起到牵制作用,保持一丝运动的质量,不让其过分和快速地破败变质。最容易冲上去的总是流氓无产者,这里的"无产"指精神和物质两个方面。

彻底贫困,就可以做任何事情。任何一个潮流里冲得最急的不会是最优秀的人,他们不会走到底,虽然对一场运动有开辟的意义,但更多的却是破坏力,是后人严厉批判整个运动的依据。文学与思想运动也是这样,不管不顾的破坏者、冲锋者、尖叫者,有时候貌似构成了一个时期的精神艺术主潮,实际上是无足轻重的。

真正意义上的"个人"会避免沾染这样的色彩,而宁可站在这个主潮的边缘,沉默和旁观的位置。因为任何潮流形成的时候都会遮蔽很多好的东西,而且里面肯定有大量的污泥、浊水、杂物,堆拥起大量的泡沫一块儿汹涌。

革命叙事退潮后的再叙事

朱又可:你的《古船》里面写到"土改",《你在高原》写到革命者,也是阶级斗争的一部分,那些本身是客观存在的。

张炜：其中有一部分写了起义者、革命者。比如一个老红军，他在今天的生活中感到不安、忧虑、苦恼甚至愤怒，他甚至一直保留着一纸当年的起义手令。他很痛苦，从大城市搬迁到那个地方居住——附近的小山就是他起义的第一场战斗的地方，那个地方死了很多人，他的战友在那个地方倒下，血把石头和树木都染红了。他指点着，跟书里的主人公说，就在这里发生了战斗、死了人。昨天的惨烈战斗不可能在心里全部抹掉，他认为自己当年的牺牲和战斗是对的。

然后一转眼就到了今天的物质主义时代。老人思前想后，觉得昨天的生活和今天的生活，这样剧烈的变化和转换，没有一个过渡，更没有足够的理由。他很痛苦。任何诚实的人都没法简单地否定这种痛苦。

半夜里，老人拿出保存得很好的一个铁盒子，找出当年盖着红色关防的起义手令，给前去访问他的年轻人看；他领着这个年轻人去参加一个战友的葬礼，那一天下着小雨，他和一群乡亲站在雨地里，他给大家讲了战友的一生：做了哪些好事，犯了哪些错误。有一点应该注意，他强烈地肯定了这个战友当年参加的斗争，从道德层面给予了这个战友最正面的评价。在场的人沉默着，都哭了，连伫立的狗似乎都在流泪……

生活中的确有这样一部分人，他们很朴素地追溯和反思——问题是这样的人太少，能这样思考的人太少。革命者是不一样的，他们当中的优秀个体，怀着很纯粹很美好的初衷——今天一定会紧紧抓住出发的原点不放，一直追究下去。无论生活发生了多少变故、多少喜怒哀乐，都不能中断这种追寻，那个思路不能终止，它会保持下来。而在物质主义、商业主义时代，大多数人会被软化和稀释，只有一小部分很优秀的人是例外的。如果不能把昨天和今天用思索联结，用理性整合，来一番深刻的甄别，我们今天一切所谓的成功都将变得荒诞。

从社会发展道路讲到文学也是一个道理，不是简单地从八个样板戏时期一下走到了今天，好像这变化只发生在一夜之间——这当中不是空白，它需要有一根理性的线贯穿起来，需要有一个解释。因为它是从那个地方发展过来的，不是突然"空降"的一个文学格局。这个工作不能完全留给学术力量，严格来讲它是留给创作个体的——可以不形成文字，但是心里要明白，如果心里是糊里糊涂的，就会被今天这个潮流裹挟而走。

朱又可：回避或者忽视的东西恰恰是能给文学以力量的。那个时代很多人不想去碰，其实碰它，反而需要一种力量。

张炜：这些事情也可能留给了四五十年代生人。书中侧重写了50年代出生的这部分人，他们好像没有那么容易遗忘，这部分人的思绪中总是掺杂了大量昨天的内容。什么是"文革"？什么是"大跃进"？什么是"镇反"和"反右"？对于这些，一部分后来人不光没有经历，而且压根儿就没有了解的热情和愿望。但是四五十年代出生的一些人就不一样了，对于他们来说，也有自己没有经历的所谓战争，但他们了解和追溯昨天的愿望和热情非常强大，所以也就更有能力去综合昨天的很多东西。这种综合和追溯，有或没有是大不一样的，因为今天不是"空降"而来的，它生出紧密联系昨天的根须，然后成长为一棵现实的大树。

现代人已经厌烦史诗式的写法，那种动辄写一个世纪的作品确实常见平庸。海明威也说过，他很怀疑那种写法，有时候倒更愿意写局部的一场战争、一段时间甚至一天的生活。这当然是很好的转变，现代主义是跟传统的史诗式写法背道而驰的——所有充分吸纳了现代主义营养的当代作家都会同意，要对史诗式的写法心怀戒备。

现代主义文学演进当中的一些营养和帮助，让中国当代作家心怀感激。但是这一切并不排斥刚才说的另一些道理，即我们今天的生活不是突兀的，而是昨天的继续；要解释今天生活中哪怕是很简单的一个现象，破解一个不大的命题，也不得不翻阅几十年、上百年的历史旧账——人性的形成是这样，故事的发展是这样，家庭的演进是这样，个人的成长也是这样。所以我们常常看到，生活中哪怕是一个刚刚认识的人，也会有一种不同的气质，它无以命名——你如果要解析、要判断，就会发现这是最麻烦的一件事情，因为来源太复杂太深远了。

宁伽的家族经历了多少坎坷，要谈这个家族当然是非常烦琐的事情。所以这一代作家不得不综合地考虑问题——不是着迷于史诗，而是不得不在漫长的历史里摸索，不得不掌握复杂的技艺，不得不强化自己的耐心。这部分作家的作品会相对纠缠，甚至繁杂——也许只有如此，才能反映事物的真实，抓住事物的本质。这样的作家只嫌其少，不嫌其多。

走出现代主义文学的集体忧郁症

朱又可：《你在高原》基本是两条线索并置，一个是现在进行时，一个是被打捞起来的历史，这样读起来是轻松的。要是没有当下，人们可能是不耐烦的。

张炜：表达当代必然是一次综合，现代主义是一个必备的功课和步骤，这里面还涉及当代的文学走向。

现代主义是典型的西方的产物，从欧洲的文学到拉美的文学，整个现代主义一路走过来，越来越向内而不是向外扩展。卡夫卡的小说，也包括托马斯·曼这样的古典主义作家后期的小说，无不如此。一再向内拓展，人的心理空间在增大，但是客观世界却在逐步压缩。

有时候从简单的文字描述上也能看出明显的变化：过去的作品对山川大地描述很多，给人以外部世界空旷辽远的感觉；现代主义作品几十万字里连一声鸟叫都听不到，给人琐碎拥挤的压迫感。人需要客观环境的、生存的最基本的活动场所，他们要在一个自然空间里活动，而不可能完全在心理空间里呼吸。人的那种自然母体，即山川大地，是所有的生命、人性演化的最基本的背景。到了现代主义之后，随着城市化的发展、科技水平的提高，人被自己创造的东西更多地控制了、淹没了，于是产生了很多尴尬和变异。畸形的心理与畸形的生活是连在一起的。

我们现在整个生活内容、生活场所，和过去差别太大了。在繁华的大都市里，下班就从高楼出来，然后坐地铁再回到高楼，第二天接着上班……重复的生活轨迹是一样的，非常单调。我们不再可能看到大面积的躯体跟大自然的摩擦交集，那样的生活状态一去不返了。人在原野上的流徙、奔走，对山川大地的依存，类似的描述和记录越来越少。相反，人和人的畸形关系，个人心理的特殊变异，却被描写得越来越充分，简直是五花八门。当代作品因之缺少了古典主义的伟大感。

伟大的作品肯定具有强烈的地理空间感，同时又有缜密的细节，对于心灵的深入曲折的展现和描述。但是整个文学的现代主义流向是单一的,那就是自然地理空间、外部空间的无限压缩。这与我们的逐步科技化、城市化、商业化和市场化的生活道路是趋向一致的。

今天的文学作品没有过去那样撼动人心的力量,其中一个重要的原因,就是我们的描述脱离了真实的生命背景。我们一厢情愿地把自己的全部活动,甚至是生命的意义,都局限在一个手工制作的世界里,以为这就是全部。这其实是一种虚假的生活,是一种遮蔽双目的生存。所以,我们更多地需要推开门户,走向大地。未来的文学很可能要把古典主义和现代主义加以结合,即把外部空间的开拓和展现再次纳入进来。这是一个伟大的文学工程,可能不是某一个人和某一代人能够完成的。可能在文学表现的领域,未来的自然世界不必因为现代化而遭到压迫,而是得到更全面的生长,两个空间一起开拓。

一位法国汉学家曾问我:让你马上想到我们欧洲的一两个伟大作家,你首先会想到谁?我首先想到了雨果和巴尔扎克。他问:卡夫卡如何?我说一时没有想到。他很惊讶。其实在我们这里,相当一批人多少年来已经把"伟大"这个概念固定给了19世纪前后的那批作家。卡夫卡之类的现代主义作家越写越小,他们的天地是向内开拓的,没有把全部的生命活动放置到巨大的自然背景之中。

朱又可:等于是一条文学写作的下降线,等于是屈从了生活,因为生活确实发生了变化,生活环境发生了变化,它不过是适应了现代的生活环境。全球都需要反思城市病……

张炜:物质化的当代人越来越多地追求所谓的回归自然、俭朴生活,告别电视、告别电脑。有一部分人选择了这样的生活,还采取了极端化的过激行为,逃进大山里独居。他们感到了现代生活的压迫,要痛加改变。他们隐隐地、非理性地、只靠直觉就感到了危险，所以十分不安。现代病很多，比如忧郁症，更多发生在上班族、城市人特别是知识分子里面，而在大山里劳作的山民得忧郁症的很少。我们文学艺术中的现代主义，说来说去，某种程度上可以认为是忧郁的产物。

朱又可：它是晦涩的，色调跟以前的不一样。

张炜：尽管现代主义也是五花八门，但它有一个总体面貌，是集体主义的忧郁症——现代主义文学是忧郁的文学。风和阳光大量吹透的旷野、土地、河流、劳动的、健康的文学哪里去了？今天一味的忧郁走到哪里才是终结？没有尽头。可是人类要生存，文学也要生存，二者方向是一致的。我们注意到了不可避免的现代主义的忧郁，还是要表达这种忧郁，因为不可能完全摆脱这种忧郁。但是人要健康地生存下去，必然要向往阳光和风，要重新打量我们的山河，去跟它肌肤相亲，这样文学也就会相应地改变。一定有这么一个过程。

这个谈起来特别复杂，其实并不是一个文学问题——人类发展和生存的走向，这才是问题的全部。我们谈文学、思想、道德伦理，实际上是谈人性和社会道路。这是非常重大的一次选择。我们可能并不赞成一味地颓丧下去，也不愿一直忧郁，但是这方面的可能性仍然很大。

自卑和模仿带来的痛苦

朱又可：我们对西方的现代化的学习以及推进，你怎么看？

张炜：我们会发现一个有趣的现象：我们的自卑是无所不在的。实际上，中国现在不能说是一穷二白，但相当一部分国土面积还停留在过去的样子。我前前后后在一个广大的范围里走了几十年，知道变化不像人们想象得那么大——我们不过是夸大了现代气氛。我们本身并不具有那么多现代生活内容，起码是更广大的土地上没有，很多地方还是相当原始和贫穷的——只是七八年前，有些地方连电视机都是稀罕的东西，网络完全没有。当然现在发生了一些变化，但是山地和一些平原的村庄依然十分贫穷，最大的变化不过是摆上了电视机而已。

朱又可：国家有一个村村通工程，村村通广播电视。

张炜：电视网络这些东西通进了山村，是好事情还是坏事情？好的方面是享受了所谓的现代化，可以听到各种消息，跟外部世界联系得更紧密更畅通。但是硬件没有畅通，比如说道路，比如说物质生活，比如说财富。他们的生活仍然贫瘠，却要眼巴巴地看着外面的花花世界。它更高地吊起了他们的胃口，使人既不满足于眼前的生活，又没有更好的办法。人就是在这种对比中躁动的，在对比中产生出更大的痛苦。

现在的社会混乱，很大程度上来自对比中产生的痛苦，再伴随着模仿带来的难题。我们文学的尴尬和生活的尴尬何等相像：没有那么多现代发达地区的生活，可是文学作品的内容却具备了发达地区所有的毛病，那种变态和畸形的思维全都来了。实际上这是一种模仿，贫瘠地区对富裕地区的模仿：使用的词语、结构方法，还有语调，都在模仿。

我们的作文里不停地使用一些模仿来的词语，南方、北方，包括半岛地区，翻开报刊，每天都有大量类似的词语：大跌眼镜、一头雾水、口水战、秀、考量——当地哪有这种说法？相当一部分是从海外来的。因为海外更富裕一点，模仿富人被认为是一种光荣，这是虚荣心在起作用。这种模仿很廉价，但很容易形成一种潮流。词语上是如此，它的内容、主题和其他方面也都有这个倾向。

文学还没有从模仿里走出来，并且形成了潮流。对这种潮流心里要清楚，这是难以持久的泡沫。这些泡沫跟市场经济结合，汇成了一个很大的文化泡沫。

对经济泡沫的破灭，比如楼市泡沫、金融泡沫，我们看到了它们的后果，比较熟悉；但是对于文化泡沫、文学泡沫破灭后会是怎样的图景，我们还一点经验没有，也很难预想。但只要是泡沫，就会破灭。这个泡沫一旦破灭了，可能比一般的经济泡沫带来的振荡幅度更大，时间更长，也更痛苦。我们在这种泡沫里面浑然不觉，一起膨胀和兴奋。但是一个民族肯定要经历相当长的文化挫折——经历一个大的跌宕之后，才能再回到朴素的现实的地面上来。原来一切都没有那么简单，一点激进主义、一点幻觉，并不会取代健康的、从头生长的过程。这不可能，还是要从头来过。

朱又可：城市也是一样。城市化或物质性的城市化就是在模仿这个东西，整个把生活方式搬了过来。

张炜：真实的东西要变化也很难，比如广大的山区和平原，还大致照旧。从数字上看，我们的生产总值、财政收入都在急遽地变化和提升，可还有很多人的生活没有改变。有的地方在原地踏步，或比过去更加痛苦。我们以环境和其他为代价赚到的巨额外汇储备、充裕的资金和利润,这大笔的钱与民众的生活,特别是山川大地上普通人的生活,到底有什么关系?发展到底是为了什么?

有人乐于用采访和抽样调查的方式去了解"满意指数"和"幸福指数",那都是学生腔和小孩子把戏。我们大多数人面对郑重其事的采访调查,几乎第一反应都是尽力说好话。无论是报纸还是电视记者,更不要说另一些专门人员,只要问一句:"你对现在的生活满意不满意?"被问者哪怕刚刚哭了一夜,也会擦擦眼睛笑着说:"满意啊,高兴啊,这是托新社会的福啊……"全是这一套。这种调查是不真实的,也是无聊的。

幸福与否不需这样故作高深的调查,只要站在一无所有的山村街头望一眼即一清二楚。它很具体地写在他们的脸上,掺在日常生活里,这一点丝毫都不难体会。如果有过和他们一起生活的经历,就会有真实的感受:他们贫穷、不安、恐惧和牢骚满腹。

我们当下的文学主潮所表达的东西,是和广大的现实完全不一致的。打开每个星期、每天收到的大量文学杂志,它们大半不是表达那样的生活,它们的感受大为不同,它们的文学气质也不对——物质极大丰富之后的无聊和苦恼、类似于西洋人士的现代习气,以及翻译腔下的小资们的扭扭捏捏。

有一部分人在写底层文学或环保文学、生态文学,这时候会很具体地写到贫穷、挣扎、反抗以及环境的破坏。但这里让人担心和遗憾的是,文学,特别是小说,不是一个简单的再现,不是通讯报道,也不是一般的社会吁请。我们需要看到相应的文学含量、思想含量。所以,写作者的思维一旦简约和直接了一点,又会出现另一种问题。

当然,大量的浮在表面的"文学"倒不是这些内容,那是酒吧、爱、变态等21世纪的扯淡和时尚。

有承诺和没有承诺的人

朱又可：你的小说中的"革命"这个话题，游击队里面的飞脚，还有半岛地区的司令殷弓，这样一类革命者，对我触动比较大。关于革命者的文学写作，久违了，但又是微妙地刷新的。

张炜：这类革命者是胜利者，他们把以前住在橡树路的富人权贵们赶走了，自己住了进去。翻一下历史，这只是一种重复，没有发生什么更多的出乎意料的事情。这就是现实，很残酷。书中讲了一位老红军，这个人在恪守自己过去的信念——这一部分人是存在的，他们想打破历史的循环和怪圈。他们还在问历史的周期率怎样打破的问题，这是当年黄炎培提出的。所有纯朴的人换一种质朴的眼光去打量历史的话，都会提出类似的疑问，它绝不是什么高深的学术问题，而是一个简单直接的问题。当年的领导人在苦境里也做了一个回答，回答得也不错，可惜落实并不容易。

殷弓也好，飞脚也好，这类人物比比皆是——如果只是一个例外，还不让我们失望，当他们真实无误地化为一个群体和常态时，就让我们心寒了。

书里有一个可爱的动物叫阿雅，它和人有一种默契，有一个承诺：会尽力保护这一家人，不停地寻找金子。它们一代代像接力一样为这个家族服务，不停地寻找，跑遍了千山万水，最后要在天亮前把金子取回来——这户人家在窗台上放一碗清水，它们就把金粒投进去。由于它们寻找的年头太多，跋涉的年头太长，已经没有那么多的金子了，它们必须跑更远的路,并且开始寻找白金和宝石——可悲的是主人只认黄金,认为阿雅背叛了他们,在戏弄他们。主人决心要除掉阿雅。而阿雅和人类没有共同的语言,也就没法解释自己的行为,结果是历尽危难,九死一生。这就是阿雅承诺的故事。

生活中,所有像阿雅一样遵守承诺的人,愿意践行诺言的人,差不多都要面临悲剧——承诺和践诺,具有这种素质的人,在过去和未来往往都很接近悲剧。我们的全部故事就在于:有人自愿投入这个悲剧,愿意为这个悲剧的完成扮演一个角色。而且,他们以自己的生命为代价,为了演出这个悲剧投入了极大的情感,在外人看来简直是疯了。如果我们退远一点打量,用历史的眼光去看,就会知道一切真的如此,真的有飞蛾扑火般的人生,这样的飞蛾大有人在。

殷弓也好,飞脚也好,有些所谓的革命的胜者,他们是没有什么理想主义的承诺的,他们不会投入悲剧。刚才讲了老红军,还有宁伽的祖辈,他们都从头演完了自己的悲剧,贯彻了自己的承诺,为了践诺而献出了一切。到了后代宁伽那里,情形就复杂了一点:他看到的太多,想得太透,所以要在承诺和践诺之间痛苦徘徊,有时会无比愤怒,敢于挑战很多既成的游戏规则——他再也不愿做一个扑火的飞蛾。

这一切的总结、观察和追溯,是相当漫长和复杂的过程:他用个人的人生经历一点点去完成,一步步走出来,不是为了一个概念和简单的理念。

朱又可:宁伽身上有分裂的东西,他想坚持,但是有犹疑。

张炜:宁伽的那种分裂感,那种犹豫和矛盾,相信在50年代生的许多人身上都有过——未来,年轻的一代也许同样要面对。实际上,这是人类面临的一个问题。尽管人群中五花八门，但要简单地区分，二分法也可以完成，那就是有承诺的人和没有承诺的人，有诺必践的人和轻诺无义的人。

朱又可：宁伽的外公和父亲都是这种有承诺的人？

张炜：为什么让这两个大家族联姻？他们儿女结合，合二为一，因为两个大家族的品质是一样的：有承诺。这个家族里也出现过浪子，但是极少。这两个家族的精神血脉相同，他们都是那种有理想，很认真，不嬉戏，能够严厉地对待自己的人。他们对自己很苛刻，无论投入哪个阵营，都是当中的优秀分子；无论投入哪个阵营，都很少得到善终。这就是真正的悲剧，真实的不得不面对的悲剧。所以这两个家族，虽然分处在不同的阵营里，但是生命质地都很纯粹。

朱又可：宁伽的父亲从山里去投靠大城市的叔伯爷爷，这是属于政界要人了？

张炜：宁伽的叔伯爷爷宁周义是当时的政府高官，而且有相当的资产，这个人是文武全才，是曾国藩式的人物。他是一个文人，却能在残酷的战争形势下指挥部队，是个良将。因为他将半岛的军事政治格局改写了，所以殷弓恨死了他，最后抓到他，将他残酷地处死了。这个人的学问、品质、修养，都是第一流的。从革命军到所谓的资产阶级革命到内战，这类人物不在少数，有一部分留下来，有一部分走掉了，到了海外。无论是留下来的还是走掉的，在历史上都是浓墨重彩的一笔。这当中有的是知识分子，纯粹做学问的；有的是政治幕僚；

也有一小部分转向了实业。

实际上，我们生活中的这类人太少了，一个重要原因就是我们把他们过分地政治化了。其中大部分人在演出一幕悲剧。只要不把自己简单地作为一个工具，依附到某个集团的力量之上，他往往就是一个悲剧。当然，这里仅指现实生存上的悲剧，在精神价值层面却未必。他的纯粹性来自个人的思考和独立，而作为一个工具，这是犯忌的，所以他的悲剧就来了。如果给他们个人的空间，他们会做得很好，自己的事业、人生道路，都会很好。

从这里说起，就会联想到我们历史上一个辉煌灿烂的学术的、思想的、艺术的时期，那就是春秋战国，比如说齐国的稷下学宫，所谓的稷下学派——百家争鸣就是从那时候总结出来的。当年为什么出现那么多伟大的思想家，诸子百家，包括孔孟荀子那个高峰？这样的高峰到后来再也没有出现过。电脑和电视的普及，如此方便的现代科技，使我们的信息呈几何级数增长，但思想和学术的高度却差了十万八千里。

这里面没有什么奥秘，仅仅是一个生存的问题——有没有一个环境让我们的思想者能够独立思想？

如果只是让他们可怜巴巴地诠释和解释别人的思想，再高的才华也无济于事。春秋战国时期有那个条件，尽管当时科技不发达，交通也不便，但是这部分学者在一个国家里面生活，其思想可以不完全为这个国家服务——当他的思想与生存环境发生严重冲突时，当他的独立思想受到威胁的时候，他可以离开。因为当时有很多诸侯国，除了七雄，还有很多小国，有好多地方可以容纳他这个肉身，有了肉身的存在，就可以进行思想。可是到了秦始皇之后的封建大一统就完全不是那样了，肉身的保存都成问题，独立的思想当然也就没有了。

所以说国家的统一和富强、版图的完整和扩大,并不意味着卓越的思想、学术和艺术就一定能够产生。

当年有两个最强大的诸侯国,一个是齐国,一个是秦国。齐国存在了150年左右,这里面有起伏和跌宕,但是这150年的经济和文化都远远强于秦国。齐国150年兴衰的曲线和稷下学宫兴衰的曲线是大致吻合的:当稷下学宫昌盛,吸纳了天下最有名的思想家、艺术家的时候,齐国就是最繁荣强盛的时候,它的军事、财富的积累,还有在诸国中的形象,都是最好的。它是海洋商业国,对外开放,市场经济发达,最富裕的时期就是管仲做相的时期。

秦国在大多数时期里根本没法跟它相比,它们刚好是两极。秦国是商鞅那一套,即严刑峻法,为了变革,染红了渭河,杀了无数人。秦国的根本经验就是不准经商,不准人有文化有知识,认为人有了文化和知识以后,脑子就很活络,就会思考很多问题,就不再安于眼前的体制,就会反抗君王。所以商鞅不让人读书,不让人经商,也不让人离开土地,一旦离开了就要杀掉。

今天我们看到有的文艺作品歌颂商鞅和秦国,就会齿寒心疼——因为一代代知识分子有一个梦想,有一个追求,就是"诛暴秦"——这不是莫名的奇异的口号,而是诛讨其残酷和血腥的专制,追求思想的解放和宽松的民主。秦国的那种商鞅式的冷血统治是现代主义的死敌,也是知识分子的死敌,是公共知识分子最痛恨的东西。但直到今天,我们有些文艺作品还在商鞅的梦想里陶醉,这是多么让人痛心的事情。

朱又可:有的电视连续剧主要是正面表现商鞅。

张炜:我没看。很多人只要一看到歌颂所谓的商鞅、大秦,就觉得非常可怕。

到了战国后期，其他的一些君王在殉葬的时候会有一些动物、一些礼器，齐国用马、陶俑等东西，只有秦国仍然要杀掉很多奴隶陪葬，还让嫔妃殉葬，把自己的妃子活埋，这是非常血腥的。封建农业社会的专制传统，统一中国以后成了正统。

当年只有两个诸侯国有条件统一中国，一个是齐国，一个是秦国。齐国有大物，后来却没有了大言——大物质没有大思想去平衡，最后同样有害。物质招来"苍蝇"，那是因为严重的腐败。齐国很有钱，历史记载，齐国的士兵穿得无比的好，武器无比的精良，装备是一流的，可是一到战场上，只要杀声一喊，他们扔下武器就跑。因为他们都是富贵兵，在物质主义歌舞升平的国度里，早就泡得骨头酥软，不可能打胜仗。

齐国以前也曾经既富裕又勇敢，有一支天下无敌的精良部队。因为那个时候有稷下学宫，对整个齐国的思想和精神力量起到了凝聚和平衡的作用。到了后来，经过几代君王的物质积累，自以为强大了，无所畏惧了，思想就成了装点门面的东西，连孟子这样的大思想家跟他们都没法合作。孟子要实行仁政，齐王却说：我这个人好色、好财。有一个叫"雪宫"的豪华地方，类似今天的国宾馆，齐王就在这里会见孟子。孟子见过大世面，哪里在乎什么奢华的宫殿。齐王挑起一个话头，说：你这个大学问家，也喜欢这样的地方吧？孟子只好在内心苦笑。

那时候是冷兵器时代，比谁更野蛮、更穷和更不怕死——连死都不怕，还怕什么？一穷二白的秦国，和一个被物质主义腐蚀掉的齐国相比，当然更有力量，于是也带来了一个巨大的不幸，即从此开始了大一统的专制。有人说，如果是齐国统一中国就好了，那样咱们早就全球化了，就不会积弱积贫，到后来八国联军也不会打来了。这样思考问题只是一厢情愿，历史很难假设，秦国统一中国是一种必然。当年的齐国思想衰败、物质奢靡，没有一种思想的力量去平衡，覆灭只是时间问题。齐国不是被打下来的，它是不战而降，在更勇猛血腥和更原始的战斗面前无心也无胆还手。齐国被秦国得手之后，繁华的临淄被日日焚烧，秦兵日夜不停地用车往外拉珠宝。

可是秦国冷血的统治也不能长久，严刑峻法也不是长治久安的办法。它很快就灭亡了。

可见无论是秦国商鞅的那种严酷，还是齐国管仲的炽热迷乱，这两极都通向了一个结局：毁灭。

有人说，还是应该扎实苦干，而不是整天在一些大的命题上打转，那样就会"大言误国"。可是一个民族还是需要大言，大言和大物必须取得平衡。所谓"大言"，就是理性和思想，就是崇高的精神和道德力量。而我们从来缺少的，就是真正的大言。包括我们的文学，那么惧怕大言，热衷于拥抱物质，这真是悲哀。这和当年那种一窝蜂地热衷于阶级斗争，依附于主流和强势，性质是完全一样的——不同的只是从那一极换成了这一极而已。

朱又可：怎么看待宁伽的父亲和宁伽的叔伯爷爷宁周义？同一个家庭的人，却在不同的阵营和不同的集团中。你怎么避免这种简单化？

张炜：宁伽的父亲宁珂，还有他的叔伯爷爷宁周义，他们分道扬镳，这在历史上屡见不鲜。大家族的先辈们沿着一种生活轨道、一种社会秩序和政治秩序走下来，既看到了社会的弊端，也看到了其合理性,他们是成长于这种秩序和习惯之中的。而后一代,年轻人,有热情,不安于已经完成了的事物,总要打破旧的,开拓新的。当年西方传来的马克思主义是新事物,具有无限的生长力和可能性,极其吸引现代青年。宁伽的父亲宁珂就是这样的青年,他跟宁周义选择的是完全不同的道路。

许多类似的阵营分化的表述是很概念化的,其实远没有那么简单。要写出一个大家族里的不同选择,就要写出具体的细节,写出它的特殊性和必然性。宁周义是宁珂的恩人,特别是阿萍奶奶,既是长辈、恩人的姨太太,同时又让宁珂在情感上十分依恋,像母亲——叫"奶奶"只是辈分,心理上像对待母亲一样。阿萍奶奶是那么温柔可爱,近乎完人,在整本书里是作者投入感情最多的女人,篇幅不多,但情愫浓烈。大量的散文诗的倾诉,主要是献给阿萍的——有一小部分是献给宁珂未来的爱人。

在那么巨大的家庭温柔的簇拥下,在那种大山一样沉重的叔伯爷爷的恩情下,如现实的提携、帮助、哺育和抚养——两种不可抗拒的亲情的力量、感情的力量,都不能够挽留他,他走向了另一条道路,可见吸引他的一定是更为巨大的力量。这就是思想的力量,新生事物的力量,是跟整个世界秩序"作对"的思想源头——从西欧传到东方的马克思主义,这在当时是最现代、最具有挑战性的一种精神理念。

所以也就不难理解,当年为什么那么多杰出的青年,最敏感的一部分心灵,会被吸纳到这种精神潮流里去,不顾生死、不畏艰难——最艰苦的生活反而吸引了他们,万贯家财都可以抛弃。所以也就能理解,如果这部分人未来发生了人生悲剧,会让人觉得最为痛惜。

但是文学还没有那么简单,它关注政治和历史,更多的却是人性、生命的诗意的一系列复杂的探讨。有时候这些逼到眼前的政治和历史问题,不过是重复以往,别的文学作品和历史书中已经反复出现类似的过节,这恰是文学书写最应该警惕的方面。被这些思维遮蔽,牵引到固有的思维潮流里去,一切都谈不上了。所以,要把自己的思维荡开去,不妨把自己沉浸在情感——当年的现实与细节里面、风花雪月的芬芳里面。陶醉和沉浸在其中,就不会遗漏,并尽可能把全部的生命元素囊括到感知里去,艺术也才真实和饱满。

于是我们看到了宁伽的父亲宁珂的政治选择,他的热情,他对于阿萍奶奶、后来的妻子曲倩,还有战友的一些热爱。这是同等的、一体的、统一的生命热情。这些热情扭合在一起,而不是分离,不能分成"这是革命,这是政治,这是爱情",不是这样的。它们是统一体中的互相渗透。由此决定了宁伽父亲宁珂的生活道路,决定了他的个人选择。

朱又可:按过去的固定说法,那是一个反动阵营,而他的叔伯爷爷也是那么优秀的人物,作家并没有把他看成反动力量。

张炜:因为他是最优秀的人之一。这里包括曲倩的父亲、曲府的老爷曲予,也就是宁伽的外公,他们都是最优秀的人。

无论是当年的革命阵营还是敌对阵营,优秀的人就是优秀的人,个人的道德品质不会因为他的政治态度发生泾渭分明的改变——实际上常常是个人既定的社会立场和理念不同。所以世界上的通例是,战俘是不能虐待的,政治观念犯罪是不成立的。因为立场既不影响道德,又是人的自由。当然,选择连带着现实后果,这是另一个问题了。这些在文学里面不是一个大问题,道德判断和人生道路、政治立场的一些判断,有时密不可分,有时难以混同,它们之间的关系相当复杂。

这些关系即便用实践也不能检验，那样的尺子也嫌粗陋和简单——胜者王侯败者贼，那怎么能够检验？

朱又可：过去的说法是，这个人很优秀，可惜站错了阵营。

张炜：只要有人类社会就难免会有不同的阵营，也必然有失败的阵营。实际情形复杂至极，有时超越了某个阵营的问题。
如果回到了个人的、生命的、诗性的理解，就会把所有人物还原为一个活生生的、血肉饱满的、完整的人——所有的解析就不是结论，不是冷冰冰的，而是呈现出全部生活的细节和故事，包括他午夜的失眠，一次醉酒，一次失恋的痛苦，都不能遗漏。

朱又可：怎么看宁周义和政治集团的关系？

张炜：优秀人物对自己的集团总是哀其不幸，怒其不争。比如宁周义，他基本上就是这样一种心态。但是他并不觉得另一个阵营就会做得更好。根据他个人的观察和经验，只要跟对方打交道，往往不会有好的结果，所以他还是死心塌地服务于原来的阵营。这是他笼而统之的论述。这样的逻辑在今天有人会认可，有人会嗤之以鼻。但无论如何它是一个人的认识，它和当时的社会现实不可分离。如果换一个角度看，他的立场就不值一提了——所以宁珂跟他谈话，谈到了一个社会潮流问题，宁珂说的那番话多么正确，又多么庸俗！今天很多人会同意这些话，但是我们可以问一句：难道顺从潮流就是正确的选择吗？我们的人类历史不是一部不断被潮流毁灭的历史吗？潮流可以把大地涤荡得一穷二白，什么都不存在。潮流也是最可怕的。

宁珂在解释一个复杂的伦理问题,却使用了简单的机会主义标准。为了胜利,面对潮流就会不再顾忌手段。一个从事政治的人物要现实一点、实利一点,最不可忽略的就是潮流。无论是经商、学术策略,还是政治选择,都要紧紧抓住潮流。孙中山有一句名言:"世界潮流,浩浩荡荡,顺之则昌,逆之则亡。"讲的就是当时的政治潮流。它是政治家务实的道理,而不是其他。

而在精神和思想之域,最优秀者恰恰不是务实者,这里是有错位的。他必须更复杂地处理细节,从事物的多面进行理解,繁复地多层次地进行观照,才会取得一个理性和真实。深刻的读者会回到人的角度,从这里打量作者呈现出来的一切。浅薄的读者则循着简单的社会逻辑往前走,他们走不进人性深处,也走不进诗意。

朱又可:宁周义回答宁珂的问题"你选择的潮流最后要失败"时,他的答案是什么?

张炜:这表现了当年一部分固执的精英们的思维,他们有自己的高蹈性。民众和潮流是一个东西,对于现实主义者来说不可以稍有忽略,经商、从政,包括当今摆弄文学——已经是商业行为了——都不可以忽略潮流。不然最后只有等待失败。所以,这个问题实际上非常简单。

文学总是从最简单的问题里面发掘出人性的巨大奥秘,比如飞蛾为什么要扑火?研究一系列生命的奥秘,知道它的趋光性——只写一个现象,写飞蛾扑火是很容易的。

朱又可:这两个都是飞蛾:宁周义和宁珂。这两个同一家族却不同阵营的飞蛾都在扑火。

张炜：他们扑的是不同的火。有一个飞蛾说：多么危险啊，你要去扑那个火？他不知道自己也已离火焰不远了，毁灭即将到来。所以他们两个有一点是共同的，都是为必要践诺的一念而痛苦——人生只要有了这种执念，痛苦也就无边了，道路也就坎坷了。顺利只是暂时的，他跟现实达成的任何完美都会成为瞬间，都是飞蛾扑火时瞬间迎向光明的喜悦——回答这个喜悦的，最后是生命的爆裂和瓦解，是灰烬。

朱又可："潮流"的话是宁珂借了别人的庸俗的语言说的，他自己的选择不是这样的？

张炜：他自己的选择还不是简单地从众，但是从众、跟随潮流这些观念，肯定对他有影响，作为社会气氛也会影响到他；他内心里是很认同、很向往的。他是这样一个人。所以当他为这种道路做出承诺的时候，践诺的这一路就相当痛苦和复杂了，他会发现自己认同的潮流里面，相当一部分人压根儿是没有承诺的。那些人最后取得的是个人的私利，顶多是集团的功利，而他出发的时候压根儿就没有想到这些。所以等待他们爷孙二人的，都是致命的火。

朱又可：宁珂和殷弓在同一阵营，但两个人是不同的。

张炜：他们大不一样，可是同在一个阵营里、潮流里。过去的文学作品会把殷弓塑造成一个有钢铁般意志的革命者。他本来就有钢铁性，让宁珂觉得对方有完美的战士的品质，非常崇拜。但这种品质又有另外一个侧面，就是冷血、偏执。这个人实际上非常顽强地偏向功利性，是个坚韧的功利主义者，是染上理想主义色彩和粉末的功利主义者、实利主义者，是理想主义和实用主义得到相当完美结合的一个人物。这种人物当然也是很复杂的，有时把他简单化为功利主义者也说不过去——如果是这样的话，相比来说，宁珂也显得太一清二白了。实际上情感的、家庭的各种各样的因素仍然在起作用，性格也在起作用，这些人物太复杂。我们可以用简单的分析把他们归到不同的思想、道德、伦理、政治的类别中去，但这样做是非常冒险的，像做外科手术的时候不要伤了神经一样，要小心。这些人是完全的非功利主义者吗？他为什么跟强烈的极端的功利主义者紧密合作？他们之间的差异有多大？他们之间有很多神经是连在一起的，要把他们剥离开来还真不容易。

　　殷弓这类人是这样，包括住在橡树路上的一些高官、大人物，他们身上也是热情、冷血、理想、现实、功利主义……所有的一切搅和在一块儿，在不同历史场景和特殊环境里会发生重心的移动。这和在小说里使用与调动大量的词语一样，词性在不同的语境里会发生一些转变，一个动词或者一个名词自始至终、一成不变地保持原来的词性是不可能的。一个人也是，但是无论如何还可以说他是一个名词、一个动词，还可以用词性把他们分开——但这个区别并不意味着他在不同语境里面会一成不变。人物要随着语境的改变而改变，词性在叙述里改变，人在生活里改变。

第五章
行走，一些人和一些事

2011年4月14日下午
第五次访谈

这天下午的聊天中，我主要让张炜讲了20多年里他在山东半岛漫游中遇到的人和事。

张炜告诉我，《你在高原》中的主人公宁伽，无聊时喜欢让街头的人算命，有一次被人用"揣骨法"算过：摸按头部和其他部位，以判断命运。算命先生按过他的脚时叹息了一声："你长了双流离失所的脚哇！"

"其实这样的经历我也有过，当时听了那声长叹真是害怕，看看四周围观的人，赶紧走开了。"张炜说，"我后来故意不出远门，以便躲开那句危险的预言。可是我这人从小走惯了，真的闲不住。"

他回想这几十年来，小时候生在海边林子里，大多数时间在荒野林中奔跑；十几岁时又离家去了南部山区，从那时起就常常是一个人了，许多时间都是奔走在旅途上的。特别是近20多年在东部半岛上来回行走，一方面是为《你在高原》做些实勘工作，另一方面也是因为停不下来。

"这些年来我遇到多少有意思的、难忘的人与事，它们都算我一路的酬劳。"张炜说。

徐福东渡考

朱又可：在大山中漫游，你采访到了很多民俗方面的内容，做了很多笔记，遇到了很多人，也包括一些民间故事吗？

张炜：叫"采访"是通俗的说法，实际上就是有准备的游走，是这当中的见闻和记录。有的是很自然的，有一部分是专门为这本书，带着某一个具体问题去考察的，比如说历史遗迹这类东西，书里涉及大量的徐福东渡、齐国故地的遗迹等。

当年写《古船》的时候，我考察了齐国的古城墙。过去讲孟姜女哭倒长城，以为是秦始皇的长城，实际上指的是齐国的那段长城，在今天的淄博境内，是齐国和东莱国故都的所在地。那里有一段保存得很好的城墙。山东半岛境内有很多齐国遗迹。我也参与了一些齐国和东莱国的古迹考察工作。

《史记》记载，著名方士徐福为秦始皇采长生不老药，携带童男童女和五谷百工出海，再也没有回来。这是正史上记载的一桩千古奇案，更多的细节我们不得而知。在徐福东渡之前，咸阳已经发生了焚书坑儒事件，所以徐福很可能是伙同一帮人借机出逃。这是一个标志性的历史大事。秦始皇晚年迷于长生术，三次到东部巡行，落脚点都在半岛，遗迹多得不得了。徐福的传说很多，有关他出航地的遗址也有许多。近些年来为了争夺徐福这个历史人物，不少地方下了很大的功夫。有的争他的出生地，有的争他的出航港。海内外（比如东南亚地区）都有不少徐福研究机构。

我一直在搜集有关徐福的资料，在东部行走期间记录了几大本徐福传说之类。国内有个重要的徐福研究机构"中国国际徐福文化交流协会"，我参与了他们的工作。这使我有机会与一些秦汉史专家、古航海专家等接触，学到了知识并兴趣大增。我在与徐福研究有关的地方跑了很久，两去日本、韩国，从佐贺、熊野再到济洲，实勘了几十处传说地和遗址。

　　因为浸染日久的缘故，也因为自小的爱好与好奇，我像当年的方士一样，尝试着做了些丹丸。这些丹丸虽然没有长生不老的功效，但健身的效果也许会有的。我身边的朋友不止一位吃过它们，除了偶尔有点不适之外，大致还是很受用的。其中有一位朋友直到现在还常常让我为其配一些药，据说已经深深得益。我曾经为我喜欢的一位作家朋友主动配过药，他婉言谢绝了。另一位朋友吃了我的丹丸，一夜之间左腮肿得像皮球。这都是体性和药性不能匹配、因人而异的缘故，并不能说一定就是丹丸的过错。

　　我认识一些老年人，他们都是东部半岛的人，其中资历较深、文化较高的，往往也会热衷于一些长生的丹丸。这些方剂有的出自民间传统，有的是根据新近科学研制而成的。像《你在高原》中的霍闻海先生，有一段时间几乎一日不曾离开丹丸，并且给战友和爱人也吃，这都是有实据的。

　　我自80年代末开始编纂《徐福文化集成》，历时多年出版了七卷，至今仍为徐福研究领域最大最全的一套图书。我的这个经历对《你在高原》的创作十分重要，不意间成为写作的一门功课。

　　《集成》发行到东南亚地区，并催生出一部歌剧《徐福》。我参与这部歌剧的过程很高兴，因为那时得以接触许多音乐家、歌唱家、导演等。我第一次就近聆听一位男高音歌唱家声震广厦的嗓音，一时惊讶得不知所措。这部歌剧后来获得了文化部的文华奖。

　　除了这些，我还着手准备更难也是更有意义的一个工作，就是综合几十年来海内外徐福研究成果，编纂一部百科全书式的辞书：《徐福辞典》。我和朋友一起，已经为这个工作忙了多年，目前已大抵接近完成初稿。这不是一件易事，要排除多少学术及非学术的干扰。《你在高原》第三部《海客谈瀛洲》的一大部分就写了编纂这部辞典的过程，展示了其中的一些闹剧。好在实际生活当中的那个操办者就是我，不然或许会发生影射他人的麻烦。尽管我并没有像书中那个叫王如一的人物那么可笑，动不动就"得一词条"，写出一些荒诞不经的条目来，但在实际工作中也的确找到了某些奇奇怪怪的词条，让人既生气又忍俊不禁。主要的是，要搜集种种词条，我们不得不做大量的工作，看的资料成山成岭，考察的地方多而又多。有许多时间我们是和徐福老先生生活在一起的，甚至自以为对他熟悉得不得了，对他与之周旋的那个千古一帝秦始皇也熟悉得不得了。

　　我想，当烫金闪亮的一部大辞典摆到面前的那一天，我和朋友们该多么高兴。我们会回想这几十年来徐福研究的全部辛苦，当然也有无数欢乐。

　　朱又可：你刚才谈到徐福东渡名义上是为秦始皇寻找长生不老药，实际是一次古代知识分子的逃亡？

　　张炜：秦王三次东巡，他对东方的浓厚兴趣，就源于长生不老的想法。东莱国被齐国合并，齐国有了渔盐之利，所以进一步强大。齐国是最后一个被秦国吞并的国家，曾经创造了沿海地区丰富的物质、先进的科技和最时髦的文化。当时最吸引人的商品与玩器都在齐国，它们伴随着齐国各种各样的人才也汇集到咸阳。秦始皇在统一中国之后，享用了大量的东方美食，也包括巨大的物质资源和思想资源。秦始皇在焚书坑儒之前一度很喜欢韩非子，他是齐国稷下学宫的老师，待遇是很高的。但后来他也到了秦国，开始很受重用，后来却被李斯杀掉了，李斯占了上风，做了国相。

秦王三次东巡有很多传说。最后他抵达了最东边的海角，在海边射杀大鲛鱼，巡视海疆，召集了很多方士，研究怎么出海。他在秦国也接触了很多方士，听了很多描述，所以东方对他有很神秘的吸引，他也就一路奔到这个地方。我曾经记录了大量关于徐福几次出海的故事，还有莱山的传说。莱山当年是天下的四大名山，今天好像已经没有多少名气了。月主祠就在莱山。当时太阳、月亮各有一主，它们在陆地的行宫叫"祠"。阳主祠在另一个地方，离海岸都不远，说明这些神仙是久居海外的。莱山上有许多杜鹃花，韩国叫金达莱。山上有一棵非常大的杜鹃树，长得茂盛无比。秦始皇攀登祭拜的月主祠今天已经没有了，只剩下一个地基。传说中他就在这个地方召见了徐福，后来如同《史记》所载，徐福携带一些童男童女和五谷百工出海，成为千古疑案。

在徐福东渡之前，咸阳发生了焚书坑儒事件。关于这个事件的说法很多，有的说主要杀了方士，一些大学者是没有杀的；书也烧掉了很多，但医书、秦国自己的典籍（如法律），这类东西并没有烧掉。一部分真正为他所用的大学问家，或者从齐国、东方汇集到咸阳城的最有名望的方士术士，并没有被杀。还有一个说法，认为不光是为秦国服务的大知识分子没杀，一般意义上的知识人也没杀，那不过是一个虚构出来的迫害知识分子的标志性事件，成为千百年来对知识和思想的恐怖和威吓。

所以最奇怪的是，秦始皇要在这个时候派遣徐福东渡，去寻找长生不老药——既然把一大部分方士杀掉了，最后依赖的却仍然是这一部分人，并远途跋涉三次到东方，这有点不合情理。

据正史记载，秦始皇第二次东行的时候，在半岛琅琊台又杀了大量的方士。再加上以前许多方士死于焚书坑儒，所以方士们早就害怕极了，可以说一定是望风而逃。在这种情况下，到底是什么样的机缘和目的，秦始皇要和徐福会面？而徐福又需要何等的勇气和个人魅力，敢于拜见秦始皇并让对方容忍和信任？

我认为徐福一帮人的出走，最大的成就是保存了思想的种子。他们沿用了最古老的一个方法，就是游走出逃，相当于现代的知识分子的流亡。当年"国家"的概念和现在不一样，他们去的地方只是散布在茫茫大海里的岛屿，是神仙居住之地，更是王权没有抵达的疆域。徐福一帮人就到了那些地方。这个历史事件所包含的政治和其他信息都很丰富，尽管只在正史里出现了很短的文字，但在野史和其他历史著作里有很多记载。这给后来人留下了很多想象的空间。

时隔一两千年之后，胶东半岛关于徐福的传说仍然很多，许多人自小就听家里老人讲过这样的故事：徐福怎么周旋，怎么骗过秦始皇，最后又怎么带领童男童女远渡重洋到了日本，乘的是大艟，是战船，上面安装了火炮……民间散布的这类故事特别多，牵涉范围特别广，可见那是耗时漫长的、惊动朝野的一件历史大事。这次远航的意义远不只逃离暴政——鉴真和尚失败了多次的东渡比他晚得多，哥伦布则要晚了一两千年，可想而知这在当年是多么困难的远航，徐福的船队在大洋上该有多么危险。这必然要经历诸多尝试，需要的勇气不要讲了，周密计划一点都不能马虎。当年航海技术水平如何，由此可以推断：出海的地点、潮汐、季风和洋流，都要一一考虑。

河北还有一个"千童县"，传说中是徐福当年选拔健康漂亮童子的地方，那里关于徐福的故事也很多。为了跟民间传说和野史印证，就要实勘，于是一个故事又引出另一个故事。因为要研究徐福的起航地，所以就少不了跟古河道、古海港打交道，要拜访古航海专家。

游走中遇到的人和事

河汊隐士

朱又可：除了古代遗迹和故事，你在半岛的大山和平原上的游走中还遇到了形形色色的人，包括大量的流浪汉，你能否说说这方面的事？

张炜：沿海的地形地貌很有趣，在近海的一些河汊子里，有时会遇到形形色色的人。沼泽中大大小小的沙洲叫"沙堡岛"，这里的地形非常复杂。这一带常有特殊的民俗风情，有多趣的民间故事。有些人是从远处迁来的，他们既不属于当地村落，也不是一般游走的流浪汉。近年作文的人常常说到"民间"和"体制外"，我看这些人才属于真正的民间和体制外。他们大约是这么几个原因形成的：一是逃避计划生育；再就是身上有什么案子；还有的是跟整个家族闹纠纷，因为械斗打散了才跑出来的……反正因为各种各样的原因与世隔绝了。这一类人聚在一起就形成了特殊的部落，中间有一个男人或女人像酋长一样管理大家的生活。

我曾经认识一个人，这个人离家几十年，当年是因为一个政治事件跑掉的,一直跑到了深山老林里。社会发生了这么大的变化,当年的案件都不成立了,他却一点都不知道。当他胆战心惊摸回老家去,一看家里人全都不在了,就跪在地上哭了。他在外面的几十年多不容易,简直就像鲁滨孙。

记得有一次走到一片河汊里,天已经很晚了,我看到前边有灯光,还以为是海边看鱼铺的人,后来看清了吓我一跳:一个老男人。他在这里住了不知多久,无儿无女,口音怪异。由于深远的不想说明的什么原因,他见了生人后大多数时间默默的。这里的一切都是他自己打理,种一个小菜园,汲水浇灌,还采了许多草药,什么威灵仙徐长卿等,一束束拴在屋檐下。器皿大多是用泥巴做成的,里面盛了各种谷物。可是凭感觉,这个人不是一般的打工者和流浪汉,因为气质不同——只有气质是没法掩盖的。果然,当他出门提水时,我从炕下一个大洞里发现了一大捆书报,里面竟然有一本斯宾诺莎的《伦理学》。

还有一次,我在平原西部的一个地方遇到了一家四口,他们也住在河汊里——因为这个地方早就被当地人遗弃了,所以方圆十几里基本上没有什么人迹。这情形就像西部的湖区一样,那里就散着各种各样的外地人,这些人在地形复杂的区域繁衍了好几代,都没有什么户口。不同的是河汊里的这一家孤零零的,没有邻居,自得其乐地过着日子。他们见了我略有不安,不愿搭腔;两个小孩子手指插在嘴里,惊讶地看着我,晒得红红的脸庞好看极了,上面是两只又大又黑的眼睛。他们的母亲很快把他们揽到了一边,两个小家伙却在不经意间说出了一句外语,这使我大为惊讶。可是随着这一声,母亲却赶紧把他们揪到了离我更远的地方去了。这时候男人回来了,他挑着一个大网兜,里面是刚刚捕到的几条大鱼。我发现他也有一双又大又黑的眼睛。

那一天我想多逗留一会儿。这里有一股强大的磁力吸住了我,使我不想离开。我说要喝一点水,并掏出了一包茶叶。男人礼貌然而并不热情地点头应付,一开口竟是一种古怪到极点的土语,但我觉得他说得并不自然。我的任何询问他都不曾正面回答。这样待了一会儿,喝了一点土腥味儿很重的水,我就走开了。

那一次让我觉得是遇到了现代隐士,直到很长时间以后我还是忘不掉他们。

大约是半年之后,当我再一次经过那个地方时,还特意去寻找那幢半截埋在河岸、半截露在外面的棚屋。一切似乎照旧,可是走近一看,里面基本上没有东西了。当然人也没了。当我走得更近时,有一只黑乎乎的什么东西"唰"的一下从里面蹿出——它是这里的新房客,一只狗獾。

大痴士

朱又可:流浪汉的故事太有意思了。

张炜:我在海边小城里也遇到了有趣或可气的事。比如那里如何对待"大痴士",就让人好一番惊讶。所谓的"大痴士",是当地人对流浪汉、傻子、乞丐的一种统称。"痴士"是古语,最早来自印度,叫"乞士",是乞讨修行的佛教人士。如今在尼泊尔或泰国还保留有这种传统,僧人在固定的时间拿着器皿到街上接受施舍。"乞士"就是修行者。可见东部半岛一度也有这种托钵僧。后来修行者慢慢和其他的乞讨者混同了,其中有一部分要饭的人呆呆傻傻、脏里脏气,又和精神病人及流浪汉混在了一块儿。半岛地区的人说话,"痴"字的声母不发卷舌音,所以"痴"就与"乞"同音了。

所有的"大痴士"都有一个共同的特点,就是身上的衣服不合季节,行貌怪异,穿着破烂,居无定所。这些人在长期的流浪中神情也在改变,因为他们思考的问题与常人不同,整个气质也就变化了。他们是真正的社会边缘人物,不再融入社会生活。当年的打工者不是90年代后期的样子,那时要找份活计是很难的,所以这部分人出门后长期找不到活干,渐渐也就和乞丐们混在了一起,成了流浪人群。这部分人很多,一天到晚在大街上移动,成为城里一景。

平时没有什么人来管"大痴士",只有卫生城检查的日子算是例外。上边只要来人检查,城内必须提前将这些特殊人群清理出去。这是一个比较麻烦的工作,因为他们的数量实在太多了,正常情况下除了街上走的,每个垃圾箱旁还有非常固定的三五个。到了评卫生城市的季节,这种人一夜之间又会增加许多倍。工作人员在验收卫生城的前一天夜里要做一件事,就是找几辆大卡车,把所有的流浪汉都拉到另一个邻近的县市去,尽可能送得远一点,以他们第二天中午走不回来为准。这个工作有一个固定的名称,叫"抢运大痴士"。

这些特殊的人物在车上的表现往往差异极大:有的笑吟吟的,好像遇到了千载难逢的喜事;有的吱吱叫,像头野物;还有的神情木木的,任由别人推搡;另有人哇哇大哭,像个孩子……其中有一个十分特别,以至于引起了我的注意:他一直咕哝不止,我觉得奇怪,就走近去听,一听吓了一跳,他竟然在小声地念诗:"假如生活欺骗了你,不要悲伤,不要忧郁,相信吧……"

工作人员认为这种"抢运大痴士"的做法是必需的,他们说:"没有办法,邻县到了卫生城检查时也要往我们这里送,不然的话一夜之间怎么会出现这么多'大痴士'?"

20年前,各种各样的原因离开村子的人还不像今天这样,他们一离开村庄就要设法找到地方干活，可是往往很难。现在有"民工荒"，打工并不难，虽然待遇很低，是弱势群体，但总算有了赚钱糊口的地方。当年雇一个民工便宜得很，加上打工的人又多，他们只好把大量时间花费在路途上，日子久了也就成了流浪汉。

社会变化就是这么快。20多年前我在路上行走，遇到的"大痴士"一样形貌的人，百分之八十是离开了村庄的。那时蜂拥的打工潮对我的刺激很大，因为我发现这些人大多不是因为衣食无着、经济窘迫才出走的，而更多是因为失望和绝望。他们通过电视机了解了外面的世界，于是不再满足父辈们的生活。当时公社和大队的建制也没有了，刚从一种禁锢里解放出来，这一拨年轻人想去哪里就去哪里。最后不光是青年，甚至连六七十岁的老人也离开了村子。所谓的工业化过程中，大量土地被圈占，家园荒得无法坚守。

那些离开家园的流浪汉，竟然先后变成了"大痴士"。也有一些是性格原因、家庭原因，是情感的问题。《你在高原》中不断地写到大路上的人，这些人一度是我的同行者，是我非常熟悉的人群。无论什么年代，总有一些悲剧人物，有特立独行者，有绝世而居的人。比如说早在几十年前，就有年纪很大的人独自住在山里，那是因为他的心气高、志趣怪。有一次，我在山里看到一个老人，自己属于哪个村哪个公社心里很清楚，但就是不回去，他实际上是完全独立的个体了。看到这样的老人会为他担心，觉得他太可怜，没有电视机也没有收音机，没有起码的医疗条件，万一夜里发烧怎么办？得一个急病怎么办？好在他七八十岁了也还硬朗。可是他们自己并不担心什么，更不羡慕村里人的生活。他们当中的一大部分，都是曾经伤过心的人。他们如果不在山里找一个居所，就得去流浪，那就成了真正的"大痴士"。

我们当代人是很脆弱的，我以个人的生活经验为尺度，去判断山里的这些老人、这些遗世独立的人,常常替他们掬一把泪。但他们实在是极其顽强和乐观的人。

朱又可:你和他们怎么接触呢?这些流浪汉好接触吗?

张炜:这部分人既怕人又喜欢人。他们用很短的时间就能判断对方,知道你是不是对他们有威胁。他愿意跟你说话,如果他觉得你没有妨害,就会主动凑过来——比如拿酒给你喝。我有一次喝了一位流浪汉的酒,发现是醋,没有酿好的醋,还有很大的土腥味。我觉得没有什么劲道,就大口喝了一些,结果半天之后走路两条腿还轻飘飘的,原来后劲很大。我曾问他是用什么酿成的,瓜干和玉米吗?他说都不是,说那才不舍得,这是用收获完了地瓜以后地里剩下的粗一点的瓜梗和根须酿造的:"好瓜儿都切成瓜干了,晒起来放到囤子里,吃一冬一春。"他们的生活既简单又有趣,既单调又丰富。

朱又可:这部分人与我们当代人熟悉的那种现代生活是相距甚远的。现在是网络电视时代,到处都忙着城市化了,还有这种人吗?

张炜:当然。不过是越来越少了,老一代死去了,年轻人已经没有这个嗜好和勇气了。

找腿的女人

朱又可:你在海边也遇到了一些有意思的人?

张炜：有一些住在海边上看鱼铺的老人，当地人叫他们"铺佬"。这些人离开了自己的家小，或者是没有家小的独居者，已经在鱼铺里住了几十年。我跟这拨人熟悉，爱听他们讲那些奇奇怪怪的故事。这些故事大多与海滩精灵或海里水怪有关，你听了会觉得半是杜撰，半是他们真实的经历，让人无法窥测和探知端底。他们喝了大量的酒之后，在那种半睡的状态下，讲起来就更加生动。

有一次，我和一位这样的铺佬待了半夜，我们俩都喝了不少酒。一会儿起了风，外面传来"吱哟哟啊，吱哟哟啊"的声音——老人听了一会儿，突然一下爬起来说："听到了吧？她又在喊了：'我的腿啊，我的腿啊！'"老人这样一说，我再听，真的像一个女人尖尖的叫声，真的是那样的一些话。我觉得头发一竖一竖的，问他怎么回事。老人又听了一会儿，叹一声说："在这一带住久了的谁不知道？这是一个女人，有一回船遇上了大风，翻在海里，这女人死了——可惜大浪把她打上岸来的时候，一条腿没了。不知是鲨鱼咬的还是怎么，反正没了。你想想，她在阴间也惦记自己的腿啊，那是好生生的一条腿嘛。"我说："反正人都死了，还在乎这条腿？"老人有些生气地看着我，半响才说："这是什么话。自己的腿嘛，哪有不找的。"

我们说这话的日子没过多久，我又一次从大山里归来，再次住在他的铺子里。这一回我给老人带来了一些山里人自酿的瓜干酒，这使他十分高兴，不住声地夸我"真是一个有出息的人"，并且把我和一个打鱼朋友的儿子做了对比，那人是当地的一个官员："那家伙比起你来，连个猪蛋也不如。"我听不明白他这是什么标准，但知道他是真心夸我。还是因为喝了酒，老人这一夜又讲起了故事，这回是关于海里精灵后半夜爬上岸找他讨酒喝的事儿。我问："海里的动物也喝酒吗？"老人点头："当然，不过酒量比咱们人要大得多。"我将信将疑地看着他,他又说:"其实这理你自己也能琢磨出来,你想想,它们一天到晚趴在大海里,那里该有多大寒湿,不喝酒怎么能成?"

也就是这一夜,又到了半夜时分,外面突然又起风了,再次传来了"吱哟吱哟"的那种声音。老人立刻警觉起来,十分不安地往门外瞭。我忍不住,就想悄悄掀开铺门出去看看。谁知我刚刚起身,老人就把我按在了原地,小声说:"你一个人不成,你等等。"说着从旁边倚放的东西里摸到了一把不大的鱼叉,他做了个手势,先是在铺口弓着腰探头望了望,然后回身拉了我一把。外面是好大的月亮天,什么都看得清清楚楚。海浪不高,海面发出紫蓝色,有磷光一样的东西在水面上跳动。我循着那"吱哟"声往前走,一直走到了一条小船跟前——原来是一把橹桨在风中摩擦着船帮,发出了那种尖尖的声音。我长长地出了一口气。

老人站在我的身后,十分不快的样子。我指指小船。老人气愤地哼一声:"这是她的诡计!她知道我们人人都会看穿,就闪化出这样的事儿……"我问怎么"闪化",他就贴近我的耳根说:"这哪里是橹在活动啊,这分明是她在暗中一下下推拥那只橹,好让你相信是风吹的!"我笑了。老人更加生气地吐了一口,转身离开了。我一个人留在海边有些害怕,也赶紧钻回铺子里了。

这个铺佬的年纪在70岁左右,可他总是暗示自己已经120岁还多一点。我当然不信。我问过其他铺佬,他们都说这压根儿就是扯淡,这是不可能的。有一天当他再次吹嘘自己的年龄时,我就直接表示了怀疑。他这回没有发火,而是直接把我领到铺子外边,往前一直走,走到一个大沙堆跟前,说:"看见了吧?就在这个地方,我掘出了一个东西。""什么东西?"老人回头瞥瞥海浪说:"是这么回事,我时不时听见那女人半夜过来找她的腿,心里烦呢,也怪可怜她,没事了大白天就帮她找起来。她是鬼,白天不允许出来啊,可是夜里她又不得眼。我琢磨这腿也许早就被海浪打上来了,埋在沙滩上,闲了就替她掘几下。我掘了不少地方,有一天就在这里掘出了一个胳膊粗的白白的东西,有几尺长哩。我想,这可不是她的腿?扒开一看流水呢,舔一下怪香甜。我就放进锅里煮了吃,还喝了不少酒。你知道那是什么?是百年茯苓,人吃了长生不老!"

那一天我久久地看着他,有些莫名的不安和自卑。

老酒肴

朱又可:这是海边的人物。大山里你遇到过哪些古怪的人?

张炜:我在山里听到了一个叫"老酒肴"的怪人。这老人类似于我们在山里遇到的一些独居人,名字早就传在大山之外了。后来我在《你在高原》里写到了这个人,同名,有些事迹也差不多。他是一个擅长造酒的人,能造出各种古怪的酒,山里的人像对待神明一样对待他。可是他在50多岁的时候就走掉了——山里的某些高人往往就是这样,最后总要消失在大山深处。

关于他的古怪,许多人至今还能讲出一大摞。他们说他从小就与常人不同,比如夜间在沙河套子里乘凉,大家都点上艾草来熏蚊子,因为河套的蚊子一团团像球一样滚动,嗡嗡的,只有老酒肴一个人躲开大伙,独自躺在一边,让蚊虫在他身上翻滚。他们喊他过来,他就咕哝一句:"有二两血够它们喝的。"一会儿就呼呼大睡了。他吃饭的时候,咸菜和玉米饼要分开吃,吃完饼再吃一些咸菜。有人问他怎么这样,他说:自己的活儿干完了,剩下的事情该交给胃了。就是这样一个怪人。有一年他得了病，村里来了一个大夫为他针灸，结果一连扎了几次针都折了。大夫极为惊讶，说这人的皮肤有点像牛皮，根本扎不进去。

老酒肴这个人非常善良，爱孤独，少言语，只琢磨怎么造出好酒。在他这儿几乎没有不能用来造酒的东西，据说就连石头也能。他能造各种各样治病的药酒，还能造芬芳扑鼻的美酒，谁都不知他用了什么花瓣或者是蜥蜴、蜈蚣这些毒物。他家里总是摆着各种不同的毒酒。他自己喝什么样的酒都没事，别人喝错了就会送命。他见了人之后只一端量，就知道你该喝什么酒。有一次某人贪酒，结果喝错了，两眼翻白，口吐白沫，只差一点就死去。所以，他是一个靠各种酒活着的人。他离开自己的村子以后，大家都对他恋恋不舍，再就是他把各种酒也带走了。

传说中这人合作化以后就不适宜在村子里居住了，最后流离失所——也有的说他逃到外乡做看山人去了。村里的人不止一次去找过他，都不了了之。大家推算说：如果这个人还活着，那么他至少也有90来岁了吧。

我把他的故事装在心里，在大山里行走时就特别注意那些独居的看山人。这些人在80年代也有不少，但他们因为太年轻了，缺少应有的神秘色彩，一个个还没有我知道的山里故事多，意思不大。有的看山人还作风不端，背了枪械，狐假虎威，对闯到山里的外地人十分不友好，时而还以审问特务为名进行刁难，强行掳走行人的打火机和收音机之类。他们特别愿意找妇女的麻烦，见了进山挖药砍柴的女人就要搜身，女人发出尖叫时他们就喝道："看你个熊样！毛病！"

我在这一带山区转得时间久了，终于见到了一个类似老酒肴的人。这人在两县边界的大山里做看山人，年纪看上去有七八十岁。其实现在早就不需要这个职业了,他不过是在山里住惯了,又无儿无女,也就一个人过下来了。一个黑乎乎的小屋子,里面像着过火一样,到处是灰油,好在东西都没有烧坏:木梁上是黑灰,石板上也是黑灰。这里的生活设备一应俱全,比如用树条编的东西,石头凿的东西,还有比较讲究的陶器、瓷器。果然有那么多酒!但是没有那么多的品种……我细细看过,大约有十来种,这也很可以了。其中一种酒装在酒篓里,是我在小说里写到的"大酒篓":用一种紫穗槐或柳条编的扁形篓,像个大扁瓶一样,大约能有半米多高吧,容量很大,里面用泥巴混合了猪血之类抹过,所以可用来盛液体。大酒篓是最重要的一种盛酒器具,我小时候见过。小石屋外面的一个笼子里装了很多动物,显然全是从山里捉的。老人很有趣,把这些野生动物弄得像家养的一样,相互很熟,什么刺猬、兔子,还有乌鸦等,都可以与之交流。比如说刺猬这种东西,在我看来是最不通人性的一种动物,可是他击两下掌,它们就走近他,还发出像人一样的咳嗽声。他给它们一一取了名字。有时他拿出干鱼来,还有喝的东西,放在手心里,它们就伸出通红的小舌头在他手上吃吃喝喝,特别享受。

我试着叫了一声"老酒肴",他毫无反应。

山里面的这种老人,整个就是一块文学,我舍不得他们,一再把他们的生活场景搬到书里。他们也是我远行之路上的一种精神滋补,让我不至于枯燥和厌烦。

蓝眼老人

朱又可:你跟这些山野和河汊里脱离社会的人交谈容易吗?

张炜：很容易。有时觉得自己受了一次洗礼，比读书还要有益。当然不是遇到的每一个人都这样。我曾遇到一个人怪极了，这个人蓝眼睛，个子很矮，有点像好莱坞影片中的外星人，头很大，脖子很细很长，整个发育有点问题。我写了一篇文章叫《蓝眼老人》。他这个人的一生真是奇迹，让人觉得任何生命有了他这样的顽韧，多少困难都不在话下。他这个人特别怪，做过代课的老师，非常有文化，都是自学的。当年的山区没有几个识字的，他就找这种地方做老师，人家给他吃的喝的。我在一个地方的市史志办雇用的人员里发现了他，一下就被这种相貌吸引住了。

我去食堂打饭，经常见他。所有打饭的人中，唯有他穿的衣服陈旧，也唯有他如此干净，领下的衣扣一丝不苟地扣住，戴着一副深度近视镜片，还戴着一个鸭舌帽。他动作拘谨，沉默而警觉，是一种很复杂的气质，让人感到和当地人全然不同。

我后来了解了他的一些事情，极想为这个人写一部书，也就是所谓的报告文学。后来忙得没有写出来，只写了一篇短文。这个人现在已经不在了。他简直不得了，靠自学获得了丰富的知识，还会一点外语。当地市政府雇用了他，他做了合同工，一点点工资还不舍得花，也没有儿女。他忧虑我们这个民族，认为应该全民补课，比如学习外语。他的箱子里是各种学习材料。他想的都是大事情。他说自己很长时间都是一边捡破烂，一边学习，吃饱肚子是没问题的。"吃饱了干什么？还得有点贡献。"他年纪大了不再教书后，想"贡献"想得头痛。后来他竟然设计出了一辆很特殊的车子，一路拖着行李走，车子上面有一个木头做的暗箱，还安了玻璃片。到了大街上，支好车子，遮一块布，利用阳光就可以放幻灯。他画了很多玻璃片，上面是外语单词和谐配的图画什么的，走到哪里都跟着一群孩子。

最感人的还不是这些事情——有一次他半路遇到了一个像自己一样的女流浪人,从此两个人一块儿携手要饭,慢慢就恋爱了。两个人总是流浪不行啊,他说:"我要盖自己的房子。"但是他没有一分钱。说起来没人相信,他到田野土埂上找那些破碎的砖块和大大小小的石头,日积月累堆了一大岭。女人已经怀孕了,他想在孩子出生前把自己的屋子垒起来。他画图设计,自己施工,从头到尾只有一个人。最后要安屋梁了,这需要很多人才成,可他还是一个人。他想出了一个办法,就是在墙边堆积沙土,然后利用土坡将木梁往上滚动——盖好了屋顶之后再把沙土扒掉。就用这些办法,不知付出了多少辛苦才盖起了自己的一栋小房子。

朱又可:在什么地方盖的?

张炜:就在一片大家都不注意的河浜野地上。女人生孩子时得病发烧,不久就死了。他埋葬了女人,一定要让小生命活下来。这个孩子营养很差,因为几乎没有什么可吃的蛋白质。他为了让孩子活下去,就千方百计找一些野物。就这样,这孩子好不容易长到会跑路了,却在一场大风寒中害病死了。老人痛不欲生,绝望中把那个千辛万苦盖起来的房子遗在野地里,又开始一个人流浪了。

朱又可:他什么时候去世的?

张炜:十年前吧。我写他的时候人还没有去世。他还有很多故事,我一下子记不起来了。我们的社会严重对不起他,但是他却觉得自己亏欠了别人,只想为他人多做些事情。这个人并不信教,但有宗教情怀,生活中这种人还是不少的。

"精神病"

朱又可：你和这些边缘人特别亲近，从心底认同他们。

张炜：我还遇到一个刚从部队回来的青年，曾经两次被扭送到精神病院。因为这个人总要不停地帮助他人、体恤弱小，整个做法和现在的社会状态完全不合，所以大家都觉得这个人怪异，有毛病。最后他的父亲都以为儿子脑子有病，找人将他送到了精神病院里。医生经过检查，并与他对谈交流，觉得他正常得很，就送回来了。有一次他们家里晒麦子，突然下起雨来，他父亲急着和他一块儿抢收摊开的麦粒，不然麦粒就被雨水冲走了。可是邻居一个孤寡老太太也晒了麦子，这会儿只好拍着腿大哭，他就冲过去帮她收了。老太太的麦子基本没有什么损失，他自己家的麦子大半都被水冲走了。他父亲骂他，说儿子果然是一个精神病，第二天就招呼本家族的人，再次把他扭送到精神病院去了。

第一次是村里送的，也是因为他不停地做好事，有点不像话：一个人做一两件好事还不要紧，还可以"容忍"；如果不停地做好事，这个人就有精神病的"嫌疑"了。那场大雨之后，父亲正因为儿子有被扭送的"前科"，于是判断：有病就要早治，断然决定再次扭送。

刚刚过去不久的那个年代，人人都以不停地做好事为荣，要找一切机会帮助他人，还有人恨不得为此献身——那是极端的例子——发展到今天就走到了另一个极端，谁不停地做好事、体恤弱小、帮助别人，就变成了一个不被理解和容忍的人了。可见社会风气变化多么巨大。

我小时候曾遇到一个事情。那时候我们家附近有一个林场，里面一度住过一个排的士兵。战士们不停地为附近的小村做好事，比如给老太太担水等。这个小村就是西岚子。有一天，小村边上的一个麦草垛着火了，很小的草垛，比一个坟包大不了多少。这堆麦草烧掉了也没什么大不了的，用不着大动干戈，再说要浇灭也很容易。可是那一排战士看到了就急急赶来，全力救火。其实泼上几桶水就差不多了，但是有一个战士拉都拉不住，只一头一头往火里撞。那显然会烧伤——就这样，他身上留下了不轻的烧伤。一个小小的草垛着了，他就要用身体扑火，多么勇敢。这是因为舍生忘死做好事的机会太少了，一旦出现就会被紧紧抓住。

现在社会风气变了，变到了另一极端：极端利己和无义，极端冷漠。如果在大街上遇到一个被撞的人，撞他的车跑了，他流血不止，恐怕不会有人伸出援手，理由是害怕被赖上。类似的事情屡屡发生。社会如果没有了起码的道德底线，哪里还会有幸福可言？

现代鲁滨孙

朱又可：你写过一个教授，从监狱里跑出来，从劳改农场跑到深山，最后死在了深山里。有那么一个真实的人物原型吗？

张炜：这段故事虽然有一些虚构的部分，但仍然有事实的依据。在半岛地区，有一个人因为政治问题被捕，但他在被捕之前跑掉了，一口气跑到了深山老林里。从此这个人就成了一个悲惨的、成功的逃犯。他当然知道一旦被逮住会是什么下场，那真是在残酷的斗争中吓破了胆。他逃走以后还是继续往丛林更深处移动，越跑越远，因为总觉得还不够远。他在与人类文明完全脱节的地方,很原始地生活了许多许多年。由于一点人间的消息都得不到,所以他并不知道后来老家发生的一切。

就这样几十年过去,这个人从青年变成了老年。在老家,亲人们都先后死去了。在生命的最后几年,老人一点点走出丛林,移动到离村落近一些的地方,才多少知道了世道的变迁。他回到老家以后没有多少年就去世了。这就是一位出逃者的一生。这个人与书中虚构的情节唯一不同的,不过是活着走出了林子而已。书中的那个老教授是挣命,挣回自己的生命,所以他那样跑出去完全可以理解。这种故事在中国大地上太多了,有人亲眼看到过一些活生生的例子,比如有人虽然成功地逃了出去,但在半路上被打死了。因为当时是群众专政,社会组织很严密,一个电话全部路口都会封锁。可见,当年一个人做逃犯比现在要难上千百倍。现在不行了,如果仍然要搞群众专政,群众已经没有工夫了,他们都去赚钱了。

至于书中那个下场更为悲惨的画家,原型是离我们单位很近的人,这个人物几乎没有什么虚构。他就是一个著名的画家,当然是因为作品受尽了磨难,被送到"五七干校"这一类场所——尽管没有判刑,但他们是介于刑事犯和政治犯之间的——那里有岗楼,有拿枪的,其实就是劳改农场。那种环境相当严酷。那个画家在那里给逼疯了,专政人员认为他的疯是伪装的,最后把他枪毙了。这件事至今在文化界还被人提起,是个引起了巨大震动的案件。就这个原型来说,虚构的部分只是他在农场中与另一位女学者的恋情,真实的生活中连这样一点光亮都没有,只有漆黑的颜色,即死亡的颜色。

朱又可:还有一个地质专家,也是在一个地方劳改,下大雨发洪水跑掉了。

张炜：是的，类似的事情一些纪实文学也表现过。我们需要记录下来，因为屈辱的记忆和胜利的记忆同样神圣——现在我们往往陷入一种思维模式，总是不断地重复我们引以为傲的成就，对自己历史上的挫折和悲惨不敢回顾，讳莫如深。这是缺乏面对自己的勇气，害怕真实。实际上，它们具有同等的意义和价值，都是神圣记忆的一部分，如果把这部分失败和屈辱删除了，宝贵的经验也就一起被删除了。未来需要各种各样的记忆，如果年轻的一代完全不了解先辈所经历的痛苦和屈辱，就一定会误解自己民族的历史。

在这个物质主义的大环境中，我们送给后代的完全是物质和娱乐的浅薄图画，他们就会虚荣和脆弱，就不会健康成长。现在太乐观，未来就会很沉重。有一部分作家很了不起，他们有顽强的记忆，有战胜遗忘的意志。哪怕他们的书只有一小部分人阅读，也是意义重大的。怎样使更年轻的一代明白，过去的苦难历史与当下的生活有一种血肉联系，才是最有意义的事情。

《聊斋志异》的故事或是真实发生的

朱又可：还有一部分，和小说中写到的人和动物故事有关，还有些狐怪故事。你下功夫收集了很多这方面的东西吧？

张炜：如果你是一个生活在无边的林子里的少年，对生活的感受就会完全不同了。现在的儿童无法寻找那样的环境,他们有看不完的高楼、看不完的电视节目,许多生活都是虚拟的,是电子影像。而过去的林子是原生态,这比我们后来人工建造的园林更丰富,更多趣,也更美丽。

无边的原始林中各种事情都能发生。在那样的地方生活的少年,他看到的和亲身经历的,在一些城市中长大的人听来简直就是天方夜谭。比如我曾经见过一个孩子,他一直到十五六岁还躺在一个特殊的石膏床上,就因为七八年前在林子中受了惊吓,从此倒地不起——据说是看见一个非人非兽的怪物,马上吓散了骨头。他从此无法站立,医生不得不给他做一个标准的人形床,让他躺在上面。他需要许多年才能长好骨头。我们一群孩子听说了这个故事都感到好奇,就一拨拨到他家里去。我记得他总是戴着一顶线织小帽,上面还有三道红杠,就仰脸躺在石膏床上。我们那儿大人吓唬孩子,不让他们去林子里到处乱跑,所举的例子总是这个长不大的孩子。

由于那个孩子许多人都见过,所以就不能简单地当成传说。

荒野酒宴

朱又可:你遇见过这样的怪事的当事人?

张炜:一位山里人告诉了我一件他亲身经历的事情,让人无法忘记。我将其原原本本记到了书里。他说那时候他还很年轻,他的老母亲还健在呢。有一次他去山里砍柴,大约走了一个多钟头,刚转过一个山嘴,就闻到了一股香味。原来离他十几步远的地方有一块大石板,上面摆放了两壶酒、几个馒头、几盘菜。他想这真是奇怪啊,谁会在这个没有人烟的地方摆上一桌酒宴啊？他等了一会儿还是没有人，就自己享用起来：把两个馒头吃了，酒也喝了，剩下的几个馒头和菜又带上，给老母亲。

第二天，他又到固定的地方去，因为心里还是想着昨天的酒菜。他再次转过山嘴，想不到有人早就等在那儿了。这个人个子奇高，头很小，小得不像话，让他马上想到了一只举起的拳头。这个高个小头的家伙恶声恶气地让他点烟，探过来一支二指来长的小烟斗。他瞅了瞅，吓得不敢点烟。那家伙问他：你为什么不点烟？他说：你不像个人，我怕哩。那家伙说：你敢骂我！然后两个人就打起来了。一开始的时候打个平手，到后来这个人就打不过那个怪物了。

快到半夜了孩子还没有回来，母亲就求人到山林里去找。村里人抬着笸箩到山里去了，因为都知道凶多吉少。结果他们真的找到了这个人，他当时浑身是血蜷在石板旁。人是救回来了，可是在炕上一直躺了好几年。他总结那次磨难说："人在山里，遇到不明不白的东西千万不能拿，也不能吃。你知道那是怎么回事？那是一个山里精灵办置的一桌酒席，他出去邀客的时候，想不到就被我遇上了……"我问："你是怎么知道的？"他说："这家伙那天一边用扁担打我，一边把事情从头说了出来。你看我挨打也不怨嘛。"

海边老林子里面，鬼的故事远远少于动物的故事，黄鼠狼精、狐狸精、狼精，还有獾的故事，从来多得数不胜数。海边所有老人最常说的一个经验就是：如果遇到獾，你要防止它胳肢你，因为獾不吃人也不伤人，只是很喜欢逗人——把爪子放到心窝上胳肢你，让你一口气笑死。所以遇到獾尽可能不让它胳肢你，一旦胳肢了就要绷住别笑，千万别笑，因为一笑起来就再也停不住了，一直笑死。狐狸则会媚人，它往往会装成一个非常美丽的少女。所以见到特别俊的姑娘时，一定要小心。黄鼠狼有奇怪的功力，它会附在人的身上，让你迷狂。狼见了人会绕到后面，先把双爪搭到你的肩上，你还以为那是谁想和你亲热呢，一回头，狼咔嚓一声就咬住了你的喉咙，所以你千万不要回头。可见，不同动物伤害人的方式不一样，最容易害人的是狼、狐狸、黄鼠狼和獾，这四种动物使用的办法各不相同，你们要分清，以便分别对待。

《聊斋志异》里那些故事严格说来是民间文学，在外地人看来往往藏有很深刻的寓意，实际上在半岛人看来都是再平常不过的实事。半岛东部这个地方是动物飞鸟那样一个蓬蓬勃勃的喧闹世界。这里的人就生活在这样的环境里，各种各样的动物和人发生的诸多过节，从古至今都不稀奇。人们就是这样过来的，所以《聊斋志异》这本书出在半岛地区一点都不奇怪，人人都相信蒲松龄他老人家记下的那些故事都是真实发生的。

朱又可：这块特殊的地域才有那样魔幻的故事。

张炜：我觉得狐怪的故事与这块地方的地形地貌有关。胶东是山东半岛上的半岛，就像伸在海里的犄角，在古代是一大片沼泽地，地广林密，再加上各种水汊和海岛，地形极其复杂，所以人跟动物打交道的机会特别多，也极其神秘。

在历史上记载有个郯国，就是今天的山东郯城县。那里的官都是以鸟来命名的，大官的衣服上、大堂上，都有很多鸟，说明鸟和人很亲密。在胶东半岛这一带，古齐国就有大量鸟的故事。比如淳于髡出使楚国，带的国礼就是一只仙鹤，一路提在笼子里。他觉得仙鹤太可怜了，就在半路上把它放走了。史书上还有一段有名的对话，即淳于髡问齐威王的话——因为齐威王不做事,每天享乐,淳于髡就问:咱们大堂里有这么一只鸟儿,它不叫也不飞,你说这是什么怪鸟?齐威王一听就知道淳于髡在说什么,是嫌自己不理朝政,没有作为。齐威王说:这个鸟可不是一般的鸟,它不飞则已,一飞冲天;不鸣则已,一鸣惊人。

"一鸣惊人"这个成语就是从这里来的,表达了非同一般的气度。果然,后来的齐威王是一位大有作为的君王。

在半岛地区,人们总是将人与动物联系起来,常常说到人与各种动物的前后世轮回托生——还说某某人长得像羊;某某人长了一张"狼脸"或者是"绵羊脸";有的人长得像鹰。看到猫的美丽和幸福,就说:一个人行了三代好事,才能托生做一只猫;而做了坏事,就会托生为猪或牛、马等。

黄鼬附身

朱又可:这种事情,有的说难以置信,但亲历者都说得有鼻子有眼。

张炜:有些事物是非常神秘的,似乎有点事实的根据。我并不以为都是传说,我也像蒲松龄一样,认为狐狸和黄鼬有演化成人的能力。有时候我是带着这些信服去描述这些故事的。如果只有一个人说到他的经历,那不可信,但许多人说起类似的经历,包括最好的朋友和亲属所讲的身边事例,那就要好好考虑一下了。

我上初中的时候,有一个同学的婶母经常被黄鼬附身,那时候婶母就会说一些闻所未闻的怪话——她的身上会形成一个游移不停的气泡，一边游动一边跳突，那就是隐形的黄鼬的灵。要逮住这个黄鼬，就要设法用针扎住这个气泡，那时它就会借被附体人的嘴不停地求饶。扎针的人当然不会轻易放过它，就一声声厉问它躲在哪里——这是指黄鼬的实体，就是那个实实在在的黄鼬在哪里……我的同学经常帮着叔叔在婶母身上捉黄鼬，一个举灯，一个持针，见了气泡要麻利地一针扎准。

被附体的人会说各种各样的话，说出村里很多的秘密，因为这时的人处在另一个维度里，会发现很多常人不曾知道的事情，语调不同，精神世界也不同。我的同学经常因为连夜逮黄鼬而拖延了上课，进门时老师批评他，他就直言不讳地说帮叔叔逮黄鼬了。问题是他有一次真的帮叔叔逮住了它——婶母说疯话的时候，气泡就在身上跳动和游走……叔叔猛一下把气泡扎住了，婶母立刻发出求饶的声音，说疼死我了，快把我放开吧，我再也不来了。他和叔叔一齐威喝：快说，藏在了哪里？它熬不住，就说出了藏在哪里——他们一个按住针，一个按它说的出门去找，如果看不到这只黄鼬，回来仍然不会放它，逼到最后它总会说出真实的藏身地点——他们逮住了真实的黄鼬，或者发狠将它打死，或者相信它发过的誓言，认为它会遵守承诺，就训斥一顿放开：把针拔掉，气泡消失，黄鼬就逃掉了。

狐狸捉弄人的例子比黄鼬多得多，它们更愿意参与人的生活。林子边上的村子里，有一个老太太每隔一段时间就要被狐狸附身，那时就会讲出大量的事情。它说，你们这个村子里的一个人非常坏，有一天我们正在一块儿聚会，他一个石头就甩过来了，把我的腿都砸伤了。那个人于是被当场喊来，一问他，他真的有一天在村头看见一片茂密的林子，里面有些吵，就捡起一块石头打过去……他不停地道歉。最有意思的是那个村子里家家酿酒，它就自夸，说你们村里的酒从东到西我都喝了个遍。谁家的酒什么味道，好或不好，它都从头说来，绝不会错。这位老太太足不出户，如果不是被狐狸附身，她是无论如何也不会知道这么多事情的。

老李花鱼儿

朱又可：你在小说中写过一个"老李花鱼儿"的故事，是虚构的还是真实的？

张炜：这是他的真名，因为我从来没有听到他还有过第二个名字，四周的村里人都用这几个字称呼他："老李花鱼儿"。一开始我还以为是一位老太太呢，后来才知道是一位老汉，他早就不在人间了。这个人的知名度很高，在一个较大的范围内大人小孩都知道他，并且都以他为荣。这个人的情形多少有点像新疆一带的阿凡提，到处都是关于他的趣事。

听着山里人时常以亲切的口吻说起他，有时会疑惑此人仍然还活在某个村里，活在人们身边。他们口中的这位老人足智多谋、为人正直，却又幽默无比，举手投足都是乐子，常有一些超乎常人的举止。

比如说有一年老人突然不想在村里住了，要到深山里去过自己的日子。当时他已经有了妻子儿女，家里人哭着劝他都没有用，他最后还是走了。走时两手空空，几年后人们看见他时，却发现他过得很好，什么都不缺。那就是他离家的开始，他也从此变得神奇起来。他自己在山上开了一个小石头房子，是用凿子、锤子挖成的，窗棂、睡炕，还有盛东西的器具，无一不是石头凿成的。村里人看了觉得很怪，说这是多么大的一个工程啊。他说你们不懂，大山从外面看是硬的，凿到里面就像豆腐一样，想怎么挖就怎么挖。在山里人的描述中，我眼里的大山一时变成了法式硬面包：外壳硬硬的，瓤儿软软的。

老人在山上独居，过年都不下山。山上有开垦的土地，收获不错，还有自己酿造的酒，养肥的各种野物。开始几年他的老伴心存幻想，以为他过上几年新鲜日子就会回家来的。谁知一年年下去，他一直住在山上。老伴开头几年还让孩子往山上送一点面粉，过节时还送去点心水饺，最后却找不到他了。原来老人遇到了一件伤心事，这事深深地刺激了他，他就搬到更深的山里绝迹而居了。

人们讲了事情的原委：有一年春节下大雪，腊月三十傍晚，老人正在石屋里包水饺，突然听到茫茫雪地里有一个姑娘在哭。他放下手里的活儿去寻，发现蒙雪的大石头上坐了一个大姑娘，她扎了黑黝黝的大辫子，胖乎乎的，有20来岁。姑娘哭着说，父母打她，把她赶到山上来了。老人大怒，说：大年三十怎么能打孩子呢？走，跟我到家里包饺子去。

老李花鱼儿把她领回去，两人一起包饺子。包了一会儿，他突然听见身边咯吱咯吱响，斜眼一看，心里发毛：她正从馅子里挑生肉吃。他暗想：这姑娘一准是狐狸闪化的，不然这么高的山，又下大雪，她怎么会跑到山顶上来？这一想他身上一抖瑟，暗暗摸过了菜刀，在她不防备的时候一刀砍过去。一声嚎叫，一道火线，她就蹿得不见了踪影。老人趁着天还没黑透，沿着窗前滴下的一溜血迹往前走，直走了很远，才在一块石板下的草窝里发现了一个母狐：脖子上中了一刀，已经死在了那里。

老李花鱼儿跪下，心疼得哭了。他说当时我是慌了啊，只想到妖怪来了，就一刀劈过去："你不会伤我也不会咬我，你不过是大雪天里饿坏了，想来讨口吃的。你看我做了伤天害理的事，我日后一准不得好死。"

就这样，老李花鱼儿没法在他的石头小屋里住下去了，因为他一闭上眼，无论白天还是晚上，都会听到一个姑娘在哭。

老李花鱼儿离开了山上的老窝，没了影儿。有的说他是到更深的大山里边了，有的说是下山赎罪去了——背着一个褡子串村走乡行医去了。他是方圆几十里的名医，特别擅长针灸和为人做手术，是个外科专家。山里有无数老李花鱼儿行医的故事，什么让人起死回生、捉鬼拿妖之类。这一带几乎没有人怀疑动物具有的超人本领，对狐狸和黄鼬的特异能力信以为真。我在《你在高原》中写的三先生，就是以老李花鱼儿的传说为依据的。人们说他平时坐在大街上喝茶，街上行人走过来，他一眼就能看出谁有病。那时他会一个箭步冲上去，对方还没有反应过来就挨了一针，只一针就手到病除。这当然有些夸张，因为我们知道针灸时需要针在病人身上停留一会儿，再说还有个消毒的问题。

当地人议论这些年狐狸精消失的原因，在我们听来近乎情理。他们说：为什么它们不见了？因为现在的自然环境改变了，没有大片的林子了，也就没有那么多的狐狸了。你们想想看，群众里面才出真正的英雄，没有群众哪有英雄啊！比如说过去整个海滩平原，1万只狐狸中才能产生1个精灵的话，那么而今只有20只了，哪年哪月才能出1个？再说如今有不少狐狸还是养殖的，它们用来做皮袍还可以，成精可就难上加难了。见过很多铁笼子里关的狐狸吧？瞪着一双水汪汪的大眼多可怜，连自保都难，怎么还会变出个人形逗你玩儿？

传说老李花鱼儿的余生除了为人治病，更主要的工作就是为各种野物治病。他为狐狸、狼、黄鼬解除病痛，还为一些妖怪和鬼魂治病。原来世上所有的东西都有难言之隐，只不过是各种生命语言不通，大家相互不能知道各自的心事罢了。

十几岁我回到老家,这个故事当地人都知道,耳熟能详。这样的故事发生在身边,你能说就是一个简单的传说吗?类似的事情他们经历得太多,所以他们固执地以为狐狸、黄鼬都有特异能力。《聊斋志异》也不是文学研究者所说的"刺贪刺虐入木三分",不是那么简单。

人在茫茫自然界里,在大千世界里,需要了解的东西实在太多了,有很多诡谲、诡秘还需要人类去发现。我们没有能力去理解的事物,不见得它就不存在。

阿雅的故事

朱又可:阿雅究竟是一个什么动物?

张炜:阿雅这个动物不能确指。在我眼里,它就像一只幼小的梅花鹿那么可爱。传说是真的,但这个动物是虚构的,大约就是黄鼬、狐狸、獾和鹿等几种动物的综合,用阿雅做了指代。

在半岛地区,这种传说十分普遍。类似的故事在《九月寓言》里也写过,那个大户人家,跟他们有过承诺的是一只猴子。它有特异功能,可以在夜里跑很远的路,去为主人取来各种各样的物件。它经过了长途跋涉,一路驮着很重的东西,到家时正好是黎明时分,这时候主人看见它身负重物,必须连连说"好轻快,好轻快",借着这一声声呼喊,它身上的重物就变得轻了。但是主人和它的关系变坏了,他发家后起了歹心,一心要除掉它。它搬来的东西足够多了,黑心的主人就说:我这里什么东西都有了,你能不能为我搬来一个大碾盘?那该多么重啊,他故意让它搬这个东西。小动物非常忠于主人,果然答应了,连夜搬来了碾盘——黎明时黑心的主人就在门口等候,眼看着那个小动物身负一个大碾盘,被压得歪歪扭扭快不行了,这时候它多么需要主人喊一句"好轻快"!主人果然开口了,想不到喊的正是相反的话,他在喊:"好沉,好沉,好沉!"这样重复一句,碾盘就往下落一截,最后把那只忠实的小动物死死地压在了地上。

这样的传说在胶东半岛很多,老人都在讲。那个地方有一个说法,认为所有大家大户都是有来历的,暗中有一个超凡的精灵在帮他们,也就是说,有什么法力过人的动物跟这户人家是有承诺、有默契的,而且它们会一代一代往下传——当他们家道衰落时,肯定就是这些精灵背叛了他们。

阿雅就是这样的一个小动物,它与一户人家有了承诺,就一定会帮助和护佑他们。因为我们小时候听类似的故事太多了,所以总是幻想:这辈子如果能有一个动物、一个精灵来帮助我们、保护我们,那该有多好啊!这是很朴实、很自然的想法。那会儿完全不是嬉闹,而是真的在想办法吸引和寻找那样的小动物——我们甚至千方百计让它在家里的某处筑窝,成为我们神奇的护佑者。我们到林子里时,也总是幻想:能不能交往这样的一个小动物?

书中就写了这样的少年心情,他一直幻想在林子里结交一个动物:林子里出现一个动物朋友,像知己一样跟他形影不离,类似小鹿或者羊那么大的动物,它和他相亲相爱、情同手足。这是真实的渴望。

朱又可:这很有意思,如果说交一个林子里的小动物朋友的话。就是一只狗,人跟它的感情都会很深。

张炜:我们都固执地认为,一定也有一个具有超凡能力的小动物在做我们的知己,和我们有一种情同手足的伙伴关系。我离开了林子以后,这个幻想偶尔还要出现——直到长大了的时候,还会觉得所做的一切事情,暗处都有那么一双眼睛在看着——这双眼睛不一定是神的眼睛,但同样是超自然力的。从小受到的童话式的教育和熏陶,真的会起到长远的作用。后来我在山里赶夜路的时候,常常听到不远处有蹄子踏地的声音,这时候一定会想:听听,近处就有一个动物在跟随我,它在暗中保护我!它当然不会告诉我它是谁,也不会和我照面,它只在暗处——无论我走到哪里,它都会跟随我,因为它一定是对我们全家或者上一代人有过承诺的。就靠这种想象和若有若无的感知,有时候真的会战胜恐惧。这是赶夜路的依靠。

在平原上,如果要穿过一片青纱帐,那就更容易听到动物的蹄声。这时候那种幻想就会再一次涌过来,我会确凿无疑地认为:我是一个特别的人、有来历的人,有一个精灵在时刻保护我呢。这成为经常的一种安慰。在很长的时间里,起码是在山区和平原游走的那段时间里,我心里常常有这种念头。

少年时期有一种动物情结,与植物也是一样。书中反复写到的大李子树,那棵巨大的李子树,与少年主人公是具有精神血缘关系的。这是一种真实。我不可能把它遗忘,每每回忆自己的昨天,马上就有扑鼻而来的春天李子花的浓郁香气。它的枝丫把整部书都笼罩起来了。

那只神秘的精灵,许多时候就伏在那棵大李子树上。

一次蛇慑

朱又可:书里写到狐狸变成了一个人的舅舅——举枪时它变成人,放下枪它又变成狐狸,最后被一枪打死了。有这样的真事?

张炜：那是附近村庄都知道的一件实事：一个人打猎去了，在林子里看到一只狐狸，他举起枪的时候，狐狸变成了他的舅舅；他把枪放下，舅舅又变成狐狸。这样反复几次，他生气了，把扳机扣响了，结果狐狸嚎叫一声倒在地上。他到近前一看，慌得扔了枪：躺在地上的竟然真的是舅舅！

这个故事我们小时候反复听过，并且所有讲述的人都强调是真的。它的寓意是不要轻易伤害动物，尤其是狐狸。我们那个地方有一个说法，所有当猎人的都没有好下场。

有些事情书上是没有记载的，因为既难以理解，又没有统一的叫法。比如有一次我们和园艺场里几个伙伴到海边玩，洗过澡之后就到海滩上。有人拿着棍子，看到草丛里出现一条绿蛇就把它打死，一口气打死了许多条。后来有人说不要打蛇了，它是有灵性的，远处的蛇会被召唤过来的。这个伙伴就扔了棍子。记得那是一天下午，大概四五点钟的样子，太阳发红了，我们沿着河边一条小路往回走。走到半路的时候，有人喊了一声：怎么这么多蛇啊！我们一看，一条又一条蛇就在小路两边，围起来挡住我们的路；我们只得往回跑，跑了不远又碰到一条条蛇……大家号哭起来。

后来，随着太阳一点点落山，大家一边跑一边求饶，总算跌跌跄跄沿着小路回来了。这是我与同伴们真实的经历。如果是别人讲，我是不会相信的。几天后我们讲给老师听，他们都不相信，说不可能因为你们打死了几条蛇，就会有成千上万条蛇来围攻你们。可这确实是我们的真实经历啊。老师告诉我们：这是你们因为恐惧而产生的错觉，那些蛇实际上只是河边的草，你们把它们看成了绿色的蛇——是集体的极度恐惧造成的幻觉。可我就是不信，因为我亲眼看到的是蛇，大家看到的也都是蛇。

我把这件事讲给了一个小村里的老人听，老人马上点点头说："你们遇到了一次'蛇懵'。""什么是'蛇懵'？"我进一步追问。老人说："没什么奇怪的，就是'蛇懵'。"

就这样，我直到现在仍然认为，老人的话才是准确的。可是老人说出的那个词，是书上所没有的。究竟是人见了蛇发懵，还是蛇见了人发懵？你只去想象就行。你一时说不明白，可是你能准确知道那是一个什么故事。

海滩的林子太大了，里面什么故事都有。我们那时候在林子里迷路是经常的事，最害怕的就是天黑还没有回家。如果一个人穿过一片林子，哪怕走到最近的村子，都是很让人害怕的。一群人也不行，除非这群人很大，三五个人也会害怕。我现在还能记起有那么几次，天黑了，我们几个人就是找不到那条小河了——只有找到那条小河才不会迷路，找不到它就傻眼了，肯定迷路。即便找到那条河旁的小路，也会害怕，因为这条路太长了，一路都是各种动物的叫声，猫头鹰、獾和狐狸……

消失的林野

朱又可：小时候的那片林子现在还有吗？

张炜：万松浦书院旁边的林子有两万六千亩，虽然比小时候的林野小多了，但仍然能唤起我少年时期对那片林子的情感。可惜的是，如今这几万亩的林子竟然被开发商开发了，只留下了一点树。现在那里是高尔夫球场，是一片中高档住宅区。只有书院围墙内有一百多亩，成了小小的绿洲。

朱又可：那片林子没有被保护？

张炜：完全破坏了。最大的损失就是这片林子。听老人讲，这片原始林原来是无边无际的。直到我记事的时候，那片林子已经剩下了原来的三分之二还不到，因为战争需要木材，建设也需要，还包括开荒等。到了 80 年代，这片林子只有四五万亩了，还要加上新造的人工防风林。

还有一个巨大的损失，就是这一带很多赫赫有名的建筑都没有了。曾经有很多庙宇，大得不得了，金碧辉煌的大庙，都没有了。有些基督教的建筑，连同当年的学校和医院，都没有了。有一个官僚资本家在胶东半岛的府邸占地几百亩，抗战时被连夜点火烧掉了——几百年来形成的一片大建筑，连同文化积累，就这样一把火烧掉了。大火烧了几天几夜，据说光是字画玩器就堆成了山，慢慢燃烧。

那个府邸是清代很有名的建筑，现在史书上还有关于它的描绘。当地活着的老人会凭记忆描绘它了不起的规模。总之，好几代人积累起来的财富，最后差不多全烧了，而今剩下的只有仆人住的边边角角，改成了当地的一家博物馆——即便是这么小的边角，今天看来仍然很有气势。仆人的一片平房，成了国家级文物保护单位，如果主体部分存在，又该何等壮观。

我们对物质财富的积累欲望是自然而然的，只要给一点点太平的时间，它就会得到有效的积累。但是我们不能保存这些积累，一定会有邪恶的力量去折腾它，最后毁灭它，一切荡然无存，从零开始。这样我们就会明白，人类应该全力以赴去追求的究竟是什么——当然是能够保护积累的思想与方法。显然这就是文化，是道德伦理层面的东西。这才是最应该珍惜的东西。如果放弃了文化和思想的积累，一头栽到物质上，那是毫无意义的，因为哪怕物质达到了当年齐国临淄那么繁华和丰富，也依然不能保护这种积累和拥有，繁荣的齐国最终被秦国所灭。哪怕达到盛唐、康乾盛世，也仍然不能得到传递和延续，邪恶的力量终究还是要将一切毁掉。

物质主义保证不了物质的存在，而一定是思想和文化的力量，最后保护物质的积累。物质兴盛的时期，一定也是最危险、最脆弱的时期。

那片林野曾经是无边无际的，现在竟然荡然无存。原来一切要消失是很快的。

第六章
富翁的迷宫，熏风和世外桃源

2011 年 4 月 15 日上午
第六次访谈

昨天晚上，张炜给我发来了他正在校阅的《午夜来獾》书稿的电子版，和另外一本他在香港浸会大学作家坊讲课的录音整理文字。看了这些内容，我又调整了问题，以避开他已经谈过的问题，当然，也启发了我哪些方面还可以更深地去谈。

把船划向深处，把话题"荡开了"，自然不是无边无际。

张炜说我是管方向的，谈话结构由我把握，我就试着不断地调整每天船头的航向。

张炜对我充分信任，也显示出他的自信，他从不要求提前知道所有问题和下一次谈话的问题。这种捉迷藏挺有意思的。我想他不怕挑战。

企业家的故事：超级富翁的个人迷宫

朱又可：我看你对你小说中写的企业家基本上是持一种批判的态度，和我们这些年所看到的那种写企业家的贡献、企业家的改革的形象截然不同。这和通常说的"仇富"肯定也是不同的，请你分析一下你所写的这类企业家。

张炜：企业家在书中各色人物里占有很大的比重。他们大部分是"所谓的企业家"，即在特殊的时期，抓住了一个机会，所以致富了，拥有百亿甚至更多的财富。企业家里面有瑕疵的很多，通常意义上的恶人也有，但还是各种各样的。比如与大学来往频繁的李贵字这个人，比较有钱，比较狡猾。和他同时出入学校的还有一个更大的企业家，那个人有相当的抱负，志趣高雅，有强烈的公益心，比如说他想与大学联合做事，改造我们的大学教育。这是一种有一定知识分子性质的企业家。再比如最大的企业家、外号叫"秃头老鹰"的人，就是更为特殊的人物了，尽管他管理的企业王国很大，已经不能控制了，但是作为个人来说，他绝非一般的人物——他有着巨大的阅读量，晚年以后主要的时间是用来阅读，知识渊博，有特殊的生活方式，能够安静自己，有定力。他甚至想寻找人类控制物质的这种力量到底在哪里、如何使用，而且想以自己的王国做一下实验。像这种企业家，国人还是不够熟悉——我们比较熟悉的只是在这片文化土壤中成长起来的那一类，这很容易造成概念化的理解——他们之间其实差异很大，抓住这种差异和他们之间共性的东西，显然很重要。

我特别想写出更完美的企业家形象，很理想的那种，哪怕是纯粹虚构的也好。但是后来发现这种虚构很困难，因为没有依据。这些年在外面走，不可避免地要遭遇到一些所谓的企业家，而且数量越来越大，形形色色、大大小小、海内海外，但是很少遇到给我提供足够的虚构信心的、理想化的企业家形象。

这种企图心会一次次碰壁。虚构需要依托，需要它给予自信，这样才能在虚构之路上走得放肆。而今的企业家瑕疵很大，也是一个必然。他们是这个时期很特殊的一部分人，带有深刻的时代烙印，任何虚构都不能把这个烙印抹平，不能过分改造和矫饰。不过这部分人也非常有趣，作为人性的展现，作为剖析的标本，有时是再好不过了。

大大小小的企业家我写了有十余个。有一部分人是改革开放之后"先富起来"的，有一些就不是了，他们是从海外到来的，很早以前就在东方和西方拥有巨大的财产，像"秃头老鹰"（《无边的游荡》）。

他们有相当的资本积累的历史，有家族传统，跟我们后来写到的企业家不一样。允许"先富起来"的这部分人，带有很多共同的特征，大部分是所谓的农民企业家——或者身份不是农民，但品质构成上还是农民企业家。

这里值得注意的是，有一部分人像水里的大鱼一样，是沉在水底的，而不是浮在水面。"秃头老鹰"是沉在水底的，"得耳"（《鹿眼》）也是沉在水底的。这些人的事业做到了一定程度之后，像一些所谓的退到二线的官员一样，很松弛，但在一些关键问题上，实际控制力还是很大的。他们还是高屋建瓴者。他们除了牢牢掌控企业王国之外，还有余力做一些其他有趣的事情，像在把玩和游戏自己的财富。这部分人在这个社会上逐渐增多，关注这部分人极有意思，因为人性在放松之后会出现很多别致的、真实的东西，这使我更感兴趣。看他们度过紧张的积累期之后,他们的生活态度、生活方式如何改变,这很重要,很值得玩味。

有一些文化素质相对较高的企业家,像李大睿(《人的杂志》),这种人可以和高级知识分子过招,什么都懂。他本人就曾经是一个高级知识分子,转向实业之后比别人高出许多,是一般人没有接触过的企业家类型。总而言之,这里面是形形色色的。他们和其他企业家一样有瑕疵,有的甚至很严重,称得上是恶棍;但是也有非同凡响的人物,这些人境界远大,知道得很多,心里有大事。像林蕖(《忆阿雅》),又是另一路企业家了,他对各种事情想得很明白,但很难说完全放得下,还是要过一种苟且的生活,有时候也很松懈——但这个人已经走得很远。我对这个人也不是完全没有期待,因为这是沉得住心气,在关键时刻很有冲动的一个人——他曾经强烈地冲动过,差一点就做成了惊天动地的事情,目前正蓄势待发。这个"待"的过程可能很长,如果再长一些,他很可能就完全沉沦下去了。

类似林蕖这样的人在各行各业都有,不光是做实业的,做文学艺术和思想工作的也是一样,如果等待的过程很长,对其就是一种巨大的考验了。他们不能把自己的精力和锐气投放到客观世界里,最后就会在内部消耗掉,消耗的过程有时会是自残式的,是一种悲剧——很多社会行动者、艺术家,都会出现这种生命轨迹。

比如我们反复谈到的毕加索一类人物,这种艺术家抱负不小,积累了巨大的能量,这能量是从童年时期开始积累的,用艺术的方式投射到客观世界——目标自己讲不太清楚,但是很遥远,生命力直抵那个目标。他们曾经有过这样的悍气。但是实际上一个人的精力有限,客观世界各种各样的折磨和漫长的等待,让生命的质地衰减和蜕变。这个生命该有多么强大,才能始终如一地、像箭镞一样往前直射!这是很难的。

所以，毕加索到了生命的后半期，那些不乏创造性的游戏，其实更多的还是消耗，是在内部消耗自己的生命力和创造力，所以整个过程有一种自残的悲剧美——虽然这个悲剧在外人看起来是极有价值的，有观赏价值、审美价值，但毕竟是自残的过程。我们不能过分夸大这种悲剧美。

对待一些实业的、政治的人物，道理都是一样的，都有这种因为过分漫长的等待以及这个过程中产生的自我耗损而产生的悲剧美。做学术和艺术的、做社会管理的、做实业的，也包括军事家，等等，无一不是如此。这也是一种周期率。除非有更强大的生命力，才能够冲破它、超越它——这在人类历史上是罕见的，比如托尔斯泰和雨果这类人，他们做到了拿破仑这种政治和军事强力人物都做不到的事情。他们在一般人都无法回避的漫长的等待和消耗的过程中不断地更新和磨砺，始终沿着生命最早追寻和确认的那个目标，顽强地、几乎没有丝毫减速地一直往前。

朱又可：你说"得耳"，他给周围老百姓的印象是善人吗？

张炜：这个人很有意思，我在生活中遇到过一个类似的有趣人物。他一开始很穷，后来成为一个超级富翁。他在很穷的时候我就熟悉，那时他很愿意读书，跟我有很多交往，我们还交换书看。他看的书品种有点不太一样，他特别喜欢看武侠小说、公案小说，热衷于破案。他身上有一点侠客气，急公好义。人生理想的种子在他心里早就埋下了，可见文学对人的影响是蛮大的。后来他忙于生活，迫于生计，不可能实现志趣和理想。但是当有人代他打理企业王国，他有足够的钱，获得足够的自由,可以独来独往,任由自己的趣味行事的时候,童年的种子就开始开花结果了。

他想亲自审案子,竟然要试试做一下法官,参与一下破案。像得耳,他曾经在很贫困的时候做过劁猪的工作,当了很大的企业家之后,还怀念劁猪那个时期生气勃勃的青春。那是个特殊的年代,他做的劁猪的工作受到了广泛的尊重和信任,而今有了这么多的钱,却买不到当年的那种感觉。他怀念那段生活,等于是怀念自己的青春。所以他才隐名埋姓,重操劁刀——这不是低劣的、没有情怀的人能做出来的,他的内心世界还是相当丰富和饱满的。他有勇气返回和走出,重温过去。比如他审案破案,急公好义,尝试做一个抱打不平的人,把大笔钱扔给穷人……这些举动既来自他童年读过的小说,也来自他贫穷的经历,是这些东西堆积成了这种人格。另一个方面我们会发现,当一个人拥有了巨大的自由空间以后,当可以任意发挥、率性而为的时候,如果心里有善,人性的本质有善,就会开始落实和表达这一部分生命元素。

同样,在这种自由空间里,人也可能走向反面,这样的例子我们就更熟悉了。无边的大恶都敢做,比如一些非洲的统治者所做的惊天动地、耸人听闻的事情。这些道理都差不多,就是人性的高度和深渊,它要左右上下地放飞自己的生命,只看它抵达哪里而已。有时候我们在生活中结识、碰撞、遭遇,实际上是不停地处在生命所能抵达的不同方向中。企业家的确是良好的观察对象,他们当中的一部分在这个时期似乎真的得到了充分展现的机会,开始能够充分地放松自己的生命——这部分人不同于这个时期的知识分子,而多少和一些社会管理者的表达方式差不多,很充分。

朱又可：小说中的得耳和你说的有什么区别？你刚才说的是小说中的还是生活中的人？

张炜：生活中的人。劁过猪，还想体验做法官……比如他去充当一些低阶执法人员，但是他做出的决定并不作数，人家不一定采信和采纳，只是让他体验一下，高兴一下。现实生活中有的人审案子，特别好玩，可能是古代小说和京剧看多了，所以把自己这一套制服想象成了古代的官服，手里没有惊堂木，就一拍桌子，喊一句："我来问你——"他没有像古代戏曲人物发出"咄"这个声音，但其他的口气腔调都很像。整个一场下来，边上的人有的捂着嘴笑，只有他自己从头严肃到尾。

这些人审案子的套路和京剧小说中描述的真的差不多。

有的人年轻时忙着发财，奔自己的前程，不可能去做小时候想做的事，当他有了钱也有了时间以后，就琢磨起来了。比如得耳，腰里揣上很多钱，鼓鼓囊囊的，在路上遇到一个贫穷老汉，说别这么垂头丧气的了，不就是缺钱吗？钱都是身外之物，有的是。说着就掏出一叠给人家了——他在那一瞬间获得的快感是巨大的，所以这种慈善是非理性的，是个人冲动，更可爱，更率真。人性是复杂而充盈的，有各种可能性。

现在有的富翁就到处给人送钱，穷人有拦路喊穷的他就给钱，还远赴灾区，等等。我们相信行善有巨大的快感，使自己高兴，使自己的灵魂愉悦，这是最高的快乐。一个人忙碌自己的前程时，哪有时间释放自己，后来有了这个机会、空间和自由，表达得就淋漓尽致了——行善、审案、到河里逮鱼、逮蝈蝈、斗蛐蛐，各种事都想做一做。像"嬠们儿"（《橡树路》）这种人，又重操旧业，恢复了年轻时捉鬼、做阴阳师的角色。他还过起了一种隐居的生活，获得了极大的满足。

像"秃头老鹰"，他现在的行为很大程度上是一种解放，是在有了巨大的财力支持以后，唤回和拥有了这种自由发挥的生命空间。这个空间越大，他就越是表达得淋漓尽致。所以很多人，也包括我们自己，有时候生命的表达和表现相当的单一和单调，就是因为没有获得那种自由，空间还不够大。我们虽然不能说每一个人都迫于生计，碌碌奔波——也许没有到那种窘迫的程度——但是生活中各种各样的制约还是太大了，来自各方面的呼唤我们都要穷于应付，或者说即便拥有了那种空间，我们如果在主观上不能够捕捉和认知，那也等于不存在。

比如说，有时我们看一个人忙得团团转，觉得他大可不必为这些事情忙成这样，可以过得更潇洒，更自由，更放松；比如说，他喜欢读书而不能读，每天忙得焦头烂额——在我们看来，大量的事情都不需要他去管去问去做，但事实上却不是这样，他非得如此不行。可见当事人往往没有超越的眼光，"只缘身在此山中"，不解此山，在主观上对空间的认知达不到那个高度。生活中这种人占多数，活得拘谨、狭窄，生命没有色彩。这可能是很复杂的哲学命题。哲学家罗素写了一本书叫《幸福之路》，谈了人要获得幸福是有路可走的，不是无路可走。在罗素看来，大多数人都拥有享受幸福的条件，问题是怎样换一个高度、一个角度，怎样拥有思悟力、感悟力。如果没有，就算生活在一个很大的空间里，也还是要被无形的东西裹挟住，难以自由。

朱又可：像得耳、秃头老鹰这样的企业家，一方面他们有这种自由，另一方面又伴随着阴影。他们的企业本身也在做很多恶，与他们的初衷完全相反。

张炜：完全的自由是不存在的。在可能的情况下，他会尽可能地拓展这个空间，获得自己的自由，这是肯定的。绝对的自由，世界上没有一个人拥有。比如说有一些权力盖世的强力人物，他们常常狂躁暴怒得不得了，那一定是被某种东西给禁锢住、挟持住了。他们的愤怒来自不自由，这有可能是外部强加给他们的，是不可逾越的坎坷，但更大的可能来自精神方面，精神方面的牢狱才是深不见底的。获得了巨大的财富，拥有了超人的权力，但不见得会拥有超人的幸福和自由。他们会有各种各样的烦恼，来自精神方面的烦恼，来自心灵方面的约束，最终让其陷入某种怪圈，始终不能解脱。所谓的"拉美之父"玻利瓦尔，据马尔克斯在《迷宫中的将军》中考证，他死前说的最后一句话是："我怎样才能走出这座迷宫？"

一个超越时代的强人就这样结束了自己辉煌的一生。玻利瓦尔的一生波澜起伏，活了大概不到50岁。这个人是一个巨大的传奇，是拉美的拿破仑，拉美的独立与他有很大的关系。在拉美，常常可见玻利瓦尔的雕像，他已经被神圣化了。马尔克斯的《迷宫中的将军》手笔厉害，是我所看到的有关玻利瓦尔的文字中最动人的。这支笔能够在曲折隐晦的生命褶缝里游走，挖掘那些最隐秘的部分。玻利瓦尔取得了那么辉煌的人生成就，但最后还在感叹自己走不出迷宫——这个迷宫主要是精神方面的。

大大小小的迷宫围拢着所有的人，每个人都有一道怎样冲出生命迷宫的难题。这种巨大的困惑几乎伴随每一个人，直到生命的终了。一些典型的人物、比较显赫和突出的生命标本，让我们看得更清晰，所以也会发出更多的感叹。比如玻利瓦尔、拿破仑，甚至刚才说的超级富翁秃头老鹰，我们会觉得他们冲破个人生命迷宫的努力更加不可思议，更让人惊叹——但实际上类似的这种惊叹和讶异，也会发生在我们自己身上。

朱又可：得耳想做善事，但是他的经理就不同意。

张炜：他的经理不会同意。一般来说，在非常平凡的、在所谓正常人生轨道上运行的人，都达不到那种自由的境界。别人当然不可能理解，因为还没有达到那个量级，没有进入那种返回天然的、自由流畅的生命阶段。一般来说，生活中的大多数人都在习惯化的、正常化的轨道上运行。而另一些沉重的微粒，生命的微粒，能够落定在一个地方，不怕气流的吹拂。它们能在自己的位置上停住，就需要相当的生命质量，即相当的重量。像得耳、嫪们儿、秃头老鹰，他们作为企业家来讲，从事业的规模上看差异极大，但倾向多少有点相似。包括林蕖这样满怀青春理想的亿万富翁，都是很高量级的人物，觉悟很高。我们平常总说"提高觉悟"，要真正看一个人觉悟的高低，就得把他放到一个特别的位置上去考察，看他那时候的行为是怎样的。足够"正常"的人，往往都是一些没有觉悟的人。

在任何时候都要活出一个平均数来，要做这方面的榜样，这种人往往是一生不得舒展的，不会是挥挥洒洒的大人物。

有一种人物，当拥有了绝对权力的时候，他活得极为潇洒，什么粗话都敢说，愿意做事就做事，召开最高权力的会议也可以穿着大裤衩子坐在马扎上。这种人物如何束缚？类似的人物可以不写诗，但可能是一个诗人，浪漫和幻想的气质很重。

朱又可：有一点，比如得耳，他会随手塞把钱给穷人，可他的公司却很残酷地往前推进，剥夺了穷人的生存。这个人物，会被人直接定性为"伪善"。

张炜：那样就把生活理解得太简单了。这个人物一方面行善，一方面又在残酷地剥夺别人，这就是伪善？我们常常不能允许一个生命阶段内任何一种矛盾的存在，忘记了生命的真实就是由一系列的矛盾现象组成的，离开了冲突和矛盾，哪里还有生活？哪里还有人？哪里还有真实？我们过去为了表达一个简明扼要的思想，为了说服那些稍微复杂一点就听不懂的民众，很愿意把复杂的事情简单化。比如说阶级斗争，就是充分简单化的一个产物，实际上阶级斗争的概念下面包含的内容相当复杂，复杂到难以言说。后来我们的作品表达这些内容，以至于政治人物运用这个武器的时候，都要把它变得相当简单，简单到了看一个村庄的人首先要看他过去拥有多少土地，这样人就被概念化了：坏人、剥削者、企图破坏生活的人、敌人。道德判断和政治判断哪有这样简单？这种简单化、概念化的思维势必炮制一些机械的生命，最后在相当大的范围内实行生命的再塑造。

本来是一个平常的人，但是就因为早就被定性为坏人了，这个人就按照已经规定的"坏人"的元素来满足和完成自己，比如去搞破坏。就有这样的人。没有那么多阶级斗争，硬是制造阶级斗争，结果阶级斗争真的多了起来。

不能简单化地对待生活，因为生命是相当复杂的。生命的即兴性，随时发挥的游戏性，趣味得到满足的渴望心理，还有投机心、试验心、虚荣心，这些因素都会让人突破惯常的生活逻辑，突出地显耀和跳跃一下。这个"跳跃"的瞬间，文学要抓住。文学是深入灵魂和人性的，对人性的全部可能都要有充分的思想准备，以便理解和接纳。

类似的复杂理解和曲折表达，不必寄希望于更多的人。最容易被大众接受的口号往往是被极端简化的,如"凡是敌人反对的,我们就要拥护",非此即彼,一清二白,一刀切,一分为二,绝对的坏和绝对的好,魔鬼、英雄……这些最容易打动人、说服人,在短时间内为大多数人所接受。可惜,实际生活中,这些单纯明了的东西几乎没有。我们在哪里能看到一个不折不扣的英雄?在哪里能看到一个十恶不赦、没有一点好处一丝道理的混账和魔鬼?看不到。

在生活中,大坏人或者大英雄的形象,都像口头文学一样,在口耳相传的过程中被固化了。

朱又可:现在很多人从文学的角度谈两极分化,谈仇富,你怎样看待这样的问题?

张炜:仇富是一种嫉妒心理,这种嫉妒心理是人性所固有的,不是某一个时期某一个族群才有的,人的基因里就有嫉妒的成分。对于比自己更强者,一般来说会羡慕和钦佩,这些心理因素都可能有;可是嫉妒、嫉恨也很容易产生。在中国,目前有这么大面积的仇富,而且这么深刻,就不能简单地用人性的共性去解释了——可以解释,但还远远不够。

中国的富裕阶层绝对的少,又绝对的富裕,这和历史成因有关,所以要从远处去追溯大面积的、有深度的仇富。没有深度的仇富就是一般的嫉妒,有深度的仇富则有充分的理由在支持——自觉的理由、清醒的理由,也有感性的把握。比如人们认为相当一部分富人获取的是不义之财,只有个别人付出了相应的劳动和努力,在竞争中获得了富裕的结果。一旦普遍嫉妒这种人性因素得到了现实逻辑的支持,仇富就会变得深刻而非肤浅。

尽管如此，这还是使整个社会弥漫出一种不好的氛围。任何一个社会，杰出者都是极少数，是强大的向上的力量支持了这部分杰出者。杰出者是各种各样的，但生活中大面积地弥漫着仇富、仇强、仇才、仇美，有时候就会形成一种统一的趋势，这是一种不问青红皂白的、没有理性的社会行为。嫉妒和仇视的心理，跟多年来的痞子文化极容易混为一谈，它们有同质共生的一种性质。

怎么区分当年打土豪分田地时对富人的愤怒、激动和冲动，与今天强大的仇富心理之间的不同？有人认为可以找出一万种方法，从社会政治，从历史阶段，但是有一点又不得不承认，仍然是人性里共同的东西，把两个相距遥远的历史时期联系了起来。就像我们现在可以更冷静地对待痞子运动一样，当下应该尽可能达观和全面地做一种观察，明白它是导致民族不幸的病菌，绝不可任其弥漫。最好的办法当然是还社会以公平和正义，不然那种深刻的仇富就会导致暴力的出现。

但也可以说，在某种程度上，当下社会的仇富心理，实际上更具有对社会不公正的抗议，这与当年打土豪分田地仍然不可混淆来谈。

朱又可：那次运动是政治发动的，那么这次呢？是知识分子通过媒体、网络所发动的，谈仇富，我觉得是把复杂的东西简单化了，缺乏价值观，仅仅是就痛苦而谈痛苦和仇恨，仅仅停留于物质公平的追求。这种迷茫是可怕的。知识分子的痞气也不容忽视。没有理论的行动，就是流氓。当然，如果整个民族失去理论，都陷入痞子了，社会就成了失去根性的锚。

张炜：不同时期的仇富，可以找出无数条不同的理由，但有一些内在的东西是一样的。对此，知识分子这个阶层有没有清醒的意识？

他们如何给自己定位？站在强者还是弱者一边？这就说到了立场。简单地罗列仇富现象不说明问题，还要更具体地看知识分子的态度。可能这不是一个简单的立场选择问题，而应该大于和高于这些问题，不然就不会获得充分的解释，无助于理解这类问题。

知识分子在中国很难作为独立的阶层来看待，实际上他们散布在很多阶层中。这不是由职业身份划分的。一个人在大学或者在报刊社，并不一定表明他就是一个独立的知识分子。他们可能散布在各行各业，包括刚才说的富人阶层里面、官场里面，也可能本身是一个科学家。知识分子性，应该是文明社会里最高的一种思维形态，比较高尚和理性的人都应该具备这种素质。

现在中国问题的复杂，也在于比其他族群更难以区分知识分子的身份，更难以定义。有些糊糊涂涂的学术人和文化人，还不如一个体力劳动者更具有思维的穿透力——两手老茧，但是脑子清晰；而那些弱不禁风、戴着眼镜的人，倒有可能逻辑混乱，满口概念和套话。有些知识人术语运用得很娴熟，舶来词语很多，但是对目前中国的现实社会十分隔膜，许多时候言不及义，更谈不到什么立场。

我是一个文化视野、现实视野都不够宽广的人，相对来说陷在自己的生活里面，虽然不能说目不旁视，但就像一个皮糙肉厚的动物一样，比较笨重，一旦离开了用气味标注的这个熟悉的地域，就很不舒服，也很陌生。在我个人所了解的、有所局限的视界内，我读不懂一些知识人的东西，并因为这种不懂而生出拒斥，所以宁可和具体的城市乡村、山川大地去摩擦，这样获得的温度倒更真实。我所看到的仇富和富裕都是很具体的，在这种具体里面，我感受到人千年万年没有改变的特征和处境。无论富人还是穷人，千万年没有变化的，现代化电子时代也没有改变的，才是人性中最基本的东西。

他们一定会狂热地追逐自己的财富，不择手段地积累自己的财富，也一定会同时积累起广大民众的怨恨和嫉恨，最后达到一个顶点——过去是揭竿而起，今天是民怨沸腾。现在不是冷兵器时代，揭竿而起或无颠覆世界的危险。我们没有媒体彻伪的、理直气壮的监督，所以说虽然没有大的颠倒，没有"三十年河东，三十年河西"的巨变，但是生活中的痛苦只会比过去多，不会比过去少。痛苦的惊人的增长和积累是显而易见的。

知识分子的复杂性

朱又可：知识分子值得好好谈谈：宁伽是一种非常稀少的知识分子，还有老一代知识分子如秦茗已、吕瓯，以及《徐福辞典》的主编那样的知识分子，他们现在似乎是一个主流。你把当代知识分子的"画皮"剥下来了。

张炜：有这样的一类，而且为数不少，只要给予利益，需要什么专业的学术的力量，都能招呼一批出来。我们的学术界经历了许多政治动荡，对他们的品格进行检验，很是严酷。一层层表皮都剥下来，整个人是裸露的。像吕瓯这种泰斗级的人物，受尽折磨而死，谁能想到他的手上也沾有血。而那个让人憎恶的霍闻海（《海客谈瀛洲》），在严酷的历史关头还搭救了一些知识分子，保护了一些人。历史就是这么千奇百怪，人生就是这么错综复杂。"泰斗"就一定白璧无瑕？不是那样的。

桂冠下面也会藏污纳垢，我们不要被桂冠吓倒。一些很了不起的人物也有渺小的一面，肮脏的人也有洁净的一面。本来按照我们的判断习惯，按照我们所受的教育、文化史文学史里凝固的概念化的形象，这是讲不通的——文学恰恰要质疑和拆解这些。比如吕珚，我们可以确凿地从档案里发现他的秘密：一个告密者。这个事实，对一生崇拜他的儿子吕擎来说太痛苦、太残酷了。

主人公从档案里发现了这些，却找不到机会告诉吕擎，而对方一直以为他父亲起码在道德上是没有严重瑕疵的——只是认为父亲被封为"文化岱岳"，这个有问题。依据一个知识人的常识，他认为父亲虽然做了那么多文化工作，但较少创造，也不是一个公共知识分子，而主要是一个好的翻译家。将这样的人封成"岱岳"，他觉得大可怀疑，甚至想到这里面有不良的用意。他说同时期那么多勇敢的人撞碎了自己，鲜血四溅，他说父亲不是"岱岳"，想送还这顶帽子。这里仅仅是对学术的误解吗？恐怕没有那么简单。他敏感地察觉到，我们对待非公共知识分子、专门化工具化的人物，即一个单纯的学问人物，是可以很慷慨的；如果一个专业人物超越自己的专业对社会发言，他的环境可能就很艰难了，或许要经受很多挑剔。但是真正意义上的"文化岱岳"无一不是公共知识分子。白璧德就说过，如果一个学术人物有管理账目的枯燥心性，是很容易获得大学者声誉的。

一个没有抵达精神高度的工具式人物，专业上无论怎么精专都不应享有这样的尊贵。爱因斯坦伟大，居里夫人伟大，还有我们更熟知的鲁迅和胡适伟大，是因为他们参与社会事务，他们介入很多，从道德伦理层面看都是勇者。爱因斯坦有名的关于悼念居里夫人的那篇演讲说：世人更多地看到的是她在科学专业上的造就，而我觉得她对世界和人类贡献最大的，却是道德方面。是的，了不起的专业人物常常会、一定会对社会发言，他不能死守在专业的螺壳里，他要在更广泛的范围里、在一切方面求实求真。躲在专业螺壳里做得好，我们也尊重他，因为那也很了不起，是一个大匠——但是不能轻许"伟大"，这样的字眼会惹得他不安，也混淆了很多基本概念。如果我们不适当地加工出一个偶像，就会把巨大的误解施予社会，那么这个榜样的作用是相反的。

起码要有"一毫米的理想"

朱又可：那么比吕甌年轻一辈的目前的知识分子主流呢？

张炜：如果把主编《徐福辞典》的那类知识分子看成主流，那么那个主流就是没有心肝的骗子——他们可能不是主流，但占很大数量是肯定的。他们带有共同的病菌。中国知识分子很难定义就在这里，从身份和职业上看是不错的，但那只是一种掩护，其实是极其猥琐的。就所行之道来看，那个"道"是何等下贱和狭隘，他们在权力和金钱下面一文不值，一点个性都没有，一点抵抗力都没有，哪怕连微小的抗辩都不会发生。他们一定会踮着脚步尾随在权力和金钱后面合伙做事，从中获取尽可能大的个人利益。这不过是耍小聪明的投机分子。五分钟的机会主义他们也会搞，这样的"知识分子"实际上是病菌。

一个人不一定像古人说的"朝闻道，夕死可矣"——这些都表达了人生的一种至高境界，一种向往。但是即便不说惊天动地的大话，也总可以对自己有所要求，有点底线。这就像《鹿眼》里面一个人说的，起码要有"一毫米的理想"。古代人说"千里去做官,为的吃和穿",做官是管理社会的,应该有一点点抱负,或者有为民众服务的良好用心,但简化成"吃和穿"这样既朴实又低劣的为官标准,这个官怎么能做好?做官的如果连"一毫米的理想"都没有,那么这个职业就是天下最下贱的职业。他混出来了,所谓的"脱颖而出"了,为什么?无非就为了占便宜,为了不劳而获——从哪里获?当然是从芸芸众生、从老百姓那里。这种人干的当然是人世间最下贱的职业。

有人总觉得性工作者是天下最下贱的职业,实际上不是。连"一毫米理想"都没有的权力者,以及尾随他们的人,所谓的知识人,才是人世间最下贱的职业。事物总是两极相通——本来管理社会、昌明理性,应该是最高尚的职业,应该是最理想的事业,可是这一部分人有时也会跌入最肮脏的泥坑里。

朱又可:现在的学术不端、学术剽窃成了普遍习惯,人人均沾,承担国家项目,只为弄钱,别的不想。

张炜:所以说职业和身份不能说明什么。如果行为离知识分子十万八千里,毫无情怀可言,实际上从事的就是最下贱的职业。谋生是各种各样的,知识人不能不择手段。所谓的教书能力、研究能力,按部就班上学,掌握基本的常识、应用式的所谓学问,这个并不是最难的。有时候我们会感慨,一个人也许不要把学历甚至是很高的学历太当回事了,这仍然是基础性的东西——当然,学到这些知识要付出劳动,比如掌握一门语言,掌握古汉语的复杂知识,要付出劳动,做出很大的努力,但是同时又要明白,这不是创造性的劳动,不是一种独立思考的特殊能力和结果。知识有助于思考,有助于创造,但它本身还是一个工具式的东西,是基本的东西。学历表明了一个人在知识积累方面曾经做过怎样的努力,记住了(掌握了)哪些东西,但不表明取得了怎样的成就。学历有助于一个人取得成就,因为它说明一个人具有了良好的工具基础,但这与成就还是两回事。

我们这个社会在理解问题上需要更加理性,不能简单化和机械化到了唯学历是举的地步。任何事物都要加以量化,并要以此为准,这是数字时代的陋习。有学历就意味着一个人有更高的思想力、创造力和发明力,就意味着他对社会有更大的发言权、有更深刻的见解,这种理解是很荒谬的。以为有了学习知识的过程(学历),就会以知识分子的方式来做事,其实这是大不一定的。那些并不具有知识分子性的人在数量上是绝不缺乏的,他们很容易在名利的驱使下做一些坏事,也就是说操持起最下贱的职业。不能与这一类人为伍,无论诱惑有多么大。知识个体自身稍微出现一点点这样的苗头,即需要严厉地追究和批判自己。

今天已经没有多少人会理解托尔斯泰的自我苛责。在一部分人那里,谈到这位老人就笑而不答、笑而不语,好像觉得雅斯纳亚·波良纳庄园的主人完全在自我囚禁、自找苦吃。在今天这种百废待兴、万马奔腾的欲望主义时代,托翁已经完全不再时髦、完全不可以被理解了,就像一个外星人差不多。实际上,在这个实用主义时期,恰恰应该更多地谈谈托尔斯泰和陀思妥耶夫斯基等人,谈谈俄罗斯的那批文学大师,看看他们有怎样严格的人道标准、道德伦理标准,这才是中国目前最为需要和最为缺乏的。

在这个难以仰望他们的时代,一定要有人不停地重复他们的名字。我们寄希望从知识分子特别是大学老师这个阶层,能一再听到托尔斯泰、陀思妥耶夫斯基,听到赫尔岑等人的名字。他们的书永远不会过时，到现在为止，他们这类作家的书仍然是我们获得最大感动的源泉。

翻开那样一位俄罗斯作家的作品，如果能够进入他的文字世界，就会忘记其他。那种阅读感受是奇异的。在眼前浑浑浊浊、熙熙攘攘的网络时代，这种文字将以长期以来未曾有过的感动力击中人的灵魂。这种感动很难用语言去表述，它可能被一种神性所笼罩，唤醒生命向上的冲动。可以说，这比当下慷慨陈词的现实主义说辞更能给人力量和勇气。文学不是表面化地向人发出号召，不是靠一种简单化的尖叫去表达冲撞。如果是这样，它的力量很快就会消失。只有攸关个人灵魂和性命底层的悸动，将个体生命与不可解的、存在于天地之间的神性连接起来的永恒，才是最有撼动力的。

文学和诗，与物质主义、实用主义时代对立。在炽热的物质竞争的社会状态下，最可宝贵的诗性将被完全淹没。一些人在少年和青年时期广泛阅读俄罗斯文学，还有鲁迅的书、屈原的书，在心里留下了烂漫的想象和难以言说的悠远的向往——到现在还保留在身上的义愤、判断以及勇气，是多么重要。从这个意义上讲，这种阅读远非单纯的文学欣赏。我们不信任没有这种阅读、没有这种精神质地的人。我们不信任那些不读书的人，不信任由他们管理的社会生活。

在物质主义的熏风下变得酥软的文化耆老

朱又可：这是一种社会的教育，每个人都应接受的教育。你也写到老一代的知识分子，比如《海客谈瀛洲》中的秦茗已。关于他，你是怎样想的？

张炜：秦茗已这类老人很有意思，他们在以往那个严酷的年代里饱受摧残、历经风雨。他们在1949年以前知识构成就完成了。这样的一批老人饱经沧桑，在新旧对比中，各种经验心中满满，所以他们在相对严厉的文化专制时期还能让良知存活下来，没有做出格的事，堪称楷模——也许他们有过软弱、犹豫甚至动摇，但最终还是挺住了，所以是没受玷污的相当完美的形象。这样的形象一直保持到改革开放时期。可是在相对宽松的精神环境下，在商业主义和物质主义时代，其中的一部分反而产生了一种拘谨和后怕。此时，漫长坎坷的人生经历不是进一步巩固了身上最坚硬的部分，而是在时代的物质主义熏风下变得酥软、脆弱，变得自恋和恐惧，所以生活中稍微有一点风吹草动，他们反而比年轻人还敏感，可以做出夸张的大幅度的动作，让那些对他们满怀尊敬的年轻人大吃一惊，甚至怀疑自己找错了人，看错了人——就是这样一位老人，曾经是他们的楷模、精神上的支柱，他们一直为一座城市里拥有这样的老人而骄傲，觉得这个城市还像一座城市。

英国人莫德的《托尔斯泰传》写得多么好。他曾经写到这么一个段落：晚上在高处看莫斯科，烟雾腾腾，雾霭压城——这是一个多么浑浊不堪的莫斯科！可是就在万盏灯火的深处，还生活着一位老人，他叫托尔斯泰。老人身上没有污浊，他一直在顽强地思考人类的前途。他是一位自我苛责的洁净的老人，清醒而又勇敢的老人——一想到在这个城市里有这么一位老人，就觉得有了安慰，觉得生活在这座城市里真是一种幸福。

有时候我们真的需要寻找万盏灯火当中的那一点光亮，它要亮着，不要熄灭。有人会想起它，并为它感动。

但是现在哪座城市里有这么一位老人？要知道有没有这样一位老人是至关重要的，他就是黑夜里的希望。这是一种寄托，是年轻一代的榜样。后一代人知识没有他渊博、经历也没有他坎坷，他常常成为他们各种美好想象的来源。像秦茗已，本来就应该是这样的老人，也曾经是这样的老人，一直在起这样的作用，但是很可惜，在生活中的某个关口上，他的表现让人大吃一惊。对于年轻一代来说，毁掉的不仅是一个形象，而是全部的希望。他个人可能在那一瞬间没有想到可怕的后果。

尽管这是一个虚构的形象，但在现实中并非绝无仅有。他们也足以令人颤抖——年轻人面对他们有一种被毁灭、被出卖的感觉，那是彻骨之寒、彻骨之痛，比来自恶人的打击还要痛苦。

每个人都有从少年到青年到中年再到耄耋之年的过程。一个人无论从事什么行当，自我修葺和持守都非常重要——哪怕只有一点点警惕、一点点恒念——也才有可能好好地活下去。说到这些地方有些沉重，因为要追究过去和展望未来，就是给自己出了很严格的一道考题，等于交出了一份承诺，剩下的当然就是践诺了。

朱又可：像秦茗已这样的老一代知识分子，代表性有多大，比例上能占到多少？

张炜：随着时代的发展，我们有可能看到许多新披露出来的资料，这常常让人震惊。能够在严酷的时代里不被玷污、手上无比洁净的人，不像想象的那么多。胆怯者很多，苟且者也不少，告密者大有人在；如果把这部分人去掉的话，剩下的就是秦茗已这种人了，这已经是非常好的形象了。奇怪的是，到了今天，再没有多少人逼迫他们，没有一道道严苛的关口需要他们通过，他们有时候反而不能够持守。可见物质主义时代具有多大的腐蚀力，它是最能够让人溃散、松弛、失去自我约束的。这个时期很容易让人迷乱，让身上的那种防御系统不再发挥功能。这需要自我警惕，也需要对外警惕。人身上是有免疫功能的，白细胞不够，维生素含量不够，肢体的活动锻炼不够，再加上慵懒、涣散，防病机能就会大大下降。

自我苛责是知识分子最了不起的素质

朱又可：宁伽是什么形象？他不能算是一个常规的知识分子。

张炜：宁伽觉得自己不够格，还不是一个合格的知识分子。但是作者回头看他，又恰恰觉得宁伽是立足于现实的、很真实的知识分子。因为他最大的一个特点就是能够自我苛责、自我追究，这是知识分子最了不起的一个素质。其实，这种自我苛责、自我追究也是一种真正的宗教精神。胡适说："现代宗教的第一个使命就是做一切彻底而严格的自我考察。'知道你自己'，在世界宗教的一切大诫命里应当是首要的一条。"知识分子固然是批判和挑剔的，但是这种批判和挑剔首先要建立在自我追究的基础上，离开了这个前提和基础，他全部的追究、批判和挑剔都会没有底气，有时候是虚火和虚力，很难切中要害，很难击中社会靶的。宁伽时刻对自己保持警觉、批判和怀疑，常常看到自己软弱和阴暗的一面，能够反思。他注意从朋友当中、从各种类型的表现当中去学习去判断去借鉴，以至引以为戒。所以这种人是很真实的、很朴素的。

分析一下宁伽这种个人品格形成的历史和渊源就显得很重要了。他来自两个不幸的大家族——尤其是在极其不幸的父母身边长大的这一段，对他个人生命的塑成来说，是最为重要的。苦难的父辈，辉煌的祖辈，都不缺少。那么缺少的是什么？是个人一直向往的美好的未来，这个未来对他是有巨大吸引力的，但是他从来没有奢望，说那个未来一定是属于自己的。他知道不是这样的。他完全知道一个人的生活将要遭遇各种各样的不幸，这些不幸会有多么巨大，他有足够的思想准备。只有这样，他对生活中获得的任何一点恩惠、任何一点欣喜——更不要说他娶了那么好的一个美丽的女人——都深怀巨大的感激，感恩之心在他那里常存。这才是一个好人、一个知识分子的生命底色。

如果不是一个好人，光是拥有各种学科知识，很难做成一个知识分子。有人说某人是一个真正的知识分子，虽然人品不太好——这是很难成立的。知识分子如果没有道德上的相对高度，怎么会有洞察力？怎么会有批判的本钱？如果没有道德的高度，他就没有挑剔的资本。所以知识分子得是好人，这不是苛责和苛刻，而是最基本的要求。我们要求知识分子是好人，并不意味着先自拥有了道德豁免权，恰恰相反，谁也没有这个豁免权。这是在战战兢兢地谈一些朴实的话题，提出一个朴实的要求。

宁伽这个人，实质上就是战战兢兢生活到今天的。他进入橡树路那种高层的优越的生活圈子，时刻警告自己不要陷入其中。他后来慢慢发现敌人就在此地，不是具体的人，而是人性的某一部分汇集于此。所以说橡树路是一个复杂的社会，也可以说是一个相对腐败的社会。

他个人最后回到了童年生活的饱受煎熬的那片土地上，去经受和目击另一种蹂躏。

那里，过去是严酷的秦国商鞅式的冷酷辖制，今天则是管仲式的，即无所不用其极的物质手段、物欲主义，是堕落和竞争。他回到了那片土地上，准备度过自己的后半生，而且还不是一个据守和防卫的状态，而是一个出击的状态。就是说，他一直保持了挑剔和反抗的本能。在这方面，哪怕稍微有一点退让和蜕变，心底就要产生万分的痛苦。

他不停地出击，又不停地回撤。这种出击和回撤都很正常，因为斗争太残酷了。人生说到底是一个逆水行舟的过程，不进则退。他在不停地划动人生的双桨，这让人感动。人在激流中，有时候累了，可以停桨休息片刻，但是逆水时却会把人生之舟冲向下游，这时人就要立刻再次拼搏。宁伽实在是不错的榜样。

葡萄园不是世外桃源

朱又可：通常，一个知识分子会在大学或者其他文化单位比如研究所、杂志社等处待过。小说中的宁伽前面的轨迹也是这样，后来他基本上走向荒原，去办葡萄园，可以说是一个出走的故事。

张炜：说到葡萄园，有一些有趣的插曲。一些文化界的朋友，大多生活在城里、校园里，缺乏野外生活的基本感受和经历，一看到"葡萄园"三个字，就立刻产生了浪漫的想象，以为那是桃花源之类。他们忘记了这是一种实在，忘记了人的生活环境不同，感受是完全不同的。这里写到的葡萄园与他们头脑中的烂漫想象毫无关系。

那里是张裕葡萄酒城的种植基地,是一眼望不到边的葡萄园。一个人从小在这里生活,经受的是另一种现实。葡萄园只是一个谋生和劳动的场所,是一种艰苦的劳动环境,不存在浪漫的、出世的那种想象空间,不是陶渊明说的那种"采菊东篱下,悠然见南山"。相反,那里也有很多痛苦,劳动的沉重和挣扎太多了。种葡萄的人因为希望毁灭而自杀的,也不是一个两个,可见它也是很痛苦的地方,那里的人大半不是田园风光的享受者。

一个人可以在远处、在闹市中想象葡萄园的享受和安逸,可是一旦实际上跟农药、病虫害、日复一日的劳动打交道,就没了这些兴致。如果还要跟土地下陷打交道,为葡萄买卖焦心,再去对付层层关卡盘剥,那种感受就会完全不同了。那时他们就不会有不着边际的浪漫了。

朱又可:你小时候的葡萄园是国营的,它怎么存在销售的问题?

张炜:最早的葡萄园是个人的,后来入公社,成立园艺场,园艺场是国营的。即便是这样,也存在销售问题,并不因为是国营的就要国家全部包起来,它也有一个出路的问题。现在的葡萄园大多是合伙经营的,是个人的,农户自己的。

如果遇到了葡萄丰收年,酒厂就要压价;而且无法到自由市场上去卖,因为这些葡萄是为工业生产准备的,和食用的品种不一样——只有极少数的玫瑰葡萄可以到市场上去卖,而大量的葡萄是为葡萄酒厂专门定点生产的,这些品种口感很差。

有一年葡萄园丰收了,榨汁厂、酒厂却饱和了,种葡萄的人围起了市政府，让官方给他们想办法。因为上边对葡萄园的产量和品种是有计划的，出现销售问题政府要负责。那时种葡萄的人怒气冲天，有点像斯坦贝克写的《愤怒的葡萄》。如果不能体会到葡萄的愤怒，哪有议论葡萄的资格？

很多人对葡萄园有非议，说"又是葡萄园"——那里的葡萄园无边无际，这也没有办法。葡萄园是一种现实生活，就像挖煤炭是一种生活，种玉米是一种生活一样。这是生活，不是象征。

朱又可：你自己开过葡萄园吗？

张炜：没有。书中写的是生存，不是自由的消遣，不是田园的浪漫，它和酒厂有一种供销关系，是硬碰硬的事情。所以《人的杂志》就充分写到了葡萄园的经营细节，如跟周围酒厂的关系，销路问题、纳税问题等，都是烦死人的事情。有个葡萄园为了获得更高的利润，跟周边镇子合作创立了葡萄酒厂——哪怕是一个小型葡萄酒厂，都要过许多关口，真是谈何容易。倒闭的酒厂太多了。小酒厂一度很多，因为竞争激烈，现在存活下来的也没有几家了。那个葡萄园走了供货源和酒业经营一体化的道路，就是为了生存。但是里面遭遇的挫折，也都是那个地区常常见到的。

朱又可：你自己或知识分子朋友没有一个人去承包葡萄园吗？

张炜：那是当地人的日常生活，是生计，因为这里用第一人称写，会让人联想到作者。尽管这是一个文学常识，小说可以用不同的人称去写，但当用第一人称的时候，人们在阅读时还是更容易将其和作者发生联系，家族问题、葡萄园问题、杂志社问题、文化界问题等，会不自觉地跟作者的经历挂钩，不同程度地产生这种欣赏错位。这个也可以理解，但它毕竟不是一部纪实文学，不是夫子自道，不是个人真实生活的记录和抒发。

朱又可：你怎么了解葡萄园？专门去一个葡萄园住过吗？

张炜：这太简单了，因为我从小最熟悉的就是林区和园艺场，那里有无边的葡萄园。后来又在半岛地区游走，那里有张裕的葡萄生产基地，我对葡萄园的熟悉要超过对农场和工厂。

朱又可：葡萄园里是有房子的，人日夜在里面住着？

张炜：大大小小的葡萄园一般都有屋子，有的是收获季节住人，其他时间空着；较大的葡萄园一年四季都有人照看。他们都有自己的狗，大的葡萄园还有不少雇工，有洗澡的地方，有自己的餐厅，是相当好的自给自足的环境。

朱又可：外人去住两天感觉很好，但是经营园子麻烦多得很。

张炜：外人去住几天，不参加劳动就会很舒服，如果和园工一块儿干活，那是很苦的。比如说给葡萄打冒杈——葡萄树一到春天就长出很旺的杈子，必须及时扳掉，不然会影响收获。那些冒杈一夜之间就可以长出很多，所以要不停地在园子里忙活。光是这个工作就很辛苦，因为机械不能做，只能是人工。我看到那些扳冒权的人衣服都被染绿了，手上都是水泡，每天都泡在汗水里。再就是洒农药、追肥、灌溉，简直是没有一刻松闲。过去洒农药要手扳压气机，那是最累的活计，扳上一天，腰就像折了一样。现在有内燃机和电动机来洒药，要好一点。可是葡萄园里的大多数活计还主要靠人工去做。比如洒药，可以用机器喷药，但药液还是要人在配液操作间里做，还要把一缸缸的药水担到拉到葡萄园里去。到了收获的季节，亲手摘下一大串香喷喷的葡萄，这在我们一般人看来是多么好的工作，可是对葡萄园干活的工人来说就是另一种感受了，因为辛劳抵消了丰收的喜悦。它们需要及时采收，因为万一来了大风就要蒙受损失。葡萄不是一块儿成熟的，所以要一茬一茬及时采摘，然后迅速运走，因为不可能每一个葡萄园都有自己的冷藏库。

世上的任何事情，看热闹是一回事，欣赏是一回事，实际经历又是另一回事。打鱼有打鱼的辛苦，工人坐夜班有工人的辛苦，葡萄园更不是世外桃源。

朱又可：那是一种劳动，不是像在观赏的植物园里看着玩的。

张炜：对。一些人谈到葡萄园，都把它当成世外桃源了，有点不可思议。

还有一件痛苦的事情，全书快结束的时候，我又去了一次那个海边的葡萄园，这才发现那个地方已经面目全非了：有三分之二的葡萄树被毁掉了，剩下的一片也在凋敝。这种情形虽然我也有所预料，但怎么也没有想到如此迅速。工业区在下面采煤，土地下沉。还有房地产项目、其他的工业开发项目，所谓的高新区、铁架子、围墙……现在要找成片的、一眼望不到边的葡萄园,从胶东半岛往东走,已经不像过去那样满眼皆是了。只有秦始皇东巡那一带的海岸,还有一些大的葡萄园,那是靠近半岛东部的范围。书中写到的最大的葡萄产地,就是作为蓝本的那个地区,屺姆岛一带的葡萄园种植基地,基本上没有了。登州海角的大片葡萄园不多了。

朱又可:你把他(宁伽)放在荒野中不断地走,最后谈到劳动的意义,这是一种知识者的思考。

张炜:这和作者的职业感受有关。对我们长期沉浸在案头工作中的人来说,野外生活很重要,具体的田间劳动很重要。这个关口很难过,一开始会很累,但是累过了会发现,很多在案头不能洞彻的部分全都变得清晰起来了。我的一个诗人朋友说:他13年没有考虑好的一些问题,突然在十几天里都考虑好了。人真的会有这样的明晰时刻。这需要一种环境。

劳动有时候会有这种作用。汗水可以把很多所谓的知识工作的腻歪给冲洗掉。有时候没有任何办法,只有靠劳动的汗水去冲洗迷茫。案头工作有时候是很腻人的,很烦琐——从思考到思考,从推理到推理,从一些文字资料到另一些文字资料。很多知识都是按照同一条路径不停地散布,知识的海洋就是这样形成的,人在里面差不多像溺水,要重新打捞起来呼吸一口气,要有这么一个过程。

要走出小窝。如果能做一个实实在在的、目标清楚的工作,比如为了收获土地上的果实,为了到大河和大山的那一边,这才更有效,更有意义,也更彻底。

宁伽这种人有一个理想,就是做"体力劳动和脑力劳动相结合"

的人。实际上，这不仅是后来一些政治人物的号召，从古至今，那些生活理想很高的人，一直追求的就是这种结合。中国的所谓"晴耕雨读"的理想，无非就是这样。但是这种体力劳动有一个限度，要尽可能不构成生活中的烦恼和困扰，仅是作为脑力劳动的一个补充。但是宁伽和这些有所不同，他比他们更进了一步——让体力劳动带来的痛苦、烦恼，和他脑力劳动遇到的全部痛苦、烦恼相平衡。如果不是这样，脑力劳动带来的那种烦恼和痛苦，还有劳累，就远远不能被抵消。

所以，当体力劳动和他个人的生计、日常生活的质量紧密相连、结成一体的时候，它才是真正意义上的体力劳动。它不再是缓解和喘息的一种方式，而是一份踏踏实实的生活。这个日常的生计能够得到持续，与他个人精神上的健康和成长得以持续是一致的。

朱又可：生活中你有没有这样的例子？

张炜：生活中类似的例子当然很多，比如说朋友中有辞职的，本来是一份很好的脑力工作（比如管理社会、管理生活的显赫工作），因为各种原因给辞掉了。还有的是不得不离开，比如去搞一片园子。说到理想，倒不一定是做一个葡萄园主或果农，说实话，我倒很想做一个大农场，就像《无边的游荡》里的帆帆。帆帆是一个美丽的少女，是被侮辱、被损害的人，后来她领着私生子办起了那么大的一个农场：一片绿油油的无边的玉米地，里面养了各种牲口，还有一些好朋友一块儿做。那种生活真是理想化的。可能书中用浪漫的思维去拥抱了它。我在胶东半岛看过类似的农场。

朱又可：想买，没买？

张炜：不能买，是那种大农场。城里的知识分子辞掉工作去搞那个的，的确有。他们主要是搞葡萄园。那个半岛上经营农场的还不是知识人。那片大农场特别让人羡慕，这比做其他的实业更让人踏实，也更有意思。

一个知识分子把原来的职业放弃了，去做新的工作，需要蛮大的勇气。这两者之间差异很大，是脱胎换骨式的。如果一开始是为了换一种生活，靠这种新鲜感和兴趣持续下去，那么天长地久的曝晒、风吹，满手老茧，满身尘土，还能够坚持下去吗？这就需要生命的韧性。在生活的道路上得发生多么巨大的挫折和变故，才能使人有某种彻悟，要不就不会做出这样的改变，因为这个动作的幅度太大了。大动作后面一定会有秘密的。挖掘这个秘密需要很多的文字，比如几百万字——它后面有大秘密，他的全部行为不是即兴的，不是突然的心血来潮。要辞职，要到哪里做什么，它的后面有故事也有秘密，这里面一定跟爱情有关，跟理想和背叛有关，跟目睹背叛有关，跟厌恶博学有关，跟讨厌虚伪狡诈有关……这些东西应该全部显现出来。

朱又可：这会不会被看成是对托尔斯泰的模仿？比如他对劳动的阐述。托尔斯泰本身就是农场主、大地主。

张炜：那不会。因为劳动对人有永恒的吸引力，它对大多数人都存在。这要看人的出身。托尔斯泰出生在广袤的土地上，拥有一个大庄园，所以他有大地情结，有留恋。他在莫斯科生活的时候觉得不自在，在那里写东西也牵挂着图拉以南的那片土地。他从小见过了大片的树林、很多的动物，在野外大河里洗过澡，跟这些东西肌肤相亲。书里的宁伽从小也生活在一片林子里，那种童年记忆也完全融化在生命里，所以他的返回和向往是很自然的事情，走进这种劳动也是很自然的事情，不存在模仿谁的问题。半岛上那么多人，他们压根儿就没有读过托尔斯泰。

当然，托尔斯泰式的对土地的依赖，那种足踏大地的劳动态度，也是很多知识分子感同身受的，是他们的理解、情感和追求。人对于大城市的向往和不安，都是很真实的。城市可以吸引很多人，也可以让很多人厌弃。无论是厌弃还是被吸引，都是生命的某一个阶段和某一个状态。比如现代人对城市的那种厌恶，不必理解为卡夫卡式的惶恐，也不必是凯鲁亚克《在路上》的逃离。像这种回到乡间的、对自然的向往，不一定和梭罗的《瓦尔登湖》有关……

关键要看是不是植根于当下和现实，是不是对当代生活有一种透彻的理解。人要有一种脚踏实地感，从当下出发再回到当下。这应该是充满了现实说服力的一次行为。

朱又可：想改变一种生活方式很困难。有一个诗人非常有名，后来不写诗了，转向了中医、制药。他在欧洲游学很多年，曾是大诗人和翻译家。我跟他聊过，他说他搞实业都是"打"出来的，如果不是靠着那种"打"，根本没法生存。

张炜：那是肯定的。做任何一件事，要做成，背后必有很多故事。它是硬碰硬的，不是靠别人的一点点宽容或对陌生人的客气就能成的，要成也是短暂的，很快就完蛋了。万松浦书院就可以说明许多问题，书院存活了十年，其中不知有多少人的付出，才捍卫了它的成长。没有空穴来风，没有世外桃源，事业一定是纠缠在矛盾、冲突、痛苦，以及这个过程里无所不在的喜悦和忧戚之中。一个人可以从一种职业转向另一种职业，从知识人转向实业家，这期间跌宕很大，结果也可能是从一种知识人变成了另一种知识人。

选择了一个专业，就要经过长时间的学习，有各种各样的积累，如果放弃掉了，说明爱得不深，或者是受到了极大的挫折，否则不足以彻底放弃。他在一个专业上走入很深，说明爱得很深，知得很深。比如一个诗人写出了特别棒的诗，可不是简简单单说在这个专业上取得了成就——成就只这么一点点，几句话就说完了，但背后不知有多少不眠之夜，不知付出了多少劳动和汗水，不知有多少青灯黄卷的生活，这里更多的还有意志力，有生命力。那么巨大的劳动，得有多大的爱才能支持他走到最后，写出灿烂的诗章！

所以，一个人放弃了专业，突然转向了实业，必定是很难的，这就像让一个人死去再生一样。这是我们考虑问题的一个角度。

宁伽选择葡萄园，和刚才说的转成了另一种职业还有所不同——宁伽的职业是地质工作者，他最早向往成为一个地质人，最后也完成了地质学业，并到地质部门去工作了。但是这个部门还不能满足他脚踏大地的愿望和理想，所以才离开了——看起来背离了自己的专业，实际上是在步步走近自己的理想。他希望自己的身体亲近大地山川——这才是真正意义上的地质工作者。他发现了这一点之后，就离开了那个大楼——人生的囚笼。他只有走出去，才算对得起自己的专业理想。他一度到了杂志社，这里吸引他的就是经常出差，不坐班，到处走，特别是能够经常到东部半岛。

宁伽对地质工作的爱好，渊源很深。这和少年经历有关，与囚禁他父亲的苦役地有关。他要到大山里叩问和寻找，这样越来越频繁地到东部游走，以至于到葡萄园那个地方扎根落户。他越来越靠近自己家庭、家族的秘密，也越来越靠近足踏大地的游走。看起来他的职业在发生巨大的变化，生活内容在发生变化，可是专业的追寻和本质的追寻不但没有变，反而更加接近了。这和刚才讲的由一种专业突然转向另一种专业，不仅不同，还截然相反。

我个人对突兀的改变专业不是特别理解。在一种专业里走得很深之后，突然换了另一种生活，就斩断了与昨天的联系，真是难以理解。比如文化人弘一法师，他的出家，肯定是有重要原因的。可能在很早以前，他的生涯里会有佛教的启蒙，沿此越走越深，直到走进原来的初衷。他原来的艺术、演艺，包括学问，都带有宗教性，都和他有契合，他才会有这样的出家的举动。

朱又可：宗教性也许是一个深化的过程。有个人叫陆徵祥，民国时期的外交总长，后来到了欧洲，外交官不做了，到修道院去度过余生。

张炜：类似这种人，刚才说了，他生命中有一粒种子很早就被投放了，它会在里面生根发芽，以至于长大。刚扔进种子的时候我们外人是看不见的，长成大树我们才知道。一切都不是没有来由的，有生长肯定就有种植。事物有时候看起来是发生突变，就像种子顶破土表、发芽生长，但是实际上种子在暗处不断滋润放大，最后才有顶开土皮的一刻。

创立万松浦书院

朱又可：你写在葡萄园的经历，是不是和你办书院的困难有点类似,把那个经验挪到这里了?

张炜:不是的。作品里很早就出现过葡萄园,有一篇中篇小说就叫《葡萄园》。《秋天的思索》是1981年写的,也写了葡萄园。葡萄园不是办书院,书院是很晚的事了。因为很早生活在葡萄园里,对那里很熟悉——就像海边生活的作家经常会写到海一样,我最熟悉的环境就有葡萄园。当然对大海也熟悉,从小就在海边。至于说做书院的快乐和痛苦,跟种植一片葡萄园有点相似,我也同意。任何新事业的开拓,都像保护一片田园一样,有意义,有艰难,同时也有自己的愉悦在里面,这都是相似的。

书院也在一片喧嚣的包围之中,在一片物质主义的狂涛之中,像顽强生存的一个岛屿。这个岛屿日夜被狂涛拍击,让人悬心,让人觉得顽强。宁伽的那片葡萄园,它的存在一点也不比书院更容易,它们二者有内在的相似性。

朱又可:办书院的起因究竟是什么?是因为不满教育的现状?

张炜:几个大学的朋友一起议论、起意,我参与了创办。大家痛感中国教育的弊害,急于寻找出路,认为目前这种批量生产,顶多制造出一些概念化的产品。大家都感到亟须恢复中国传统教育,比如书院的个性传承,这种形态更有生长力。

我到大学里,不止一次有学生问过类似的问题,问当年在学校时有没有这种痛苦——最好的一段青春年华就这样被浪费掉了,每天上课下课,听的都是不需要的,有时甚至是十分厌恶的东西,可是又不能退学,因为好不容易才考上了……

我理解学生在说什么,更理解他们的心情。

不仅是学生,就连教授们也时有这样的痛苦。这是真的。大学教育,批量生产,加上扩招,麻烦大了。比如我就听到一个中文系大本学生固执地认为英国诗人叶芝是女的,法国作家罗曼·罗兰也是女的。他的老师还为之辩护,说:"这事怨我,我没有讲过他们是男的。"

大学里的朋友在一起聊,常常聊起类似的问题。中国古代的书院,比如四大书院,今天令人无比神往。今天创办一座现代书院,以继承中国这笔了不起的文化遗产,延续其流脉,多么困难,同时又多么有意义。个性教育、深入切实的人的教育,能否实现?我们都想去试一下。我在半岛地区多年来到处走个不停,时而想到这些问题。

那时在旅途上,一想起"书院"两个字心里就发热。后来去不少有意思的地方看过,总想从荒林野地里看出一座书院的雏形,半岛地区的日照市近海有一片可爱的松林,三山岛泰山一侧有座废弃不用的尼山书院……有一次在龙口与一些朋友谈起事情的始末,他们就强调书院不要建到别处,这里才是最好的。芦青河的西侧有两万六千多亩林地,东侧还有几万亩,那真是壮观极了。

就这样,我与大学的朋友一起奔走,几次来到这条河边。这条河在古代曾经波澜壮阔,老河道有 150 米以上,再往东边一点是清代的一个海军军港。河的入海口处林木稍稍稀疏,在这里建设书院正好不太伤害林子。河的入海口为"浦",又在万亩松林之侧,于是就取名"万松浦书院"。

创办书院的过程十分艰难,这不是几句话就可以说得完的。在开始的几年里特别费心,一度让人后悔不及,因为实在太耽误其他事情,尤其是耽误写作。但是遇到的诸多矛盾,因此引发的思索、经历的事情,都会成为想象的源头。今天做文化事业,既没有茶余饭后穿上长衫的那种雅兴,也不要满脸悲壮,而只需从头做起,一步一个脚印往前走就是了。快十年过去了,万松浦书院举办了多少学术会议,接待了多少游学之士,编辑了多少文字,更有每年的不定期讲坛——以后这个讲坛会固定下来的。作为一所现代书院,它还拥有自己的网站,有通讯简报,有定期电子刊物《背景》……

书院里只有"十几个人七八条枪",可是每人身兼数职,既是接待员、网管员,又是园林工人、菜农和书籍编辑。

十年间,书院经历了风风雨雨,但总算是向上成长。我现在只算个名誉"院长",可仍然尽可能地参加这里的学术活动,为讲坛授课。我在心里祝愿它百年之后还能发声。

有一年我与诗人朋友到苏格兰,参加一个国际诗歌节的第二时段——第一时段就在万松浦书院举行。我最早发表的作品是诗,那时才十几岁,这颗种子一旦植在心里就想发芽生长,所以总是向往着它。在苏格兰,中外诗人通过万松浦网站与诗友进行了越洋对话,从北京时间晚8点到半夜2点,气氛热烈无比,盛况空前。本来对话时间约定午夜1时结束,可是众多参与的网友难以停止。午夜2点了,屏幕上终于出现了一溜文字:"难忘今宵……"

我们在爱丁堡参观一座诗歌博物馆时,几位朋友一声声感叹:我们是一个诗书之国,却至今没有一处诗歌博物馆。他们不约而同地提议在万松浦书院里筹建这样一座馆所。我当时就明白,这将是一件格外美好而又格外困难的事情。最后我们还是约定:大家一起做吧,为实现这个目标去努力吧。我们就因为怀了这个主意,在爱丁堡这座有名的风城里走着,心里热乎乎的——我们的头发被强劲的苏格兰大风吹得贴紧头皮,就像留了统一的发型似的。

我迎着大风跟跟跄跄往前走着，记住了心里的一个承诺。

可是世上凡事都是这样：承诺不难，要践诺就难了。回到半岛，除了写作，就是加紧诗歌博物馆的奔波。当地许多朋友谈到这件事都说："有意义，真有意义！"是的，诗歌是当今最没有功利性的、最纯粹的文学写作了，这在一个重商主义的物质时代，该有多么大的劳绩。不过，要建这样一座博物馆，拿出相应的建筑物是一回事，搜集大量的诗人原作和物品又是一回事。一些朋友的热情持久，另一些则不会那么持久。这样的事情就跟书院的开始一模一样：一旦起步就无法放弃。轻言放弃也可以，不过那轻轻的又是沉沉的一个承诺怎么办？

我一直为这个博物馆忙着，如今已经完成了大半。我们原来约定要搞一个小小的、庄重的开馆仪式，可是一切还在准备。我们只用一句话安慰自己：做事情只要方向对，也就不怕慢。想想世上的事情，有许多就是因为急于求成才做坏的。

我还有不少激情，可是像一匹老马一样，总想快跑也很难了。有一天照镜子，一转头发现了那么多白发。那会儿真想为白发写一首诗，只是无法开头。

朱又可：说到办书院，成功和遗憾是什么？

张炜：书院最大的成功，就在于它在当下能够出现并存活。这里联结着很多人的文化责任和传统情感，绝非一人之力。书院属于一片土地，属于一段历史。如果没有更大意外的话，它还将存在下去。存在就是成功。在当下，如果书院不停地创造出轰轰烈烈的业绩，发出文化的轰鸣，既不真实也无必要，相反很可能还虚荣起来。书院相对安静地存在着，生存着，劳动着，才是比较好的。这就是它的成功，也是它的欣慰。

如果说遗憾，那就是操持这个事业的人应该有更高的水准。我，以及在那个地方持守的人，虽然不必每个都是大专家，但仍然亟须进步。这些人是一个节点，书院中有知识和文化的谦卑的仆人就够了，但做到这一点也不容易。在书院里工作的人要谦卑一些，要有文化责任感，要能够与时代风尚有所区别，还要韧忍。我们要靠近书院的传统，这都是非常高的要求。

朱又可：书院的架构最初设计是怎样的？

张炜：最初是按照古代书院要素设计的，比如说他们叫"山长"，我们叫"院长"；他们有院产，我们现在也有固定的院产；当然最重要的还是办院的理念，是思想与恪守。但愿书院逐渐形成自己独有的东西，这也是一个逐步寻找的过程。至于许多人提到的"院训"，暂时还没有找到那么一句话，它要相当凝练和准确，要脱胎于这个时代，与这个时代构成深刻的关系。古代传统书院的重要元素，如接待游学、教育和编辑，这些功能我们都有，高度与深度则有待发展。

这是一个公家单位，有体制规定的形式和运行套路。这些会影响它的内容，但不能等同于内容。竭尽全力保护书院，维护其精神，这需要勇气和信心。参与创办书院，可以看成与写作有同等的意义。

朱又可：当时办这个书院之前，有没有去看看现存的其他几个书院？

张炜：看过。现在有的书院还叫书院，不过大部分变为了旅游景点，履行传统书院职能的很少。有时候他们为了保持书院的名字，也会请一些人到那里讲一讲坐一坐，但独有的理念以及守持理念的"山长"是没有的。名字固然很重要，但是这个名字保持下去不是最难的，难的还是它的内质，是做什么、如何做。如果只是挂一个牌子，垒上墙，实际上里面在造机器，那算什么？现在勉为其难地坚持做下去，已经很不容易了。那么多人在看荒唐至极的文化制品，吃地沟油，整个族群面对着巨大的精神危机，而有一部分人还在做书院，还在坚持，伟大光荣谈不上，但实在是很有必要。

也有一部分人，享受的读物和地沟油是很谐配的，这没有办法。

朱又可：一开始万松浦书院没有现在的这种常规的设置？

张炜：原来没有工委，现在有了工委，也有了常务院长，一开始是参与建设的单位代管而已。省里后来又在院内安了一个学术基地。

第七章
漫长黑夜孕育出的一部文学年鉴

2011年4月15日下午
第七次访谈

　　今天做到第七次访谈的时候,我大致能确定后面还需要的天数,于是订了返程的机票。因为总得有个"了",没完没了,也是一件让人茫然和略略着慌的事。如同置身深山,你不能退,但前面山有几重,你并不知晓。你得翻越一重又一重的山,你得沉住气,尽管你对漫长的旅程会感到心慌,怕失去耐性。

　　既然定了归期,我就得更精心地切割剩下的时间和事情了。

　　你得知道事情大约什么时间结束。你努力往深处划,其实还在离岸边不远。

知识空前没有力量

朱又可：办书院前后，你对教育问题的痛感是什么？

张炜：这是许多人的痛感，包括好多教授、学者，还有一些学生。教师痛苦，学生不甘——不甘心如此度过宝贵的大学生活，不愿浪费青春。有人只谈学校好的方面，不谈大学教育的可怕。我们生活中的破败，起码有一部分就是从这里开头的。不少学生认为自己最好的一段年华，几乎就这样无意义地被耗掉了，每天上课下课，听到的都是不需要的，有的是极其肤浅的，有的是老套的，有的甚至是令人厌恶的。他们极其痛苦……

不少人回忆自己的学生时期，除了一些留恋和感谢，也有过类似的痛苦。刚恢复高考的时候还不是这样，那时情况特殊，可能不像今天这么强烈：一是当年失去学习机会的时间太长了，突然遇到中断了多年的高考制度恢复，惊喜都来不及，这种欣悦冲淡了许多痛苦。另一方面是一切才刚刚开始，在校学生很少，他们和老师之间的数量比例没有现在这么大，高素质的老师很多，一些令人崇敬的学科导师还在，他们给予学生的东西、与学生的情感距离与现在也大为不同。再就是老三届的学生很多，他们带着丰富的阅历和知识走进这里，那会有多么丰富的交流。总之，学校打开了一个五彩缤纷的窗口。

有一次我在大学演讲，一个学生当众表达了接受这种大学教育的痛苦，在场的老师不止一个站起来附和，表示赞同。不少老师觉得现在学校的授课、学校的课程设置问题很大，量化考察已经到了不可容忍的程度。不少人同意这样的看法：现在的大学很糟，许多问题已经积重难返。这里原因复杂，包括很多方面，比如教师队伍的扩充难以保证师资质量，比如大量扩招不能保证学生的质量——到处都在急剧地膨胀，建筑物越来越高大也越来越土气。有理想的师生越来越少，有责任心的人越来越少。一切都是市场，是商业主义在统领——市场在选择教育，教育在破坏人文。就是这样，让人有一种窒息感。

在这种教育环境里，越是低劣的品质，越容易脱颖而出。

说起来让人不信，有的老师搞古典文学研究，而且是搞明清小说研究的，竟然没有读过《红楼梦》。问他为什么没有读，他说根本就不需要，《红楼梦》研究汗牛充栋，电视上也不停地宣讲，这方面的东西太多了，看都看不过来，早就知道它是怎么回事了——他正在写一本厚厚的关于《红楼梦》的书。老师如此，学生会怎么样？一定不堪入目。可惜这不是个别现象，如果具体接触某些人，看其言行，那种平庸和荒谬简直让人瞠目结舌。

一个单位急需年轻毕业生做文字工作，就从不同大学找了不少本科生，还有博士硕士生。这些年轻人来应聘，讲起来一套一套的，很时髦，穿得也不错。用人单位让他们写一篇小小的应用文，几百字或千把字，结果大吃一惊：竟然找不到一篇文从字顺的。这些怪文五花八门，有的"得"、"地"、"的"不分，标点不会用；有的出现很多病句，连表述的基本逻辑关系都搞不清，更不要说内容方面和其他问题了。这些本来在初高中就应该解决的，他们直到现在还谈不上入门。

现在的教育究竟处于怎样的危机，由此可见一斑。

朱又可：那些博士毕业了吗？

张炜：毕业总是容易的。学历说明不了多少问题。可以随便找一个大学，甚至是重点大学，做一下学生的文科试验，让他们写一点文字，因为这是考察综合素质的最好办法——理科、文科都可以，理科不是回避的借口，理科生应该有更清晰的头脑，逻辑性应更强——这都是良好的语文素养所必须具备的条件。现在许多毕业生进入一个部门之后大致上是不能用的，需要重新学习最基本的知识，要等一至六年才能从事起码的工作。教育弄到了今天这样不堪的地步，还怎么指望民族素质，怎么指望群体理性？这一切真是让人忧虑。

朱又可：知识问题就已经是忧虑了，更不要说价值观了。

张炜：这是从最简单的知识层面上谈的，如果进一步考察，比如道德层面，人的责任感、生命质量等，那简直不在话下——因为压根儿就不必谈，还谈不到。所以，当社会上发生了一些事件的时候，看看某些大学师生的网上发言，其荒谬程度会令人大吃一惊。一些最初步的常识和反应，他们是没有的；最起码的仁善，他们是没有的。如此可怕和无知，还有阴暗、冷漠……让人无语，不知所措。生活在这样一个地带，危险而又无奈。

可见办书院，用意再好，却连杯水车薪都算不上。再文化补救，再传统继承，在社会大教育的合奏之中，连一个音符都算不上。尽管如此，也还是要做，能做一点就做一点，并希望能够唤起和发掘类似的积极力量，大家一起投入。当然，他人不一定是办书院，可以在个人的岗位上做教育工作——世上的一切事都可以看作教育，一切都有感染力和传播力。总而言之，生活中坏的榜样少了，环境就会好上许多。所以，在中国做教育的机会很多，方式很多，但是有勇气投入的人，我觉得还是太少了。

说到这里，会想起过去的教育巨子，如陶行知，如山东出现的乞丐教育家武训——武训是不识字的叫花子，但即便乞讨也要兴学。我们这个民族应该产生这种人，尤其是孔子那样的大教育家。孔子的思想在《论语》里面记录了，那是教学的过程中一点点形成的。我们时下的教育衰落到这种地步，从表面上看却好像繁荣得不得了——其实只是庸俗地膨胀，实质已经开始破败了。退化和衰变的速度如此之快，可能在世界上也是绝无仅有的。这真是一个悲剧。企业界、教育界，也包括文学艺术界，这种巨大的泡沫竟然在同时产生。

朱又可：你经历过最早的恢复高考，原来中断的教育又恢复了。30年来怎么变成这样的状况了？中学教育的问题更大，因为大学的生源都从中学来。

张炜：生源有问题，教师队伍有问题，父母有问题，整个社会的大教育有问题。也许不能单纯地苛责教授、学者和校方，因为是大教育出了问题，整个社会的价值观出了问题。真正意义上的知识分子如何生存，这是一个问题。知识分子远远超越知识的意义，但仅仅是知识和学术，在这种"官阶唯一"的价值标准衡量之下，也是很困难很尴尬的处境。官阶唯一与金钱唯一总是同一个东西。今天有金钱、市场、物质的压迫，只要不能赚钱，那就意味着无用。可是直接用来赚钱的知识是很少的，大量的基础学科不能，更不要说文科了。金钱和官阶这两个价值尺度合而为一，一切美好的事物都将被压迫和贬损，甚至是粉碎，想一想现在和未来会是怎样，也就明白了。

朱又可：知识者的人格也扭曲了，在这两种力量的压迫下。

张炜：国外曾经发生过这样的事情，几个教授联名就推翻了一个法案，改变了议会通过的某条法律。现在看简直是天方夜谭。今天一万个大学教授联合起来能改变一条荒谬的规定吗？平时说"知识就是力量"，可是我们知道，知识空前地没有力量，道德更没有力量。真与善的约束没有了，几千年来人类历史形成的一些共同价值、一些广受尊崇的标准都没有了。西方舶来的重商主义、物质主义，与中国封建专制遗留下来的陋习和传统，比如实用主义等，水乳交融地结合在了一起，形成了相当浑浊的一摊世俗之水。

兴办书院的这拨人心气很高，同时心里也很痛。绝对没有一点点玩文化的雅兴，没有茶余饭后穿上长衫的那种雅兴——穿的衣服是很朴素的劳动者的衣服，而不是带"寿"字"福"字的那种所谓"汉服"。今天做事情的文化人没有几个不带一点悲壮感的，这种悲壮感想没有都不可能。一举手一投足就有悲剧的意味，这悲剧的意味又被人嘲笑，这还是好一点的，更恶劣丑陋的是诬陷和中伤。但做事的也只好做下去，不必过多地问结果和未来，只好好地做就可以了。

孔子在当年是思想最解放、觉悟最高的人

朱又可：说到这儿，我们来谈谈孔子这个大教育家，两千年来对他的误解有哪些？他身上最宝贵的是什么？儒家文化又是这一百年来一直被批判的东西，哪些东西又是不好的？

张炜：当年提出打倒"孔家店"，那是五四时期的口号之一。我们不是五四过来的人，没有具体的细节感受。但假如那是很理性的一句口号，里面到底包含了什么？它是知识分子的一场文化运动，这些人多少都懂一点儒学，不可能偏激到提出打倒孔子。什么叫"孔家店"？这个店和孔子是什么关系？需要厘清。"孔家店"也可能是指官方改造过的儒学和孔子，以孔子作为开店的幌子，里面卖的却不尽是孔子或不是真的孔子。

毕竟没有人直接提出打倒孔子，所以说"孔家店"和孔子还是有区别的。

但是我们对这样的分析也要有所保留，因为一个口号普及到民众中去，得不到这么细致的甄别，不会有第二个解释，直接受到伤害的仍然是孔子，而不是开店的人。以孔子为商标的这个店，无论如何摆放仍然是孔子，所以打倒"孔家店"就等于打倒孔子。那些过度的书面诠释，效果并不太好。

许多人都有切身的体会，就是长时间以来孔子和儒学都被放在很低的位置上，人们既无情感也无好感。随着年龄的增长、阅历的增加，人们开始愿意对《论语》有点深入的理解了，这才明白一些事理，觉得孔子错的东西不多，似乎没有什么明显的错误。

我们批判中华的正统、孔子思想，不自觉地就跟"二十四孝图"之类中国传统中极为保守和苛刻的东西联系起来。这与孔子实际上没有关系。相反，真实的孔子是一个极其丰富、多趣、幽默的人。如果只把孔子当成一个保守、倒退、复古的人，那就好好读《论语》吧，有时候会得出相反的结论。我们甚至会觉得他是一个激进的人，在当时可以称为现代思想的鼻祖。在当年，他的主张是相当激进的。比如说齐国发生了政变，他对自己的国公提出：齐国发生了很不义的事情，我们应该出兵去干涉。当时鲁国的兵权主要掌握在季孟叔氏三家,鲁国公让他跟那三家去讲。孔子跟他们讲了,他们却不做。

孔子认为在这种情况下,按照规矩应该是向邻国出兵的,按现在的解释就是"干涉别国的内政"、"做世界警察"了。当年周朝下面分几个诸侯国,后来独立成长,虽然从血缘上看有近有远,但仍可以把它看成一个联合的邦国,这些诸侯国都要维护周朝的正统和规范。现在看孔子的思想在某种程度上是很现代的,这跟西方所说的人权、主权之间的关系颇有几分相似。在国家关系上,在对待人的问题上,他既是激进的,又是理性的。

我们有时候觉得"克己复礼"这种说法跟西方的人本主义是对立的,实际上这还是望文生义的结果,并没有进入到具体的社会环境和政治文化环境。当年为了使自己的话语更容易被接受,所以要说恢复周礼,还要说"述而不作"——没有什么创造性,全是成规。实际上,这只是一种说辞和托词。孔子面对那么复杂的社会变动,要把所谓的成说、成规具体化、现实化,就要处理大量当下的问题,怎么会没有自己的主张?这不可能。他不仅不保守,而且实在是非常激进的,言行都带有相当的理想色彩。

从孔子的知识构成和性格元素分析,会发现他很丰富,很饱满。他懂得音乐、诗、算术和历史,在齐国听了韶乐三个月不知肉味,晚年修订诗三百,一直陶醉在里面。而且他还会驾车、射箭,像今天的赛车手和射击手。总之,这是相当全面的一个人。古书上记载他会唱歌——高兴了就说:我唱给你听听是不是这样。古代的孔子怎样发音不知道,他是鲁国那个地方的,曲阜城里的人说话今天听来鲁西南腔极浓,既不同于济南也不同于山东半岛的东部,离普通话发音相距甚远。但是孔子当年要教学,要接待国内外大量的人士,不可能是一口曲阜老腔。他做过司寇，实践过国家管理。这样的一个人，从五四一直到现在，我们却把他符号化和简单化了，一谈起孔子就是一个不合时宜的道德家，一个保守主义者，一个相当顽固的人。

孔子讲"敬鬼神而远之"，但是没有说鬼神不存在。他有一段时间梦不见周公，就有点不安了。他不谈"怪力乱神"，可能因为过多地谈论一些扯不清的问题，会有碍于对眼前很多事情的理性判断。他死之前梦见了棺材，就唱起歌来，说泰山要崩了，一个大思想者要离开人世了。这实际上是唱自己。果然，不久他就去世了。历史是这样记载的，实际上也不会差得太多。孔子的感悟力、他的渊博知识，从留下的记载和一本《论语》里就可以看出。尽管关于他的文字还不够多，但是已经丰富到了可以让我们尽情诠释的地步。

孔子有一个最了不起的方面，就是他的学习态度："三人行必有我师焉"。有一个孔子的研究者，我请他概括一下孔子，又问他为什么孔子会成为圣人，那么完美深邃又那么通俗易懂，那么博大又那么简约和概括，他是一个生而知之的圣人吗？老人回答：孔子这个人，无论跟谁都要学习。这话引起了我长久的思索。说说很容易，实际生活中跟大多数人乃至所有人都学习，多么难。能跟远处的人学习，跟书本学习，能不能跟身边的人、跟不喜欢的人、跟对自己有过伤害的人学习？

我们离孔子的生命质地差得太远，怎么会成为有学问的人？这种学习态度可以带来知识的渊博，可以带来各个方面的快速成熟。最主要的还是在人品方面、胸襟方面。在孔子小时候，有个深深伤害过他的人，这人叫阳虎。《孟子》这本书里记载，孔子还赞扬过阳虎的一个主张。孔子人格和知识的最后完成，主要是来自虚心、谦卑的广泛学习。

朱又可：孔子说，"诗三百，一言以蔽之，曰：思无邪"。有些批判孔子的人，把"无邪"解释为政治正确的标准。

张炜：那种说法还是字面上的简单理解。"邪"绝不能单纯地译为"邪恶"，它的外延要更大些。在古代"邪"即"徐"，是"虚徐"的意思。"无邪"就是"直"和"诚"，就是"纯正"，有真情实感，不扭捏作态。简单概括，就是不虚假。这恰恰是所有艺术和道德的重要元素，跟"伪道德"、"政治正确"、"正人君子"等是针锋相对的。现在看《诗经》里面收录的大量作品，特别是《风》这部分，是相当开放的。如歌颂爱情的诗篇，"关关雎鸠"是放在前面的，细节、情感，既细腻又饱满。编诗三百是孔子最重要的贡献之一，否则这些诗就可能散佚了，或由于芜杂而难以保存和流传。孔子当年理解的"邪"不是我们今天所想的这些。

当时民间各种东西想必也相当芜杂和混乱，从浩如烟海的资料中把优秀者提炼出来，显然是了不起的贡献。当年虽然没有网络，但是众生和历史就是巨大的网络，可想而知孔子当年劳动的繁巨。"思无邪"这个说法，是令人赞同的界定。到现在为止，最好的文学作品也都是"思无邪"。所谓的思想解放演进到如今，经过了几千年之后，写作行为是这样的广泛，比如网上可以有各种各样的写手，一夜之间涌现成千上万的写作者——即便是这种情况下，一个稍稍优秀的作者，也应该具备"思无邪"的观念。这其实是一个永恒的标准，可以通向未来。

朱又可："邪"是一种艺术，"无邪"是道德。

张炜：恐怕只有今天的风气，还有望文生义，才把这个"邪"字和艺术连在了一起。许多时候我们也许就害在这个"邪"字上。今天的"邪"少一点，我们的思想和艺术、我们的学术会好得多。今天一个严重的问题，就是我们的选择离开了孔子这个重要的标准，太虚假，太"邪"了。

朱又可：批判孔子对我们民族的损害是什么？

张炜：这种伤害简直比比皆是，很难历数得完。康有为是一个君主立宪制的推崇者，他得出的结论是，中国诸多的问题（比如民族素质问题），乃至一切问题的根源都是：不尊孔。这句话发人深省，不要看成一句轻率之言，他说的有道理。我们历史上的帝王大半是尊孔的，为什么说不尊孔？康有为的意思是我们没有真正地尊孔，往往是法家其实，儒家其表。这是帝王术的一部分，对民众从来不讲仁恕，内在法度非常严苛，还是用的商鞅那一套。如果是真正尊孔，内外一致，就会趋向一个理想的社会，就会让我们的民众知书达礼。这里的"书"主要是"四书"，孔孟之道。

实际上我们离"知书"这个要求越来越远，野蛮和冷血从来是不缺少的，无论是过去张献忠式的滥杀无辜、杀人如麻，还是后来严酷的阶级斗争，离孔孟之道的"仁"、"恕"相距都太过遥远。事实上，只要离开儒学的核心价值观远一步，我们就离苦难近了一步。在现代化时期，儒学是一味最好的解药，可以解市场之毒。儒学在精神上是非常彻底的人道主义，而且在操作层面是极为清醒的理性主义。情与理在孔子身上得到了完美的结合。孔子、孟子，也包括综合了实践经验的荀子，他们一路走过来，形成了相当完备的东方理性和道德主义，非常了不起。至于说后来的程朱理学和等而下之的对儒学的解析，还有通俗化的过程，其中的一大部分与孔子的中心思想无关。

最后荒谬到了像鲁迅批评的"二十四孝图"，像其中的"郭巨埋子"之类，弄到最后把儒学都一块儿埋葬了。可见民众荒唐地把儒学通俗化、稀释化到了什么程度。这与孔子有什么关系？孔子是那么善良的一个人，提倡仁恕，不可能把亲生孩子埋掉，也不可能荒谬到为了取悦双亲，让七八十岁的男人手拿一个拨浪鼓躺在地上打滚。所有的荒谬、可笑、愚昧都一家伙推到儒学传统上，一切的过错都是它了，这是南辕北辙，是非常可怕的误解。

今天一般痛批儒家并表示深恶痛绝者，大多并没有认真读过原典。原典就是孔子、孟子的著作。即便是后来继承他们学问的大儒，其言论也不能完全划到孔孟这两个核心人物身上。我们应该以原典为据。有时候我们读了原典觉得不对，但批评它的时候，至少不能忘记它产生的时间，也就是说它对应的仍然是它自己的时代，而不是今天。只有这样，才会看出它的精确性和先进性。离开原典诞生的那个时代，离开那些具体的、鲜活的生活细节，用今天的现实经验去否定原典，说它如何愚昧保守，不仅错位，而且可笑。

我们对一句话、一个观点的判断，当然要根据一定的社会和生活逻辑去推理，不能用今天的生活现象、现代社会的逻辑关系代替春秋战国时期，二者是完全不一样的。网络时代的社会现实和生活现状，跟两千多年前比，变动是多么巨大，更不要说汉语词汇层面造成的很多误解了。

朱又可：尊孔不等于束缚思想。

张炜：尊孔，在相应的历史阶段，就是某种程度的所谓"思想现代化"，也是"解放思想"。就今天看到的文字资料而言，孔子在当年是思想最解放的人，他比别人有更高的觉悟，面对现实，有更开放、更大胆的想象力。这不是一句空话，不是心血来潮制造出的一个概念，我们可以具体去看《论语》。在当年那种极其混乱无序、君权无限膨胀的状态下，孔孟的思想一点都不保守，而是非常解放。孟子最先提出了"民为贵，社稷次之，君为轻"。这种思想在今天，包括在西方，都可以说是先进的、现代的。这是两千年前的思想，可见孔孟并没有什么保守。

朱又可：大胆的思想解放的东西，到今天被当作了"传统"。我们今天谈孔子的"思想解放"，感觉是虚伪的。

张炜：我们不能还原到孔子当年的那份纯洁和责任，所以觉得它是虚伪的。孟子很多话说得很大很漂亮，难以让今天物质主义时代的人去理解、去稍稍认可。那是一种了不起的情怀和志向。当时有人跟孟子说：你看苏秦、张仪这些合纵连横的大说客，只要他们一动起来，各国的君王们都害怕了。就凭着三寸不烂之舌，建功立业，声名显赫，真是大丈夫啊。孟子却极为藐视，说：他们算什么大丈夫！真正的大丈夫应该"富贵不能淫，贫贱不能移，威武不能屈"！这些话真是掷地有声，让人备受鼓舞，用今天的话讲就是太提气了。这么一段话，激励了一代代仁人志士。它是大话，更是不可企及的境界和高度，确有强大的感召力。我们相信这些话强烈地撼动了人的灵魂深处，不是一次，而是经常；不是一代，而是数代——都具有强大的效果。

张载说：知识分子应该"为天地立心，为生民立命，为往圣继绝学，为万世开太平"。许多人就觉得不着边际的大话又来了，知识分子哪有那么大的力量。其实这仍然可以看作朴实的志向和追求，是一种实践的抱负。"为往圣继绝学"，有这样的愿望，努力学习，完全可以去做，做多做少都可以；不是一个人，而是要加入这个"继绝学"的群体。"为万世开太平"，讲的是这样做的结果，讲学习和实践的功用。张载的词句对仗得好，节奏感好，关键是切中要害，具备强大说服力、感召力的同时，又让人觉得痛快淋漓。

特别的人物，很容易引起误解和嫉妒。一般的知识人有一个特点，就是会使性子，挑剔那些更明确、更显要的目标，所以象征性的人物会一代又一代遭到质疑。

张载就处在这样一个奇怪的地位上。

朱又可：为什么到了今天，知识分子渺小到被嘲笑？

张炜：民众离开自己的文明传统越来越远，尤其在今天，商业文化大面积覆盖了东方以后，就会跟自己民族的代表人物在情感上更加疏远，理解上也更加困难了。如果说西方的大片儿我们看起来更过瘾的话，西方流行的娱乐文化更有渗透力的话，那么与之对立最严重的就是我们的传统文化了，尤其是儒学这一部分。现在我们所实行的物质主义、社会形成的角逐态势，正好跟传统文化所倡导的气质和思想背道而驰，形成了两个不同的锐角死顶在一起。这是不可以调和的。

但是从历史上看，儒学又是永远生长、永远存在的，它不会像物质主义时而涌来时而荡去，最后什么也剩不下，落到一个光光的下场。曾有那么多人试图改造它，把它当成利己主义的工具去使用，简直无所不用其极——歪曲、践踏、痛斥——但是它原来的灼人的光芒并没有彻底黯淡下来。中华民族文化的希望，仍然还在于儒家精神。

朱又可：90年代以来，中国政府层面在推动国学热。

张炜：无论是哪种力量的推动，真正有助于更多的人了解儒学、深入儒学就好。但这是一件思绪遥远、心胸宏阔的事业，要做得细，做到实处，并不容易。一方面这是一种强调，另一方面整个社会实践和它是对立的，于是这种强调就成了与实际内容相冲突的东西。还有内外统一，这才是问题的关键。当年齐国物质主义兴盛的时候，孔子在齐国也没有立得住脚，没有与齐国君王有过密切的交往。据说那里也是文化繁荣之地，有迷人至极的韶乐，尽管如此，他也没有久留，没有继续往东走，还没到东夷就回返了。可见，重商主义、强烈的市场化，跟儒学的理想是有相当距离的。

在严刑峻法时期不可能实行儒学，不可能让儒学成为思想和文化的主导，它不可能进入人心。它们二者当然是对立的。如果倡导的文化与社会实践之间的关系是紧张的，这种倡导又会如何？从孟子的言论、孔子的言论里可以看到强烈的批判性，比如孟子跟齐王的对话就是最典型的。孟子从来不忘纠正国君的言利好利，最典型的就是"寡人有疾，寡人好色"那一段了……利欲熏心的纵欲时代，无论如何提倡孔孟，都很难植根于民众之中。人的物质欲望是很自然的，不去大力倡导和刺激都会茂长，如果再加以煽动激扬，那就不可收拾了。再就是，后人对孔孟等儒家经典的伪说和篡改，包括当代一些人的功利化解读，也实在令人讨厌。

朱又可：人们通常把官本位、等级制、虚伪等，认为是儒家文化。

张炜：儒家文化不是官本位。儒家所谓的等级是强调治理国家的规范，是理性思维的一部分。在当时利欲熏心、不讲任何道义和规则、大肆攫取、放纵欲望的情势之下，哪里还有一点规矩和恪守？那个时期就是礼崩乐坏。在新兴的现世强权主义者面前，复兴周礼，强调君君臣臣，恰恰是对官本位的最大打击。那些在位者有财富有土地，却没有任何礼法的制约。当时还有什么比恢复周礼更能够对官本位造成实际而强大的冲击力？这显然是在遏制权力的无限膨胀。

我们看孔子的言论必得和当时的现实结合起来。当时的现实就是季孙氏、孟孙氏、叔孙氏几大家族拥有军队、拥有财富，鲁国君王是被架空的。在家族祭祀的时候，这三家可以动用周室的大阵仗——看起来不过是坛坛罐罐的摆放，多鞠几个躬多下几次跪，多喊几声多敲几下石头而已，却让孔子惊悸和痛苦。因为这里涉及治理国家的基本道德和政治准则，他们动摇了最根本的东西。

孟子的"民为贵，社稷次之，君为轻"哪里有什么官本位，分明是民本位。有时候一听到讲"君君臣臣"，就以为在强调等级和官位，忘了孔子是在何时讲、为什么讲，忽略了具体的历史背景。在当年就是不君不臣、礼崩乐坏，才导致了地方权力的泛滥和膨胀，而孔子用西周体制去规范和约束他们，其实是一种进攻，是持了有力的武器。直到今天，遏制权力的极端膨胀和荒谬至极的权力分配、金钱政治、权钱交易，都很困难。任何一个国家的管理，离开了这种实践理性，整个社会就没法健康运行。

朱又可：也就是建立秩序。

张炜：秩序来自理性。所以攫取者首先要做的事就是破坏理性、打乱秩序。在混乱当中，有一部分人就很容易达到自己的目的，所谓趁乱攫取。

朱又可：西方人没有贬低孔子、轻视孔子。

张炜：儒学对西方人的思维方式、哲学思想是一种很重要的补充。比如说托尔斯泰，看他的传记会发现，他在日记里多次写道：获得的大部分的快乐是因为读孔子和孟子，真是喜欢得不得了。这位大智者有这种阅读的快慰，有豁然开朗的感受，该让国人好好想一下。西方人大概很少有批判孔子、孟子的。到西方去，他们见了中国面孔，一下就想起了孔子。问他们知不知道鲁迅，好多人不知道。他们知道最多的还是孔子，见了中国人脱口而出——"孔子"！

在西方，现在中国建了许多孔子学院，许久以前曼哈顿就有孔子雕塑，这是有原因的。这是一种了不起的代表，标示了一个民族思想和道德的高度，肯定具有无限的生命投放力和发射力，这是压抑不住的。人是具有知性、灵性的动物，有强大的感悟力，会接受几千年前的某种最有力的思维，无论离其多么遥远。

朱又可：中国花钱建这么多孔子学院，目的主要是教汉语，然后树立中国政府的形象。

张炜：但是为什么要借助孔子？因为孔子对西方民族有巨大的影

响力、震撼力和吸引力，他作为一个符号是足够用的了。无论建立孔子学院具体做什么，"孔子"两个字还是让西方人心悦诚服的。如果搞商鞅学院、管仲学院、朱熹学院，恐怕就不行了。

周游世界：再也不能做一个利益的动物了

朱又可：《你在高原》中也写到大学老师吕擎，他当时对大学是很藐视的。

张炜：如今的大学是非常复杂的群体，是非常复杂的场所。一方面因为太大，优秀的人不少；另一方面也有很多人在那里没法待下去。我的一个朋友，他在大学里一边教书一边写些东西，本来挺好的——校园相对绿化较好，生活比较规矩，人的知识素养也比较高，野蛮相对少一点——他却非要挣出来不可。后来他调到一个很小的单位去了。他皱着眉头对我说：实在受不了，太平庸了……他有这样的感慨。可能只是一种具体的、个人的感受吧。

还有一个朋友，去年夏末见过，他就在大学里工作。他对我说：自己这一生，最大的失误就是进了大学校园。当我表示惊讶时，他说这是没法讲的，只有待在里面才能知道。我努力想理解他们的体会和处境，但很难。有时我会想，任何环境都有共通的元素，都有好的和令人不寒而栗的东西……现在打开一叠本科生或硕士生的毕业论文，如果有勇气一口气读上一两天，就会有一种绝望感。

吕擎是坚决要离开校园的。当他要离开的时候，他的母亲非常痛苦，因为她丈夫生前也在这个校园里，而且非常受尊重，人家简直是看了老人的面子才让这个吊儿郎当的人在学校里任职。这个儿子是相当怪异的人，有莫名的痛苦，不愿出门。领导派人去找他，他只从门缝里塞出一个条子，上面写：我病了。就像得了自闭症一样。有时候，一个人对生活极度厌恶之后会是这样，没有在这种环境里浸泡挣扎过的人，很难体味这种心情。

吕擎就觉得那个地方不可忍受。外人可能不理解，只有熟知那个具体环境以后，才可以指责和评说。可怕的是，这一切远不只行当的区别、人群的区别，而是一个时期总体人性状况和人的素质所决定的，是这一切所形成的总的决定力和制约力。只要跑不出这块土地、这个族群，去哪里都一样。

朱又可：这些年，从国外留学归来的人回来后更没有理想了，急功近利地加入了物质主义中，让国内知识分子看了都为之瞠目。

张炜：情况各种各样。有一部分人在外面生活时间长了，已经适应了另一种环境，所以回到这种人口绵密、拥挤、到处尘土飞扬的生存空间，回到这种潜规则很多的群体中，严重不适应。他们有的走掉了，有的绝望到自杀。这跟刚才说的情况一样，都属于极端的例子。但是利益熟透的海归派，在国外可能也只学了技能，而并没有在文化上接受多少。这不是说一定要信教，而是信仰的因子能否进入血液的问题。他不过是"西学为用"，带回了一点技术而已。他见得更多，思路更开阔，同时对西方的资本运作规则在形式上懂得更多，回来后却很快适应了这一摊水，在里面游得很好，这就成了更有害的一种人。

假设这个海归派不是十年八年在外面学习，而是出生在国外或者很长时间生活在国外,在文化上稍稍植根于那片土壤,那么回来后,或者是适应性比较差,或者是适应之路十分漫长。很多人会有一种感觉:有信仰的人,无论有多少缺点,但有一个共同的优点,就是性格上相对爽快、单纯和执着,因为他们有一颗感恩的心。一般来说,有信仰的人比没有信仰的人好交往,更可信赖,也更善良,一颗心更柔软。

朱又可:你去了很多国家,你的收获和感受是什么?

张炜:非洲等没有去过,其他国家和地区去了一些。欧洲、北美和东方国家去得多一点。对国外是一知半解,因为没有在某个国家连续生活几年过。单就浮光掠影所得来说,虽不深刻,也仍有一些不可磨灭的印象。比如就所走过的国家和地区看,比起我们,他们更像一些嗜读的动物。比如在转机转车的过程中,总是看到大多数人都在抓紧时间读书,而且在读一些严肃的读物,不是翻看小报和流行杂志。哪怕是贫穷一些的拉美地区,像古巴、委内瑞拉等国家,也都是这样。不要小看了这种现象,这个观察的窗口很重要。想一想国内,在候机候车厅里,一大屋子人很难找到一两个读严肃读物的,他们不是翻翻报纸或花花绿绿的杂志——现在就是看手机了——就是三五一帮闲聊或大声喧哗。在这样的环境里,想好好阅读都不成。不少候机厅里也有卖书的地方,但那里常常在宣扬厚黑学、庸俗社会学和犬儒主义,而且不以为耻反以为荣,吵得满耳朵都是。从这个窗口中,实际上很可以窥见一个民族的命运。

《你在高原》写到移居国外的问题。有一个人很想移居,可痛苦的是有一个道德问题克服不了——他总觉得自己的祖辈,包括自己,将这里的自然环境和人文环境搞成了这个样子,已经不可忍受,然后再移民到另一个国家,这个国家相对美好的环境主要是人家当地人一辈辈创造出来的,凝聚了大量心血和劳动,自己怎么能心安理得地享用？相反,对我们自己的这片土地破坏力最强、最负有不可推卸责任的一部分人,反而最先跑开,又去糟蹋另一片土地去了。

他找不到离开的理由。他觉得没有资格去新的环境中生活。他宁可就这么熬下去。类似的偏激我们没有吗？有时候到国外看到极好的自然环境和人文环境,内心也偶有这样的感慨。

他们也有很多机会到国外定居,但总有一个问号在心里盘旋:我有什么资格去那个地方生活？我个人为创造这个美好的环境付出了一滴血汗吗？如果是很早以前去西方奋斗的华裔,帮他们修铁路,参加争取自由的战争,那就可以问心无愧地在那边生活下去,因为自己为这个环境付出了个人的劳动和血汗。人家建设起一个非常和谐的自然和人文环境,其他人却问心无愧地来到这个地方享受——尽管那个国家认为居住自由是人的权利的一部分,还制定了有关移民的相关法律,但道德的网总是比法律的网更细密,如果某些人的体积太大,网眼太小,就穿不过去。这里要直面一个道德难题。

在外面游走,觉得大多数国家还是给人安全感的。一些贫穷地区,如拉美,尽管很不发达,吃的东西少,建筑物残破,但大致上卫生状况还比较好,绿化也好,自然生态保护得很好,人也比较有礼貌,谦和友好。在欧洲或北美,生人之间相遇都是微笑打招呼的。陌生人的一个微笑是那么温暖,因为对方首先把你假设成一个友好的人。而我们这里的常态是,要经常把一个生人设定为需要提防的、会伤害到你的人,不然就会出问题。这两种群体生活差异多么巨大,人在日常生活中的心情差异有多大也就可想而知了。

人在一种不停提防、恶言相向、像乌眼鸡一样的族群里生活,有再多的钱会活出尊严吗？这里产生了一个强烈的对比。一方面那种和蔼、安静、温煦是如此常态和普遍，另一方面这种情形只是一种局部和偶尔的状态——这是一种必须承认的现实。还有吵吵嚷嚷的习惯，到处喧哗震耳，让人不得安宁。走到饭店里，即便只有三两个人，也一定是吵吵闹闹的。汽车上、飞机上，只要有几个人，就没有了安静。大部分人到哪里都不排队，一说话就带脏字——这一切感受，究竟是我们变得脆弱了，还是我们的确生活在一个令人沮丧的环境里？可能是后者。

财富改变不了粗鄙。人可以用五六年的时间成为一个富翁，或者用几十年的时间成为亿万富翁，但是几十年的时间用来改变素质、重塑人格是不太可能的。看来其他的问题都好解决，人的素质问题不好解决。而人的素质问题解决不了，我们不可能有好的社会秩序、好的生态环境，对一切都不能抱太大的希望。我们曾经是礼仪之邦、诗书之国，走到了这一步，需要好好反省。

很早以前，西方跟中华学了很多东西，日本人、韩国人、波斯人，也都来求学。西方的文官制度，也是中国传过去的。这个民族曾经真的是一个礼仪之邦，彬彬有礼。李白写道："桃花潭水深千尺，不及汪伦送我情。"——李白乘船要走，忽然听到岸上有人唱歌为他送行，而且一边唱一边用力踏着节拍。这个举动让今天的人很是惊讶。我们可以用想象来还原那个场景：既不是小孩子也不是表演，却能以那样的方式送朋友，多么率真可爱！这肯定不是一个孤立的个案和特例。可见我们的祖先是相当有趣、相当浪漫和文雅的，难怪出了那么多绝妙的诗篇、那么多风雅的文人。

我们的文化曾经那么精致，可是走到今天，却变得那么粗鄙。这个恶质化、野蛮化的过程值得好好研究。我们这个民族的确是到了恢复文明、打捞传统的时候了。我们需要把五四中断的一个大工作再恢复起来：整理国故。这对我们来说真的是很迫切的事情。我们每次走出去，都会痛感危机。要焕发我们东方文化的那种生机，就要从生活细节开始做起，从细部一点点抓起，而不是煽动和唤起全民物质掠夺的欲望。这种无边的欲望贪求会把我们一步步引向深渊，万劫不复。

没有希望的生活就从无限扩展和膨胀的欲望中开始。每一次去安静之地，不论是发达国家还是欠发达国家，都会有一种强烈的感受，就是我们再也不能那样生活下去了，再也不能做一个利益的动物了。过去我们是阶级斗争的动物，今天又变成了物欲的动物，看起来是走了两极，其实本质是一样的，那就是野蛮牵引了我们。一个人向下滑脱很容易，向上攀登很困难。一个民族也是这样。整个民族应该全力向上，去寻找最有生力的那个部分。五四时期提出的整理国故，就是盘点整个民族的传统文化，这个工作实在是太有意义了。这个工作是为了评判，是为了分清国粹和国渣，目的主要还是为了创新，为了再造文明。

朱又可：这些年中国 GDP 变成世界第二了，不少人都有一种自豪感，但有些人也生出了一种傲慢：故意不理文明的原则，认为可以践踏这些规则了。

张炜：这只是一部分最粗鄙的人才有的心理状态，是动物性的表现。有了一点点钱不算什么，再有钱还能比得了盛唐、比得了康乾盛世吗？历史上记载，盛唐时期，过节的时候，连大街上的树都用华丽的绸缎包起来，到处灯火通明，外国人来到长安惊羡得不得了。据估算，清代的国民生产总值占了全球的三分之一或二分之一。可即便是那样的物质积累，最后国势还是走向了极端衰弱，八国联军来了也无力抵挡。物质的轮回起伏不值得大惊小怪。

直到现在，我们仍然是世界上比较贫穷的个体。这其实不必来自统计数字，只要到大地上走一走就明白了。尤其是走在山区和平原的内部，几乎感觉不到所谓的经济增长带来了什么，无论从交通状况、居住环境还是人和人的关系上，这种增长与他们的生活仿佛没有太大关系。但某些县级市的政府办公大楼却堂皇得远超白宫。我到阿根廷去，那个有名的玫瑰宫，就是总统府，规模远远比不上中国许多县级市的政府办公楼，美国好多州政府的建筑物小得可怜。而我们个人却贫穷到这种程度，有些老百姓的房子破得让人难受。这种巨大的反差多么让人羞愧、让人绝望。这种巨大的反差和对比，足够一个民族长久地反思了。这种不敢回味的伤痛，会痛到最深处，它说明的问题太多了。

朱又可：现在很多80后、90后，大学毕业后就业很困难，即便就业了也买不起房子，但是他们生活在这样的境况当中，好像又比较习惯。

张炜：这些孩子当然是一个复杂的群体，这部分人很特殊，不幸又有幸地上了大学。他们遇到了极度膨胀的大学招生，每年的大学毕业生是过去的不知多少倍。可见入学不难，难的是学有所成。在一些概念化的理解中，大学毕业以后就一定不能从事体力劳动。其实脑力劳动、体力劳动，只要是干干净净的、有所创造的，都会带来充实和健康。一方面很多毕业即失业的孩子让人难过，另一方面这个问题很值得讨论。我们放眼看一下，周围有很多事情可以做，这些事情不仅在城里，也不仅在白领工作间里。大地这么辽阔，选择仍然很多。有的人不是失业，而是不愿意去从事非概念化的工作，不愿劳动。

教育不是让人疏远劳动，而是让人更热爱劳动和更有效地投入劳动。在实利主义者眼里，越是好的劳动越是让他们害怕。一个公务员的岗位多少人去争，求得一份保证和安逸的心理无可厚非，但最终不能只停留在这样的层次上。职业道德、从业理想，这些都是久违的东西了。在实用主义的气氛下，在物质崇拜的价值观下，谈大学生就业是一个格外痛苦的话题。

说来说去还是说到了国民素质，说到了大的教育环境。整个群体在哪种价值观、哪种风气中往前走，这对个体才有最大的引导力。现在这些问题越来越突出了，让人既忧虑无比又束手无策。大的社会教育环境当然也不是一句"尊孔"就能改变的，"尊孔"两个字太坚硬太刺耳了，包含的东西也太多了，有些文不对题。它应该非常具体，当喊"尊孔"两个字时，就要想到一些时代性的具体问题。现在这两个字被有些人喊得太多，却没有一点当下性，更没有具体化。

朱又可：现在是家长、老师都恐吓学生，让他们考上大学将来找一个好工作，教导人向上爬，成为人上人。

张炜：我们有些家长、有些社会人士，对年轻一代或者说一些不着边际的大话、空话，或者引导他们走向庸俗社会学——有人追脏逐臭，不以下贱为耻，甚至觉得追逐下贱是光荣，那就一点都不奇怪了。我们传统文化里早就判定为下贱的那一部分，今天一个受过良好教育的人竟然不觉得下贱，似乎还觉得很高尚。难怪招摇的骗子可以大行其道，丧失基本操守者也没有多少人谴责。说到这些，真是让人绝望。

绕开垃圾的办法就是回到经典

朱又可：谈谈你的阅读吧，现在的阅读对很多人来说是迷茫的。你为了写这部小说，专门阅读了哪些地质学、动物学、植物学图书？另外还有哪类书？

张炜：这些年，随着年龄的增长，阅读的文学书籍明显地减少了。我写过一篇文章叫《中年的阅读》，就谈过这方面的话题。中年人读什么？"或者是绝妙的虚构，或者是真实的记录"，这两种书才让人受益。绝妙的虚构作品，具备写实作品不能够给予的快乐，其语言艺术的巨大魅力是无可抵挡的。比如当代作家，给我印象最深的，一个是索尔·贝娄，一个是马尔克斯。古典作家作品读得比较多，西方的经典作家和中国的经典作家，像雨果、托尔斯泰，包括他们之前的那些作家。俄罗斯文学让人永读不厌，是经典。现代的鲁迅，古代的屈原、李白、杜甫、苏东坡这四位作家，读得较多。我写过一本《楚辞笔记》。对陶渊明也喜欢。文学书籍，随着年龄的增长，想读得少而精，当然想读得更深入一些，想围绕作家而不是作品着力。

社会科学，比如哲学家康德的作品，译过来有时相当晦涩，但有些也算好读。一些历史方面的书很有魅力。一般意义上的虚构作品，就不要读了。读了几十年，会有一点敏感，也会有一点厌倦。印刷越来越现代化了，书店里的书"横看成岭侧成峰"，跟我们青少年时期书架上的情形是完全不同的，那时得到一本书很困难——记得小时候得到一本灰色连环画，讲一个连队里互相帮助的故事，无非是一个战士瞒着战友寄钱给他的家人,就这么简单的一个故事,让人喜欢得天天带在身边。那时书籍太少了。像70年代中期,谁出了一本散文集,大江南北都会知道,一本小说也是一样。现在有了网络和电视,印刷品成几百倍地增加,读者被淹没在一片海洋里。比如电视,过去一个人在电视上晃一晃,大家就会记住他的面孔,现在晃几十次,观众也不见得记得住,因为频道太多了。

写作工具也是一个问题。鲁迅那个时期都用毛笔写作,工具笨拙和苍老一点,文字会敦实一些。现在书写工具太方便了,记录的笔触催促大脑,轻率的文字就容易出现。

在阅读里要有一个思考的前提,就是知道这是一个更多地生产垃圾的时代,所以就要非常小心。绕开垃圾的办法就是回到经典。当代作品不是不看,而是一般的鉴别力已经远远不够了,在阅读方面轻易指点别人是会犯错误的。一切都市场化了,文字讲述所使用的语言一般都是市场语言,而不是文学语言,它作为语言艺术是大可怀疑的。

朱又可:其实你对网络也不是一概排斥。

张炜:事物有利有弊,简单排斥是不行的。网络有一个优势,就是给人的生活带来许多方便,比如传递邮件、网上购物等。但这不是欣赏文学艺术的地方。网络上大量充斥的是低级的娱乐消遣,这样在网上花费很长时间,对谁都是一种毁坏。网络上的低俗,更不用说赤裸裸的色情泛滥,说明受众之多,说明有不少的社会力量在给予强大的支持。这会让我们的阅读生活恶性循环,一批习惯在网络上阅读的人,渐渐连什么是好的语言什么是坏的语言都不能分辨了,被驯导成了"语言色盲"。这样的一批读者不能掌握文字,其他当然也就更谈不上了。

朱又可：在国外的游走也是为这部小说准备的一部分吗？会与这部小说发生化学反应？

张炜：扩大游走的范围很重要，如果只局限在半岛地区，游走的坐标嫌小了点。但是离开了半岛这个局部，就不够深入，就会泛泛观察和理解生活。既有半岛地区细部的深入，又尽可能地把视野放大、坐标放大。西方和东方、南方和北方、发达地区和欠发达地区、最贫穷和最富裕的世界，在这些不同的地方，更大范围地去考察和观察，才会有新的理解。不然就不足以完成一部开阔的、有深度的作品。巨大的工作量也要求生活面极大地展开，把视野再放开——而过去是没有这种可能的，80年代中后期之后，才稍稍有了这种可能。

朱又可：除了别人邀请或者会议之外，你自己出过国吗？

张炜：有时长达几个月在境外。学术会议邀请也算比较多，每年有两次以上。但现在很少成行了，有些疲劳了。美洲南北、欧洲、东方国家和地区，这些地方即便去了多次，要有文化上的深入理解也是谈不上的。仅仅是借一个学术会议待上一小段，想深入内部是不可能的，只能是印象或通常说的"一瞥"。从旅游的角度，从猎奇的角度，会得出北美某几个大城市的印象是那种开放华丽，那种挥金如土，那种现代都市的畸形繁华。这些我们从书里和影视镜头里也会看到许多，比如金钱和性的泛滥。时间长了会让我们得出一个概念，它们是糜烂的、放纵的、发达的。可是如果深入一个小的城市，进入真正的平民生活，用更现实、更多元的眼光去观察和体会，就会感觉到北美一些小城，更不要说乡村了，是相当保守的。这和它们安宁的气氛是完全一致的。

记得有一年，有些国人带了一些画到美国去，那是些很大胆的裸体、性之类的画，以为在那个地方可以得到很好的共鸣，用以显示我们东方人也是如此开放。岂知到了那个地方，发现根本没法展出，因为当地嫌这些作品过于色情和暴露，还有些下流——这使我们的创作者大吃一惊。还有搞行为艺术的中国男人，因为裸露，被人家以扰乱社会秩序为由抓了起来。因为他们眼里的北美是概念化的，是被媒体或一知半解的知识给歪曲了的，并不真实。他们不知道真正的北美是基督教地区，这种文化植根很深，它来自欧洲，是相当保守传统的，比我们所能想象的还要保守和淳朴十倍。最广大的土地上就生活着这种保守、淳朴的劳动者，这是个一时难以改变的事实。

我们有时候就被它的好莱坞电影城、被迪士尼乐园、被华尔街股市上那头牛给顶住了，思维一时别不过劲来。实际上，比那头牛更顽固也更牛的，可能是它悠久的信仰。这些都需要时间体会，需要多走，需要更深入地理解。外国人理解中国也一样，他们当中的一部分很可能也把这片土地概念化了。比如我们的文学艺术，他们只认为过去是努力表现阶级斗争，是那么愚蠢、好斗和偏狭，到了今天，又有那么多声色犬马和尖叫的作品。我们更直观、更大众的电影也是如此概念化的表现：这个民族过去是鸡争狗斗，今天是声色犬马，是愚昧到可怕的地步，总之尽可以无限"审丑"。"文革"时期的艺术是夫妻不同台，今天则全是腰带以下的兴奋。我们似乎是只走在两极下的一个奇怪群体。其实，外国人深入我们的国土和腹地就会发现，这可不是想象得那么简单。这个国民生产总值居世界第二的国家，原来是这么贫穷，同时也这么质朴——并非是它的影视和某些文学作品表现得那么下流。

所以要深入理解一片国土、一个族群，不能从粗略简单的文字和图片、从摄像机镜头下去看，这些窗口都是经过选择和过滤的，只能当作小小的参考。如果去北美、北欧等地，还要看它的常态生活，看淳朴的民众、淳朴的笑容，那才是真实和永恒的。

当然，即便是浮光掠影也有所得。利用学术会议的方便，可以接触它的知识分子层，那也是生活的重要方面，可以透过这里看到国民的精神风貌。一拨学术人开了一场会，总要打开自己感受的触角，广泛地吸纳各个方面的信息。一般来说，专业写作者是不善于游走的，而更乐于钻到一个专业里面，所谓的有定力、能安静，这才是我们的强项。50年代出生的人，屁股沉，比较适合做案头工作，而且随着年龄的增长，屁股会越来越沉——这时候要有意地使自己动起来。

频繁转型是没有想象力和创造力的表现

朱又可：你写这部书用了22年，写的过程中，因为环境在变化，你的思考也会变化，这对你的写作有什么影响？

张炜：我觉得，时间给予的智慧和援助，什么东西也不能代替。像一开始设计的情节和人物，包括思想，有时候搁一年再看就显得单薄了，隔两三年以至于四五年之后，就觉得很可笑、很浅薄了。这就需要重新开始。这个重复的过程牵引出千头万绪新的思维。不停地重复、不停地修改、不停地重新结构,使书里充满了思维的痕迹,这对于一个很单薄的单行本可能是一个弱点,可是对于长卷就不一定了。仔细阅读就会发现,字里行间充满了作者修正的痕迹、怀疑的痕迹。不要说22年,有时四五年里,人的思维就会发生巨大的变化。比如《橡树路》中描写了80年代初的"严打"时期,那时体制和社会对人的生活、对行为的规范是非常严格的。但只是过了四五年,突然就变得相当宽松了。记得当年"严打"的时候,一个人仅仅因为参加了舞会,就被一遍遍地审查、追究。几年之后,竟然跳舞成风,不参加舞会的年轻人反而被视为土气、落后——就是这么奇怪和突兀。

　　再比如80年代初,有几年,一盆君子兰要卖很高的价钱,机关上、社会上养君子兰成风。据说这是从东北传过来的。记得那时机关里人人都养一两盆君子兰,谁如果不养,周围的朋友就说:你这样不好,你怎么连君子兰都不养?他们会连带着对这个人的基本素质都怀疑起来。领导养了君子兰,大家也养了,某个人不能跟进,好像还有点政治上不开展的味道——那时有一个说法,叫"政治上不开展",这是对一个人很严重的负面评价。这句话今天看很有趣,当年就不是有趣了,而是令人万分沮丧。现在看这个语句的组合是相当诡谲的——"政治上不开展",而不说"展开"。那时候谈论一个人,总结他的工作,最致命的一句话是:哪里都好,就是"政治上不开展"。这个鉴定用在年轻人身上,他连找对象都困难。

　　朱又可:就是不从众。

　　张炜:是的。不过这里面包含的意味很多。可见潮流、流行和风尚这些东西是很怪诞、很诡谲的。一盆君子兰就可以联系到"政治上不开展"，更不要说其他了。那真的是不可以原谅的——机关里都养了君子兰，有人显然不讨厌而且很喜欢君子兰，甚至很羡慕那些把君子兰养得茁壮的人，但因为忙或其他原因，一时没有养起来，结果就引起了额外的、很大的麻烦。他的女朋友会觉得这个人很可惜，好学、上进、注意锻炼身体、按时爬山、早晨和别人一样一碗豆浆几根油条，上班提前去擦地——怎么就不能更好一些，再养一盆君子兰？

那时爱学习是很了不起的品质，一个人要谈恋爱，最好的办法是拿一本书到街上石凳那儿坐下，或找一根电线杆在下面站着，利用街灯微弱的光来阅读，那样很快就能吸引住异性，因为潮流和风气是那样。现在正好相反了，今天谁如果那样干，恐怕一辈子都找不到对象。现在必须有车、有房子。还有一段时间，大约是80年代吧，男子上街要提着录音机、戴着黑眼镜，这样才更容易找到女朋友。90年代初要拿着像砖头一样的便携手机，别名"大哥大"，这样找对象才比较方便。总之，潮流和风气一时一变，要跟上去还真得费点劲。

中国的事情要变就是很快。所以时常有人问：在社会转型期，你是怎么做的？一时简直无法回答。因为仔细想一想，我们中国什么时候停止过"转型"？从记忆到现在，我们这个民族不停地在转型，一直在转型。老百姓没有多少文化，一时领会不了，只好跟着转型。这就使整个民族没有了休养生息的机会，难以收获幸福。如果让人一辈子不停地应付转型、处在转型当中，他就倒霉了。回忆一下，从我们记事的时候起，有没有过稍稍停歇的时候？好像没有，总是在不停地转型。

朱又可：一直很激烈地变化。

张炜：是的。没有想象力、没有创造力的民族，就是一个衰老的民族，有时候只能靠"转型"来刺激自己了。可是写作者的记录却不能一蹴而就，在剧烈转型的情势之下，这部长长的小说却要在22年里完成，这期间经历的变化不知有多少。这就不得不一次次修改，麻烦大了。如果再拖下去也拖不起——22年之后很想再写10年，这行吗？没有这种条件，这里是说生命的条件。外部世界不停地转型，那么记录者就得不停地修改：它每转一次型，读者的期待和感受也就为之一变。去年写的故事还很新，今年就转型了，转得像陶渊明所说的"问今是何世，乃不知有汉，无论魏晋"。

这22年马拉松式的写作，让我对"折腾"二字感受很深。这个民族为什么很难产生稍微长效一点的作品？其中有一个原因，就是"转型"太快太多了，写作者稍微一拖延，外部的一切就变化了，陈旧到了无法理解的地步——也就是说隔膜了，情感隔膜、事件隔膜，简直没法读了。而其他国家和地区大概不存在这个问题，作家可以安心地写一个永恒的主题，写一个散发着永恒气息的故事，一直写上很多年。像《没有个性的人》、《追忆逝水年华》，是作者写了一辈子的作品。人有常性，社会有常态，如果有变化，也是在沿着永恒的东西更深入地演化和发展下去。在这种状态下的发展，人性趋向稳定，容易往好的方向靠拢和提升。如果社会要不停地转型，人就会像没头苍蝇一样，不停地去适应，也就不得不调动人性里最轻浮的部分，所谓的"急就章"，去应付生活。这样，一个民族就会陷入一种无理性的混乱状态。

所以，要表达这种混乱状态，文笔和章法也会混乱，需要不停地修改，不停地调整，以便能够让时过境迁的他人理解，以便准确再现。这就给写作者带来很大困难。这样的时代，急就和速成的书应运而生，它们跟这个浮躁的国情和社会形态是相一致的。

22年中，我饱尝了反复修改、推翻另来的折磨。

书的厚度只有时间才能给予

朱又可：你开始写作的时候是80年代末，到了90年代社会生活就发生了特别大的变化，完全是两种心情。80年代和90年代这种氛围和心情的陡转，几乎是180度转弯。

张炜：当然是这样。这是书写走向深化的关键，是决定性的，对这场漫长的书写非常重要。整整39卷的色调和气味、气息、意境，都发生了变化。这部书的沉郁之气无论如何也无法驱赶，细心的人能够有耐心地读下去，感觉它字里行间在渗流什么。

朱又可：最初你完成的是哪一部？

张炜：写出的第一部是《家族》，还有一部分《鹿眼》。《家族》是总纲式的，不先写出下边就没法进行。

朱又可：在修改上动的手脚很大吗？

张炜：涉及的一些社会事件要改动。情感投入的方向和力度都会有变化，要重新把握许多，重新判断许多。心情能影响情感的表达，整个笔调都在时间里变化。

朱又可：听说有些开头就修改了数十遍，以便调整叙述的角度？

张炜：某一部书的开头常常改上几十遍，其实已经不知道多少遍了。比如《无边的游荡》的开头，就改了几十遍，今天看来也平淡无奇，但是只有作者知道它多么困难。它在全部书中安排在最后，但不是最后写的——整个10大本不是按照顺序从头到尾写下来的，那样会越写越衰，气韵不再饱满。

朱又可：从社会层面看，这20多年来不断在震荡，这个震荡没把构思震破就算好的了。

张炜：巨大的跌宕，已经把原来的结构搞得支离破碎了，我需要一次次收拾碎片：精神的碎片、事件的碎片，重新去整合它们。在一些技术工艺层面，真是苦不堪言。但是如果从捕捉全书的基调，包括一些思想、心路方面来看，收获却是很大的。人总要经历更多的事情才好，50年代出生的这批人有过许多重大的经历，要用这么多文字去表述，就要对得起表述的对象，要尽最大的力量去做，舍得花时间才行。如果写作者没有时间，无论有多大的才能、多高的智慧，有多少灵感闪动，都做不好。如果只用四五年来完成这个东西，无论作者有多么生动的笔墨、多少吸引人的情节，它的厚度都还是不够的——这里不是指书本的体积规模，而是说文字屏障后面那些相当复杂的蕴含，思想的、意味的，其他的一切的积累。这个厚度只有时间可以给予,没有任何其他办法。

最重要的是绝望之后的第二次选择

朱又可:社会环境发生了那么多变化,最后不变的东西是什么?

张炜:对事件的描述、情节的叙述,这些东西好像没有太大的变化,因为它们已经发生了。只是回头去看的时候,眼光改变了。用沉甸甸的目光去看待昨天或看待现实,去判断和估价,是完全不一样的。事件像植物一样,目光就是阳光,强烈的光线与深沉和沉重的光线,对它们成长的作用是不同的。

它们有自然的年轮,但在单位时间里发生的重要事件,会直接作用于这个时段的生命。一个人的心情,还有认识,都在不停地改变。用怎样的一种心情去看取事物和表达事物,结果大不相同。心情不是色彩,是艺术的深度。

朱又可:这22年来,从开始到后来完成,这中间你个人的心情怎么样?

张炜:很难清晰地描述它,但有一点是肯定的,就是起伏动荡,而不是直线。只有用"高原"这两个字,能够激发和挽救沉沦绝望的心态——生活不在此地,在别处。人需要心存高远,因为如果没有这样的寄托、没有这样的目标,一个有阅历的人,有相当坎坷经历的人,灵魂就无法安放了。实际上,这是写了一个人绝望之后的故事——不是一个人由希望走向绝望,而是一个人在绝望之后的第二次选择。

朱又可:虽然感觉是无可挽救的沉沦,生活在往下走,但还是会感到一种力量。

张炜:一切都是在绝望之后。这比第一次选择更重要。如果说第一次选择是被迫的,是一个自然而然的过程,那么第二次选择就需要更强大的意志和力量。用个人的顽强实践决定下半生,不然就是突然崩溃。

朱又可:第一次选择是什么?

张炜:绝望的觉悟,很多人都会经历,很多人都有过这种选择。从大的方面可以把生命划为两节:首先要做一个勇敢的探索者,做一个面对现实的人,做一个有勇气的、直面人生的人,但这样的人必会经历绝望,这其实是一种觉悟。第二次选择,就是以绝望为分界线,接下去会怎样?是撞死自己,还是做出其他的更积极的选择?方法很多。

朱又可:你谈到"腐殖质",有人选择加入腐殖质?

张炜:沉沦或者自我幻灭,任由它去,放纵自己;还有的就是撞碎自己。选择的道路很多,行动的方法很多,但是书中小白(《荒原纪事》)的选择、吕擎的选择、主人公宁伽的选择,细节上虽然有所不同,大的方向和路径还是一致的:去高原。这是积极的态度和顽强的抗争。人们至今还是喜欢海明威式的表达:你可以毁灭我,但你不可以打败我。实际上,这样的说法,就是做好了第二次选择的准备了。世界上做人的道理千千万,有各种各样的表述,要直接一点讲,无非就是人在绝望之后会有怎样的选择。

朱又可:把时代看作腐殖质,这是一种积极的态度吗?

张炜:实际上,个体生命对世界的一些残酷判断,只有经历了相当严酷的现实才会产生。没有巨大的沉淀和残酷的环境,人生大的觉悟会来得更迟。在一个清明、简单、豁朗的时期,精神的腐殖质就会减少。从文学艺术的层面看当然也是一样:大量的粗制滥造,精神的千疮百孔,让人无比沮丧的紊乱和鄙琐,都会构成深厚的腐殖质。也许就在这种深厚的腐殖土上面,大成长才会发生。这比新时期初期昂扬向上的、让人欢乐振奋的所谓文学黄金期,从长远看,更有可能产生民族的茁壮生长,这是没有办法的事情。我们付出了多大的代价,收获就有多大。精神之域不会那么简单,不会一路唱着廉价的欢愉之歌步伐整齐地往前走,一起卓越起来。这不可能。

任何时代,肯定是为数众多的牺牲才换来一点点胜利。再就是,精神和艺术之果不是以数量论的,而主要是以高度论的。所以,长时间的沮丧有时候也是好事,是隆隆之声渐近的前夕那个细琐嘈杂的阶段。当代人置身事内,参考的坐标就会有问题。如果以 10 年 20 年为观察的坐标,那就小了。精神和艺术之域的坐标起码要放到 100 年,100 年里才能产生几个杰出的艺术家和思想家。当我们看盛唐的时候,常常惊叹那些诗章是那样灿烂，可就是忘记了盛唐多少年才产生了李白、杜甫等人。看俄罗斯的文学，就说俄罗斯群星灿烂，比如普希金、陀思妥耶夫斯基直到后来的契诃夫，也包括高尔基，但是却会忘记这是多么漫长的黑夜才孕育出这样一部俄罗斯文学年鉴。

人类对待历史的时候，不自觉地就把它压缩了，把坐标放大了，把腐殖质给剔掉了，而只看那苗壮生长出来的巨大的植株。可是我们看当代的时候，就不自觉地把这个坐标放小了，光看眼前——眼不见心不烦，天天见的是眼前，就会把眼前放大，把苦恼放大。但是眼前这几十年算什么？有人说了一句很质朴的话："要与永恒对垒。"不要将胸襟和情怀只与眼前的人，甚至也不必跟国外去计较，不要好奇心那么强，只安稳地做，好好地做，让冥冥中的一对诗眼满意即可。

外国人把这种不求回报的劳动叫作"荣耀上帝"，我们换一种说法，就是对得起心灵，交给时间。不要在现实中把坐标压得越来越小，那样只会换来无穷的苦恼，伤害自己劳动的心情。文学也不会死亡，文学演进和筛选的规律过去如此，未来还是如此。

朱又可：这种痛苦呢？这种痛苦也是这种腐殖质的一部分了？

张炜：每个时代都有自己的痛苦。看李白和杜甫，更容易理解，文学的大标本就是命运坎坷和生不逢时。看苏东坡，当代人的痛苦就小巫见大巫了。他在很年轻的时候就可以接近权力中心，在京城的最上层，少年得志，后来却差一点被杀掉，从那么高的地位一下跌到了深渊，该是多么痛苦。他一生颠沛流离。尽管他的诗文里记录了很多超旷放达、心境开阔的情趣和场景，但是当事人和旁观者感受当然不同。苏东坡作为当事人肯定是相当痛苦的，不得不找一些快乐、趣味来缓解自己，可是这些都取代不了现实的处境。他之所以有那些杰出的诗章、作品，当然是与极其痛苦的经历分不开的。这些痛苦他经受了，就化为了使其茁壮成长的腐殖质。

这里首先有一个前提，即他是一个非凡的人，一个有巨大才华的人，一个能够经受的人。如果没有这些复杂、坎坷、苦难无比的经历，上帝没有给他这么多痛苦的营养，没有送他这么多人生的腐殖质，再优异、再饱满的种子扔在干石板上，也仍然无法生长。

朱又可：这种东西是有轮回、有周期的。

张炜：百年的考察坐标也许稍微好一点。从历史上看取一个百年，在里面往往能找出几位相当明显的集大成者。绘画艺术如此，文字艺术也是如此。所以说它的概率也就是那样。文学家、艺术家在沙皇那个时期经受的暴力和挣扎达到了一个极点，陀思妥耶夫斯基曾被处以绞刑，系上绞索，戴上头套，赦令突来才得以活下来；普希金决斗而死。能够韧性搏斗，才有可能换来巨大的创造和人生的觉悟，如果只是随波逐流地颓丧、沉沦或撞死自己，一切也就不再存在。《忆阿雅》里面有一个地方写父亲在苦役地，一位飞机设计师（他是一位高级知识分子）对父亲说：他们这么侮辱我，折磨我，我实在受不了。他问：你能忍受吗？父亲说：我能。他说：可是我不能。第二天早晨，人们发现那个飞机设计师一头撞死在了花岗岩下。

一个人既不愿沉沦苟活，又不能忍受，就只能撞死自己。实际上，我们每个人都面临这种类似的选择，只是严酷程度不一样。所以，人类最重要的还是第二次选择。

第八章
我就像那只寻找老窝的獾

2011 年 4 月 16 日上午
第八次访谈

早上我照例去爬一趟锦鸡岭。从自助餐厅回到酒店的时候,发现张炜笑眯眯地在走廊的一把椅子上坐着,9 点已经过了。我抱歉回来得晚了一点。

我们又要上班了。

张炜今天又带了新的茶叶,崂山茶,他自己仍然泡药茶。

带状疱疹很缠人,痊愈需要时日。他说,衣服碰着它了也不行,坐的姿势不对了也不行,且它是串痛。

"你多说说,你多说说。"张炜对我说。被采访者比采访者说话要多,消耗要大。

有深度的小说里应该听到嘈杂声

朱又可：你在表达中是否受一些社会思潮的影响？

张炜：《你在高原》处理的是非常复杂的艺术问题、思想问题，当然也有不可回避的复杂的社会判断，涉及很多社会思潮，涉及文学、政治、经济、社会等层面，这是文学的一些基本元素，不可回避。

小说主人公是50年代生人，他经历了社会思潮非常强大的影响制约的时期，思考问题有一些烙印，但这也是他的力量所在。有一些东西他需要挣脱和思索，这可以调度他全部的生活经验，会抵达开阔的感性空间。有时候制约也是一个助力。

复杂的当代生活，也不是像一般人所想象的那样只受某一种社会思潮的制约，而是多元的。有时候，甚至每一元都很强。这个过程需要很多人去思考，一个思想者要考虑到多元之间的联系，将一切纳入个人探究的范畴，而不能简单化地以一元为武器来对抗另一元。如果是那样，就不是一个思想者的行为，而是一种逃避，是简单化和创造力贫瘠的表现。我们现在经常看到的，就是用一元、用极其简单化的思维来批判另一元——对每一元的探究都难免肤浅。

朱又可：这也是困扰很多人的问题，它的解释就是原来的强盛和后来的衰落，然后就没有办法再解释了。多元的解释我觉得是一种启发性的思考。

张炜：比如那种强大的意识和思潮的力量，当它作为一元覆盖的时候，对个体的干涉就特别大。但是这里有一个问题：当多元的意识交集起来，有时候就会形成合力。多元之间不光产生抗斥力，还有一种合力。因为意识和思潮的这种不同方向之力，说到底还是一种——有时候可以作为一种粗暴的力量，既然成了一元就有粗暴性——足够强大的影响力。它们对于个人思维会有或隐或显的干涉。所以说在这个时期，一个思想者，也许最省力的办法就是随便抓到一元来使用，操作起来很少有词穷理尽的时候。因为每一元都给人提供了足够的词汇，提供了一个体系本身所具有的概括性和深邃性，它之所以成为一元，植根往往都是很深的。作为一个个体，他面临着这些巨大的思想屏障，其探索力往往显得极其渺小。

如何才能挣脱和穿越它，就显得极其重要了。但是究竟有多少人能够从现实出发，从生存现状出发，从具体出发，来进行多元的比较、抗斥和综合？这需要非凡的能力，需要一种恒念和恒心。一个人能够始终如一地这样走下去，相信会非常艰难，也非常重要。

朱又可：不能用一种概念来表述不同的意识与思潮。就你自己来看，多元的并存有什么？

张炜：实际上我们可以讲，有商业主义的，有农耕文化的，有平常所说的意识形态方面的，还有一些隐性的：比如传统文化里的某些方面，也在构成一元：比如孔孟之道，它长期以来也演化为一种意识形态了，也是一元；比如法制、市场，所谓法家的那些东西，也是一元。西方的很多思想流派、哲学流派，其实都和这些传统的东西交织在一起，有时候互相渗透、互相影响。比如今天，东方的社会主义市场经济，跟欧洲的市场经济、西方的美式的市场经济会有很多的交织和渗透，有时候甚至是强化了传统中的某一部分——长期以来对抗的那一元的某些方面，反而得到了补充。所以这些问题夹裹不清，得有相当的理性力量才能穿透这个混乱的交织，这是我们面临的全部问题。

人类不停地往前走，收获和遗落同样多，赶路变得很困难。无论是一个多么博学的人，都常常发现自己的思维会陷入片面和挂一漏万。有一个最可靠的办法，就是坚持质朴地从非常具体的生活真实出发去思考问题，而不要过分热衷于某些体系、词汇和概念。如果热衷于那些东西，对著述来说是非常方便的，可以无数次、无限量地繁衍出一个学术家族，家族内部还可以有很多密码，一旦登堂入室，解开了它的密码，对学者来说就有了取之不尽的所谓学问的宝囊，可以把现实生活中很多东西跟这个家族密码进行套用、重新编码，形成个人所谓的当下的学问。但是这种当下学问的依傍和迁就性特别强，这里面可以说失之毫厘，谬以千里。看看中国当下的一些舶来学问，它们研究贫富差距问题、社会其他问题，也包括文学艺术问题，经常会让人感到依附于某一元所带来的表面性，因缺乏基本的开拓力和深邃性而形成的那种简单化和贫瘠化。它们让人有一种不信赖感。它们远离了我们具体生存的真实境况。

朱又可：这些混乱的、交杂的、多元的意识与思潮，在小说的人物当中是怎样体现的？应该会有体现，哪怕是间接的体现。

张炜：一部有深度的小说，人们应该从里面听到各种交乱的嘈杂声，这种嘈杂声是一种生存的真实，是一种不可避免的噪音，但是这绝不意味着作者的混乱和嘈杂。作者应该是相对冷静和清晰的，只是他所要表述的生活里面充斥着多元的碰撞和交织，会带来这方面的烦琐。现代小说如果不具有这种多元交织的烦琐，往往就会显得思想苍白。这里的思想不是一些概念，不是一些体系的罗列和简单的复制，而是对细节、情节、人物以及意境的全面描绘和抵达，是一种综合体现。总而言之，作者个人的思维是否丰腴饱满，在某种程度上要看文本里面是否具备这种复杂的思想的含量。一个掌控力很强的作家，会把这一切化进和谐的语境，获得它独有的色彩和特质，而不会因为巨大的思想含量而变得概念交错、障碍处处、难以咀嚼，特别不能让理性去压迫感性。在这里，人、理念、思想和趣味必须统一，统一到形象之中。

朱又可：不同的大的社会思潮背景下的大作家，他们往往不是简单的代言人。

张炜：重要的艺术家和思想家会有一些跟随者和依附者，会有一些后来者，这一部分人起到了一个好的作用，就是扩大他的思想，壮大他的声威，使他声名远播。但是也有一个致命的缺点，即不同程度地将其概念化和简单化。比如孔子和孟子就是这样的遭遇，很多文学家也是这样的遭遇。文学家的思想和艺术不可剥离，虽然谈起来常常要分成两大块。有多少托尔斯泰的模仿者、陀思妥耶夫斯基的模仿者，连海明威后面也跟了一大群。这些衍生出来的副产品有很多的问题，不是体量大小的差异，而是本质上的区别。但普通读者是很难察觉它们的深部差异的。所以，一般的跟随者很难在大师深邃广博的世界里面走很远，有时就在边缘打转、在周边徘徊，与另一些跟随者附和着汇集。真正的原创者具有思想和艺术的强大腾挪力，他一出发就冲力十足，会出人预料地开拓出一片全新的思想和艺术的风景。后来的模仿者和附和者完全没有这种力量,他们常常把被模仿者原来的艺术世界变得狭窄和简单,甚至蒙上一层庸俗的色彩,使它产生向下和向小的变异。这也是思想和艺术的不幸。任何大师的思想都具有难以探知的晦涩性,只有相同量级的阅读者才能感受它,一般的人只会化晦涩为模糊,大而化之,不求甚解,或直接用误解代替理解,做出一些风马牛不相及的解释。

不光孔子是孤独的,历史上大的艺术家、思想家都是孤独的。因为个体特别强大,孤独也是一种丰腴和富足。这种孤独不是强加给他们的,而是一种必然的产物。大科学家也是孤独的,爱因斯坦的相对论有几个人能懂?但是许多人都在说相对论。实际上,那是很深奥的学问。爱因斯坦走到哪里都常常被人拦住,签名合影之类,他痛苦地带着哭腔说:他们把我当成电影明星了吗?似乎在这个时刻,他是不孤独的、热闹的,实际上他在这一刻感受到了最大的孤独。杰出的艺术家和思想者,实际上的感受就类似于爱因斯坦在闪光灯下、在人群的簇拥中所产生的悲哀。这种境况要伴随他们很久,甚至是一生,这是送给一部分杰出人物的尴尬和无奈。

表达善恶交织,就是要破掉生活中的虚拟性

朱又可:读《你在高原》的百年家族史,始终感觉到冲突、斗争,是你死我活的状态。它与和谐的娱乐和时尚化的艺术构成了极大的反差。是不是有点过分?

张炜：实际上这种残酷的家族争斗，比我们所熟知的一些历史活剧，比我们后来被告知的生活，惨烈得多。如果稍微深入一下，看看历史纪实甚至档案资料就会发现，这种斗争是相当惨烈的，我们只表现了不到十分之一。在这个问题上不可以不求甚解。即使把"文化大革命"这五个字具体化，也会大吃一惊。不要忘记大兴县，还有南方的某个地区……不愿意写暴力，写到一些惨烈的场面也是点到为止，如果再具体就很难过——阅读的时候让人感知这些痛苦，同时又不想让人一直压在噩梦里，这是很矛盾的。

比如《家族》里面黑马镇的那场土匪杀戮，真实的情况恐怕要比这个残酷。女匪的原型是鲁南一位老太太和她的女儿，她们的残忍令人发指，她们当年曾在一个镇子、一个村子大肆屠杀。还有枣庄地区的土匪劫车案，他们奸淫掳掠……这些历史事实让人惊愕恐惧，不忍复述。我们要上升到文学和思想的层面去呈现，不然很多史实记录做得比我们好得多。所以，一方面我们的文学不能不直面这些人性的残暴，一方面又陷入另一种无能：着力表现和渲染性、暴力与血腥，且唯恐不烈。这是无助的，暴力和血腥本身并不是杰作。有人越是迷于这些东西，我们越是要远离它们。但是我们也不愿做一个风花雪月的廉价诗意的诠释者——怎样进入非凡的深刻与真实，这才是最重要的。像战地记者或纪实文学的写作者那样去记录历史事件和生活事件只是一种笔法，是文笔的质地。文学属于感性的天地，理性沉在文字的背后，它在更深处掌控一切。

朱又可：历史上的那种斗争我们很容易认同。你的小说从过去延续到现在，现在也照样能看到惨烈的斗争、对峙？是不是会感到对现实的夸张？

张炜：一个人生活在当下，被生活中大量似曾相识的细节所掩盖，需要透过这些表层去认识真实，实际生活要惨烈得多。任何一个人冷静地把一些表象剥开，看看生活的内质，结果往往都会大吃一惊。但是如果把日常生活细节化、琐碎化和表面化，也就容易忽略掉一些极重要的东西。有人知道这种激烈达到了怎样的程度，只是平时谈论这些的机会不多，深入的、像认识历史一样认识当下的机会不多——当它变为历史了，回头再看的时候才会发觉另一些内容。一个敏感的人、透彻的人，不等它化为历史，眼下就能看出它的本来颜色。不要以为只有特殊的历史时期才会出现触目惊心的事件，它们一定是在看似平常的日常生活里面酝酿着、发生着。《你在高原》里面所写的，无一不是事实又无一不是虚构，但总的来说，它并非是过分强烈了，而仅仅是真实而已。

举一个例子，如果是从某一个城市刚刚结束不久的大面积刑事案件谈起，那可能涉及黑社会，有真刀真枪的一些东西，而具体到文化界和其他方面呢？可能就觉得枪没打响刀没出鞘——实际上未必如此，那是另一种惨烈的形式。变相的枪刀、争斗在不停地上演，有时候也是相当残酷的。有一个文友说，几十年过去了，回头一看，那些和他一块儿出道的或者前前后后的一些朋友，好多人都死去了，没有了——几乎每个人都构成了一部惊人的大书。平时大家只是太太平平和和气气地生活，当你告别了朋友，独自退到一个角落里怀念过去，把所有人的故事与所处的生活环境连接起来思考，竟会发现它们就是一幕幕惊心动魄的戏剧。一些事件经过一段时间才会裸露出水面，而写作者的笔，最重要的功用，就是让它们提前变得清晰起来。

朱又可：这三四十年来生活和平，现在又是大面积的娱乐，似乎所谓争斗无非是占点便宜、吃点小亏而已。

张炜：这是生活的表象和泡沫，要把它去掉。我们很多人，包括做媒体的，不过都是看看网络上的报道，再看看大小报纸的报道，这样来理解生活。是荒唐的官场，是商界的黑幕，还是黑社会的横行？它频繁刺激着人们的神经，直到麻木。尖锐的大事件多得不得了，再多的娱乐、再热闹的市场，非但难以掩盖它们，还成为这些事件发生的温床。这种没有思想道德规范、昏头昏脑的追逐和竞争，不是苦难最好的温床又是什么？历史上的很多残酷事件，追其根源，正是剧烈的竞争和昏头昏脑的娱乐所致。大悲剧，社会悲剧和人生悲剧，常常由此发生。剧烈的竞争让人顾不得反思和记录，疯狂的娱乐、灯红酒绿的生活也会让人麻醉，转而变得冷血，对那些在道德感上受到巨大冲击的社会事件和人性事件视而不见——只是忘却和浮躁都不能掩盖事实和真相。文学艺术的一个功能就是拨开泡沫和芜杂，让人看到人类生存景况的真实处境，让个人的生存经验得以延伸。

朱又可：说到这里，我又想到你书中的主人公宁伽，他似乎总是被侮辱、被损害，遭遇和平背后的凶相。

张炜：宁伽的遭遇还算好的。如果有一个人像宁伽那样行事和生活，我们可以设想一下会怎样。当代如果有这样一个文化人，他具有丰富的个人阅历，在极其艰难的生活中度过了童年、少年、青年，所以应付生活的能力足够强，特别坚忍顽强，比一般人处理个人遭遇到的尖锐磨难更有力量；另一方面，他是橡树路里的一员，尽管在那个世界里处于游离状态，但是他有那样的岳父，许多时候可以化险为夷——在当前社会这是硬道理,他比一般的文化人要优越得多。无论个体素质、抗压能力,还是其他社会条件、人脉关系,他的状况都绝非一般的文化人可比——连宁伽这样的人都如此坎坷,常常弄到无以为计、夺路生存,大多数人又该怎样?

有时候我们真的要这样设问,像他这样的生活经历,像他这样的存在,像他所遭遇的这一切,如果换了我们大家又会怎样?但是他的这一类故事,如果化在漫长的几十年里,化在大量的生活细节里,又会显得很正常,会让人觉得宁伽也没有多少磨难嘛,无非是有时被误解了,有时关了一下又放出来了,等等。他拥有一个大葡萄园,像个庄园主一样,还有一个住在橡树路的高官岳父,有那么好的一个太太,孩子也很可爱,工作换了几次,愿意干就干,不愿意干就辞职走开,而且能够到处游走,似乎也很自由,还能到国外去转一转——如果专门看他生活中好的一面,把这些抽出来,还会以为他是社会的骄子和宠儿呢。有多少人能达到他目前的生活质量啊?他的这种人生轨迹还是相当好的。

可是如果把表象剥开,把细节剔掉,直面他的人生,会发现那又是相当悲惨的。他是那么痛苦,不停地受到各个方面的围剿,被迫离开一个地方到另一个地方,真正是遍体鳞伤。不止一次地逃亡,不停地被击打。深入他的内心世界,我们感觉不到一刻平静,那里起伏翻涌,像狂涛大海一样。他的人生,如果从小时候追究,父亲、母亲、外祖母以及整个家族的罪孽,全要背负在身上,真是足够不幸了——他简直是不幸的代名词。

这同一个人,我们可以做出截然相反的理解和评价,成为不同的人生标本。但可惜的是,正因为我们的思维有时候缺乏基本的穿透力,所以可能会停留在某一个侧面,不再向前,不再顾及其他。

从宁伽这个角色的分析，扩大到整个社会和生活，也会发现类似的原理。看问题不能只看表面，不能简单化、符号化、数字化；既要深入细节，又要忽略细节；既要具体，又要综合；既要看发展过程，又要看最后的结局。结局是残酷的，它的全部细节都要加以分析，从中找到逻辑关系——这是非常庞大的工作。

朱又可：宁伽如果仅仅是那一面，只有那个家族的背景而没有后来的婚姻，他可能早死了。

张炜：虽然不一定死了，但可能更坎坷了。不过话又讲回来，另一部分痛苦也就不会有了，那就是亲人、婚姻所带给他的两重性的生活。所以，事物都是多个方面构成的，橡树路既保护了他，又送给了他巨大的痛苦：他得以了解一个阶层的很多复杂故事，感到了生活的冷酷；但是另一方面，在现实层面上，他的确又有好几次靠岳父伸出援手才能够化险为夷，这也是事实。生活是不能假设的，比如我们不能想象如果他没有这样的岳父，不得进入橡树路，他的生活会更坎坷还是更好。

朱又可：因为实际上他的家族所有的苦难恰恰是橡树路延续下来的那个集团给予的。

张炜：按照某种"正常"的逻辑，宁伽的祖辈和父辈才最有资格住在橡树路，但是没有；那些似乎远没有资格住在橡树路的人，反而长期霸占了橡树路。看看橡树路原来的那拨人何在，就知道今天的这拨人要去哪里，其实中国的历史总是在不停地循环往复。宁伽的祖辈单讲物质生活条件已经远远超出了橡树路,所以他可以视橡树路这群追逐享乐的人如粪土,不必为进入橡树路而处心积虑。

人性不是那么容易改变的,社会可以不停转型,社会形态不同了,人与人之间的关系会得到一些调整——这种调整让我们看到的更多是外在的不同,人性本身并没有那么快的变化。人和人之间美好的东西、龌龊阴暗的东西,在不同的社会环境和不同的语境里面尽管表达不同,质地却是同样的,生命的沉重底色仍然要时不时地暴露出来,这是必然的。

有的人是有承诺的,就和书中的阿雅一样,奔波、劳碌以至于死亡,概无例外。任何时期,都是那些纯洁的人、执着的人、有承诺的人更多地遭遇不幸。

我们现在面临的问题是,所有的勇者和智者早就明白了这个问题——比我们更早地明白了,我们不是第一拨解开密码和大彻大悟的人——那么,摆在我们面前的第二次选择要怎样进行?人生的最大勇气莫过于他的第二次选择了,这就是绝望之后的选择。如果仍然是积极的、不屈的,也就是说向善的,那需要多大的勇气。实际上,并不要求这第二次选择一定是壮烈的牺牲,而是要把严峻的选择化为生活中很具体的一些细节——看起来过着平易的生活,但有些事情永远不做,永远有恪守,那他也就是有承诺的人了。

有时候一个人为正义、为胜利、为自身道德的完美做出了惊天动地的事情;有时候也只是善的缓慢的积累,是不停地修葺自己、完善自己,最后达到一个高度。勇士的最后一跃固然伟大,但仍然是全部细节和情节当中的一个点,而不是其全部。一个知识分子也许很平易地劳动了一生,没有做出什么惊人的大事情,但是拆解和分析一些细节的时候,人们反而会觉得这是极其有勇气的人生,因为他在漫长的时间里表现了顽强和坚韧、恪守和向善。

朱又可：古老的永恒的主题，就是善和恶？

张炜：所有的文学作品都不可能回避善和恶，都不可能回避价值取向和类似的行为内容。但问题是在经验世界里面不能把它简单化，不能塑造出一个完全的恶或完全的善，即便是极端的浪漫主义也不会那样简单。像京剧那样极度浪漫的艺术有时候会限制规定，比如在舞台上，奸诈的人就是白脸，勇敢粗鲁的人就是黑脸或红脸，青衣、小丑、二丑、老生……他们作为角色的道德判断早就规定好了，观众一看就知道是哪一种类型。即便如此，这种写意艺术也绝不让这种角色的规定性破坏艺术的复杂性，它仍然要保持人性的丰满度。所以看了中国的京剧以后，一般不会感觉粗糙虚假，不会感觉只是简单的二元对立，而是在规定的角色内部，有充分的细节化，复杂而细腻，人性得到了充分的、饱满的表达。

企业家也好，知识分子也好，既不是那么简单的二元对立，也不是几种不同性格的组合，而是自然的呈现——生活当中的具体和真实是怎样的，就怎样去表达好了。但是这种复杂的理解和呈现，并不意味着善恶的混淆和模糊，即无善无恶无是非，这对一个写作者而言是一种堕落。他不仅对善恶不能混淆，而且应该是异常敏感的。

朱又可：这个时代是道德相对化的时代，以模糊和模棱两可为特征。

张炜：这是人的苟且，是想为自己寻找一些心理依偎。事物往往没有那么模糊,只是人缺乏分析的理性。生活当中的善和恶有时固然不能泾渭分明,但是我们遇到的大量的善和恶还是可以分辨的。所谓的道德相对性,大多是一种狡辩,是现代人的一种遁词,是为自己的不能坚守而寻觅的某种借口。在具体的生活中,无论怎样没有力量,也还是不能为这种尴尬制造出堂而皇之的一套遁词,并且公然把它奉为真理。

我们目前最大的问题是不相信有绝对的真理,不相信道德和伦理的永恒性,认为一切都是相对的,都可以"与时俱进"——这样的话我们就可以不停地狡辩,以至于变得肮脏可怕,裹挟不清,语不惊人死不休。已经到时候了,不能不加以厘清了,不能再次上当了,不能跟随他们,去为恶的行为找出诸多的理由辩解了。他们成了最高明的心理学家和哲学家——那些古往今来的文学大师、杰出的思想家,他们的分析力和穿透力,考察事物复杂性的能力,不知要高出我们现实中的狡辩者多少倍,但是他们从不那样做,从不为丑恶和黑暗做狡辩师。一个不相信永恒真理的人,一个嘲弄道德的族群,肯定要陷入一种不能自拔的自卑之中。他们的全部努力,他们的价值取向,也就是像动物一样去满足自己的物质欲望,而且没有止境。为财富和粗鄙的享乐而忙碌一生,并且将所有对这种欲念和行为稍有约束和抗斥的思想视为敌人,这样做的结果只能是更多苦难的积累,只能是更不幸的结局。

朱又可:书中写的善恶交战的斗争,和以前的阶级斗争的"斗争文学"有什么区别?

张炜:最大的区别是我们不能去夸大和编造。那个所谓的阶级斗争有很大的虚拟性，它把不同时间和地点的现实与思维现象胡乱移植并加以置换，比如把战场上的你死我活、刻毒心计、攻克和破坏移植到了日常生活中。这样的阶级斗争和阶级对垒显然不再可能。赶车的阶级敌人一定要破坏大车，一定要残害牲口；开拖拉机的阶级敌人一定要破坏拖拉机；住在水库边上的阶级敌人一定要想法破坏大坝……这种虚拟性、虚假性一眼就看出来了，它不符合生活的逻辑。奇怪的是当这种虚拟性极其普遍地深入和扩大的时候，还真的会反过来教导生活中的人——大家的思维都趋向这种虚拟，虚拟也就偶成真实——个别人或许真的会试一下么干，当然这是极偶然的。这是一种怪圈。

但是我们透过生活的表象，意识到生活中的冷峻，做出真实表达的时候，又会唤起对各种虚拟的警觉和反抗。这种虚拟性对人的生活的伤害，同样是一种激烈和峻急，它比虚拟出来的冷酷更真实、更惊心动魄。也就是说，我们现在所表达的强烈的善和恶的纠缠、胶着和斗争，就是要破坏掉生活中的虚拟性。我们用很多东西虚拟了一种生活，用网络、娱乐、商业竞争、吃吃喝喝、灯红酒绿，用这些掩在粗糙的生活表层。我们要把这种虚拟性给破坏掉，深入生活的深层，把它的残酷性揭露出来。

当年的阶级斗争是那样夸张，实际上不过是一种虚拟，但是由于这种虚拟太广泛了，简直是全民都活在虚拟里，所有的文学都在虚拟，所有的文字制成品都在虚拟——"阶级斗争扩大化"这个说法已经是轻的了，实际上是"阶级斗争无所不在"，"说说笑笑里面有阶级斗争"，虚拟到了这样的程度，制造出的却是真实的人间悲剧。而当年很少有文学作品能够穿透这种虚拟，因为那是不可能的，那样做的话，首先就会成为那个时代的牺牲品。虚拟往往来自利益集团的恐惧、自卑和心虚。任何时代都有自身的虚拟性。穿透这种虚拟，把表层掀开，再现出真实的生活，这就是最大的价值。

朱又可：那个时代的斗争，如果把虚拟的那块揭开会怎样？

张炜：在这种虚拟之下，受害者太多了。大量的右派们，还有虽然没有带右派帽子实际上却过着悲苦生活的人，更有所谓的反革命分子，那些所谓的富农地主、出身不好的子弟亲属，他们被一种虚拟的生活压在最底层，面临的就是流血、死亡、痛苦和挣扎。这个过程中也有反抗，但这种反抗是潜隐的，仇恨也是潜隐的。这造成了深远的后果。他们当年也许没有能力拿起武器，没有能力站出来做面对面的冲突，但那种非常尖锐的巨大的社会矛盾已经形成了，这是人性里面必然要产生的巨大的反抗力。

还有许多方面可以分析，在那个时期，各种社会矛盾都积聚到相当深刻的程度，这是反人性的结果。比如说劳动，这是最基本的，劳动应该给人欢乐，尽管有时候也辛苦，但是劳动会给人内在的欢乐——一个人做任何事情都不会像从事劳动这么持久地进行下去，因为这给人充实感和创造感。生命和劳动的关系就是如此。但是在当年的阶级斗争年代，劳动却会让人变得非常痛苦，因为这劳动既不是为自己，也不是服从于内心的兴趣。它远远不是自己的要求，一个农民每天都要按时出工收工，不停地做，就像服苦役一样。陀思妥耶夫斯基在《死屋手记》里说，一个人从事劳动，如果不知道为谁做，不知道做多久，又没有任何兴趣，不是为了满足未来的需求，那就是人生最大的苦役。

我们在那个时候虚拟了一种农村生活，就是整齐划一的公社化，将大家编为一个个生产队，让大家唱着歌打着红旗去劳动，把工地搞得轰轰烈烈的——本来是最大的苦役,却要搞成这样,有的还要在工地上举行婚礼,那时花样多了。这简直是一种反讽。记得当时这样号召农民:"吃了初一饺子接上干","白天黑夜连轴转","挑灯夜战",等等。一再表达的劳动的欢乐和意气风发,完全是虚假的。但是在这种虚拟的表层之下,埋藏了无数的苦难、毫无希望的人生。这就是陀思妥耶夫斯基所说的苦役。

朱又可:最后是连续的破坏,破坏农具、破坏庄稼。

张炜:当年发生的各种事情太多了,所以后果也显现出来了。那是中国有史以来土地可耕面积最多、投入劳动力最多的时期,但是它的收获,按照单位亩数和消耗的人力来说,远远不如其他发达国家。这就是人们对苦役、对这种可怕的折磨、对用劳动的名义进行的折磨的一种反抗。怠工成了再平常不过的事情。那时闹出了很多笑话,更发生了一些残酷的事情。这部分被死死拴在土地上的人,与苦役犯又有多大的差异?

朱又可:有的地方不用牛了,用人来拉犁。没有自由,不能迁徙。

张炜:秦代的商鞅把农民牢牢地锁在土地上,如果离开土地,就要被抓回来,经商当然更不行。商鞅为了便于统治,不允许农民有文化。当年公社化时期的农民,有户口问题,也不能够外出,外出要请假。农民不可能去城里,完全没有选择居住地的自由,没有选择工作的自由,既不能打工也不能经商,严格讲也很难接受多少像样的教育。

当时整个农村人口的平均学历很低，虽然那时不像商鞅一样用政策规定不准学文化，但实际上文盲很多。

如果不能保持"一毫米的理想"

朱又可：书中写了一些官员，比如市长，还有参与编《徐福辞典》的那个秘书长霍闻海。

张炜：官员和企业家一样——书里写有大量的企业家，他们是形形色色的。有的甚至有点知识分子书生气，有的却是很恶的人。《鹿眼》里面写到了一个市长，他发现要坚持"一毫米的理想"都那样困难，总是想方设法逃避。他既不甘于这种现实的生存，同时又难以表现出更大的勇气。他不愿做一些违心的事情，失去学生时期曾经有过的抱负。他觉得十分不幸，非常痛苦。那个市长是相当真实和复杂的，生活中可以遇到很多类似的从政者，他们有抱负，更有痛苦。他们也有知难而进的勇气，但是等待他们的往往是更多的坎坷，最后他们只好随波逐流，好像既无大善也无大恶。这种人不占少数，像书中写的一些官员，在那种社会形态下，在整个道德和文化水准下面生活得非常适应，与大家打成一片。一个人如果在很野蛮的地方为官，非常文雅地戴着眼镜打着领带，文质彬彬，见人微笑，肯定干不长。不野蛮也要装得野蛮。

这就像一辆车一样要"嘶叫开路"，喇叭要粗壮。在非常拥挤、没有秩序的路上行驶，大家根本不遵守交通规则，不相互礼让，司机就得不停地大按高音喇叭。这就像一个人，要让那张粗糙的、野蛮的嘴不停地倾吐。在这样的时代，互相比音高、比嗓子的粗壮、比嚎叫的力量，不仅是官场，学术场合、文学场合和商业场合都需要。这样，整个社会生活就会变得越来越没有质量，越来越粗鄙化、野蛮化。我们目前的时代，很容易助长这样的倾向。但是这并不意味着整个从政者、所有的人都是如此。既要独立地看，看出一些差异性、特殊性，又要看出统一的表现。这是我们面临的一些大问题。当我们分析一个群体的时候，有时候会忘记，你分析的对象是在特定的环境中出现的。

朱又可：霍闻海这样的官员，属于老一代的革命者？

张炜：一般从他那样的过去走过来的人往往都会进入一种概念化的生活。在位退位，是一个差不多的过程。只有生命力更强大的人才能脱离这个通常的轨迹，就像霍闻海，他就是超出了那种类型的平均数而生存的。乍一看他也像某些老同志，比如练点书法、做点诗、写点书，但是像他发挥得那么淋漓尽致、走得那么远的人还不多。比如，他竟然研究长生，和别人合伙炼丹，生活中也很有些长者的慈祥。但是他的这种善良的背后却藏下了很多冷酷的东西，比如他把山里非常贫困的一家人弄到城里，长期霸占人家的少女。如果单单把这个事件剥离出来，是非常恶劣和残酷的情节，但是我们又不能简单化地看待这个故事，要从细节着眼，而不仅是看结局。他真的非常疼爱那个少女。人性的复杂在他身上体现得十分充分。很难说霍闻海就是一个完全的坏人，他尽自己的所能，在"文革"当中保护了一些人，像谁都不敢保护的死刑犯靳扬，这样的知识分子和艺术家就是他伸出援手的。他身上既有很多庸俗的东西，有时他又相当可爱甚至大有异趣。他到动物园里面，就特别喜欢野猪——别人都喜欢熊猫和猴子，而他到动物园里却什么也不看，只直接到野猪馆里去看，他觉得那头行动笨拙、形貌丑陋的老野猪是最好的。他看着它，有时候长达一两个小时不动，只和它默默对视。他身上确有一些很特殊的东西，有时是很淳朴也很有趣的。而且他对京剧的迷恋很深，唱得也很好。最有意思的是他作为一个度过了战争岁月的老同志，修养颇深。最初他一点文化都没有，后来竟然能够成为一个诗人，还写了很多哲学方面的普及性的小册子，还会写书法，出了很多的书。像这样的一个人，一方面我们可以把他当成一个怪胎、一个笑话和一个丑闻；另一方面从个人奋斗的历史上看，他又是何等执着，走到今天这一步也相当不容易。他向往文明，且很专注，在许多领域达到了专业水准。书中并没有把他定为一般的恶人。不光对他，对所有的这类人物，哪怕他有一万个坏，有一条好也要表现出来。

朱又可：霍闻海这个角色综合了很多老干部身上的东西。

张炜：霍闻海这种人，在生活中好像可以遇到许多，但他们其实是完全不一样的。这类翘着兰花指的老干部，专心唱戏，生活既淫荡又专注，既无义又多情，既残酷又悲悯，看模样像一个心慈面软的老太太，有时候行事又像一个屠夫。他的地位决定了他对弱者会像坦克一样碾压过去。这个老干部，对比起来，还算是这个阶层中比较不那么坏的一个。

朱又可：你生活中遇到的这样一个人，也在"文革"中做过好事是吗？

张炜：这些人不可能一味地做坏事。我们有时候很愿意把很多方面的劣迹和罪过加到他们身上，因为这种人的名声坏了，其实他们也会做一些好事。做好事有时候是没有理由的，是人心中的道德律在起作用。心中的这个道德律，不是对所有的好人而言的，是对所有人而言的。有时候心中的道德律起了作用，他就会对一些无辜的人、一些有价值的事情伸出援手，甚至是毫不犹豫、不计后果的，表现得比较勇敢。

消失的故园和午夜来獾

朱又可：还有一个话题，就是书中写到的乡村的凋敝以及乡村文化的消亡。你20多年来在乡村跑，看到的最大改变是什么？

张炜：乡村的凋敝和消亡，一个是因为我们工业化的过程，广大农民要化为城市劳动力，土地荒芜了；再就是城市化要占用土地，环境也污染了，没有办法耕作。这种种原因造成了乡村的凋敝，没有人管理，田地受到损害。所谓的开放的过程主要是开发的过程，环境很容易被破坏掉，所以乡村必然要受到伤害。城市化就是合并乡村，刚开始的时候农民还很高兴，后来他们发现原来主要是有人想占用土地，这才把他们集中起来。这一来放农具的小房子没有了，养小家畜的地方也没有了，要去田里劳动就要走更远的路。而且长期以来养成的农村生活习惯没有办法保存下来，举手投足都受到限制，大地的贴近感和开阔感一夜之间就没有了。于是他们恼了。很多"被城市化"的这部分农村人相当后悔，这种后悔的情绪慢慢蔓延，形成了许多反对的声音。

　　城市化是好的，或许难以避免，但要想做得好并不容易。如果简单地搞下去，那就不免让人担忧。我们有没有考虑到一种危险？我们的传统文化，很多东西的根就是扎在村落里的，它是一个基础，是最后的储存地和创造源。这些散落在田野上的村落没有了，连神话传说也一块儿弄没了，一些习俗和传统也要丢掉了，各种各样生长的可能性都不存在了。一个人脚踏大地——他有一个院落，他在田野里活动——和在柏油路水泥地、在楼房格子里面生存活动是大不一样的。人的感知力和创造力都不一样了，各种各样的想象力都要连根斩掉。这样做的结果，会使我们变成一个相当单调的大国，让13亿人口都住在楼房里多么可怕。生活的不便倒还在其次。这就把我们这个农耕社会生长着的那种可能性和传统来了一次彻底打扫，这从文化延续上讲是相当危险的。这是文化层面的顾虑。

　　还有其他的问题，比如是不是所有的被城市化的农村人都是自愿自觉的？他们高兴吗？如果他们是投票同意要毁掉村子搬到楼群里去，那是另一个问题。即便同意，还有个是不是迫不得已的因素，这些都要考虑。是谁造成了最后的这一步？这一步来临之后才让他们投票，他们难道还有别的选择吗？这种赞成票做数吗？这都是问题。

　　人有一个老家，老家有一座小房子、一个小院，是非常重要的。一个人可以到大城市里面生活，可以到远处流浪，但是如果老家还有一座小房子、小院落，心里就会觉得温馨和安定。城里人过年的时候有一个地方去——回到那个小屋子里，就可以获得来自土地的一种安慰。渴望有老屋可回的人为数不少，和一直生活在城里的人的情感归宿和慰藉的来源不一样。

看看欧洲，比如法国那么富裕的老牌资本主义国家，欧洲的核心国家，它的一些乡村是何等的美丽啊！有些村子里人很少，不多的几户，展开的田野像画卷一样。那里乡村比城里更美，有的土地平坦，一望无际，有的是丘陵地区，绿色起伏蜿蜒。大地有旺盛的乳汁，而且在哺育一代代人，长起了挺拔的大树，古老的小房子保留得很好。任何一个民族都要爱土地、爱传统、爱乡村，它们是一体的，而不是分裂的。只有没有文化、相对贫穷、好大喜功之地，才会不停地盖一些层层叠高的楼房，把那么美好的乡村都破坏掉了。如果我们真的爱乡村，可以把钱投放到乡村，这几十年来国民生产总值不断增长，可以帮农民修路、盖更好的房子，改善他们的生态环境，而不是为了虚荣、为了面子工程，更有甚者是为了多获得他们的一点宅基地、为了所谓的"土地财政"，用各种手法把他们连根拔起——这是我们这几十年来一步步看到农村凋敝的原因。如果说让人痛心的话，那么这就是最让人痛心之处。

有的人可能说，让他们住在祖传的小屋里，没有自来水，没有煤气，也没有电话，没有网络、电脑、电视……就好吗？现在把他们归到小区里面，不是生活的最大改善吗？这是自古以来没有的物质飞跃，难道不好吗？可是，乡村就不能改善和改造，就不能飞跃？进了小区高楼，鸡狗鹅鸭往哪里放？他们习惯的那一搭子生活如何打发？那种传统的欢乐和幸福是电视和网络难以相比的。再说，要网络、电脑、电视，不一定非得搬到小区高楼里才行，西方很多乡村也有网络、电脑、电视，但照样保持着原生态的乡村面貌。有人说，这些改迁都是他们同意了的。那要问，百分之几同意才能把一个传统的村子改变？再说，他们为什么会同意？有人用什么办法让他们同意了？他们真的同意了？什么时候开始同意的？因为什么才同意的？这一连串问号后面有很多问题。无比向往的同意，被迫的同意，不得已而同意，这都是同意，有各种各样的"同意"。

朱又可：书写到的那个家园是消失了吗？园艺场早就没有了吗？

张炜：那是少年生活的一片林子，园艺场和林场，还有离我们最近的西岚子村，都只剩下小小的一角，其他的全没有了。西岚子村改成了动物园——当初千里之外流离失所的农民远涉而来，在这个地方建立了这个小村子，形成了二三十户人家，贫穷幸福地生活了好几代，现在却变成了动物园。

朱又可：老屋子消亡，对人的影响是什么？

张炜：我们家的老屋子早就没有了，它就是一个树林深处的小屋，后来没有了。人上了年纪以后，会越来越留恋故地。我去半岛地区时经常在那个地方徘徊，到处走。我发现自己走来走去，老是围绕着我们的林子在打转转，没有老屋，没法到那个地方过夜了，但我发现自己总是在离它最近的地方停留——走来走去，后来还是觉得只有到了海边、到了海角这些地方，才可以停下来。有什么东西藏在暗处，它的吸引力像磁铁一样。我围绕一个核心旋转，像是故地发射出去的一颗卫星。

朱又可：这几年去看了吗？虽然没有了，还会去老屋的原址看看吗？

张炜：经常去看，不自觉地要留恋一下，重温一下。但是每一次去，都找不准它的位置，特别是书中一再写到的那棵大李子树的位置——就像一个人没有了人生坐标一样，心里生出隐隐的惧怕。每一次去都会加重我的失望和痛苦。那片林子再也没有了，海边那么多的动物也没有了，它们哪儿去了？不可能全部迁徙。如果走开又会到哪里去？会飞的可以过海过江，四蹄动物怎么办？我所走过的地方，都没有适合它们生存的环境。

朱又可：你在《午夜来獾》中说到的那只獾，它晚上会到书院的那片林子里去吗？

张炜：书院盖在林子边上，我们垒了一道矮墙，一到晚上的某个时候，书院的狗就叫，后来传达室老陈就告诉我们说这是一只獾。这个事情很有趣，一个是它的时间很准，不会差多少分钟，到那个点它就兴奋了，生物钟嘛。再一个，当年还没盖上一大片楼房，它为什么在那片无边的林子里还不满足，总是攀墙越院的，那有多么不方便。后来大家考虑，这个地方可能有它的老窝，因为出生地对一个生命来说潜在的吸引力是非常大的。人有时候和獾一样，也需要不停地远途跋涉，回到出生地，到生活过的老地方去——所以，我才要一次次寻找那棵大李子树，包括不停地远行，又不停地返回，原来我就是那只寻找老窝的獾啊。

按照市场的框子去衡定雅文学会导演悲剧

朱又可：还有一个话题，花这么长时间做这种调查，是否会思考作家这种职业和工作角色的变化？从古典时期到现在，它们是不同的。你有无对作家角色的新的意识？

张炜：作家的角色随着时代的不同会有一些演变和改造，有些工作方式也会随着时代的不同而有所不同。古代的人是将作品刻在瓦片上、龟板上，铸到金属上等，一直变到用毛笔、蘸水笔、铅笔和纸等，这样一路过来，未来的写作可能还会变化。用声音记录、文字记录、图像记录，都是记录。工具不同会引发出不同的内容。至于作家的角色，学问更大一些，这个问题谈起来更麻烦一点，因为"作家"实际上是一个很大的概念，包含了思想者、诗人、哲学家、小说家，甚至是通俗艺术创作者，这些都囊括在里面。如果把这个概念稍微地压缩一点、狭义一点，可以专门用来说那些雅文学的创作者。但这和单纯的小说家还是不同的。

作家的角色，从过去到今天，根本上来说变化不大。杰出小说家的作品，思想含量很高，他们虽然不太使用哲学或其他学术语言，但通过感性的把握，通过形象、细节和情节所传递出来的思想，有时候更为多解、深邃和缈远，对整个社会产生的影响力更为巨大。阅读他们的作品，不单纯是寻找娱乐，更多的是接受领悟、启发，需要抱着学习的态度才能进入。从这个意义上讲，他们的角色意义没有变，从过去到今天都是。但是作为作家，可能就不仅仅是写小说了，他们会以各种方式去发言，有时是直接地发言。

现在的商业时代，特别是西方的一些小说家对中国影响很大，他们更多地以市场的成功作为标准，这是极为有害的。在艺术家的传统上，像欧洲的凡·高，当时的商业价值绝对没有，等于零，今天却有了巨大的商业价值。问题是只从商业的角度去证明和肯定他，对他艺术的含量就会忽略，艺术很难解释到大众当中去，形不成一个大众概念。艺术植根在受众和读者的哪个地方？这是很难讲的，因为诗性、艺术，它还是相当晦涩的。

商业社会、全球化这样一个文化环境、社会环境，很容易把纯文学和雅文学的作家也搅进去，按照市场的、商品的框子去衡量他们的价值，这会导演悲剧，跟诗的、思想的初衷和愿望大相径庭。从另一方面讲，这种市场的冷酷和严酷性，又会加剧真正的艺术家的那种反抗和突围的动力，迫使他们写出更为优异的、令人惊讶的独特作品。比如卡夫卡的《变形记》，它就是在科技、工业文化对人的压迫中产生出来的一个奇异的想象。

今天的作家的角色，如果杰出，那么最古老的启蒙者、思索者的位置仍然没有改变。无论对这种传统角色的功能给予多少嘲讽，嘲讽得多么辛辣，这种客观事实依然存在。

如果这一部分杰出的人停止了思想，放弃了这些角色功能，这些工作又该交给谁来做？交给有权力的人？有钱的人？交给一些思想的专门家？杰出的作家恰好是最大最综合的思想的专门家，除了逻辑严密地说出他们想说的话之外，他们还运用自己强大的感性、诗性，无所不包地奉献出更阔大的、正在不停地生长着的一个思想的世界。从这个意义上讲，商品时代的作家，面临的困境更多更窘迫，但也更有可能焕发出他们的生机和创造力。

朱又可：刚刚过去的时代，有的作家也下功夫去调查和体验。你为什么转向调查，而不是内向的体验？

张炜：现在这两种做法都可以推到极致，我们都有条件了，这是不成问题的。也有人调查，更多的人还是延续现代主义和后现代主义的趋向，更加走入内向、内心状态，沿着这条道路越走越远。

这里要问一个问题，艺术不再属于外部世界极为辽阔的东西，会不会产生另一些疑惑？现代主义的放纵表达，是不是一定要告别古典主义，所有的全都报废掉、舍弃掉？如果觉得那种告别、废弃会带来一些巨大的损失，以至于使我们的艺术越来越渺小的话，今天的作家就要想一下，是不是到了把二者结合起来的时候？这种结合不是折中和平庸，而是寻找它们内在的紧密的联系。因为现代是从古典走过来的。所有生命的复杂和变异，都离不开外部世界，离不开大自然这个巨大的生命背景——是后者结果了前者，而不是前者创造了后者。人类可以影响大自然、影响客观环境，但他们跟植物和其他生物是平等的，"人是万物的灵长"，这只是他们自己说的，在另一个更高的意义上理解，生命都是平等的。后来有人排列基因图，发现人和动植物之间的差异没有那么大，大地上的生命都是平等的。人怎么能告别和拒绝生母？全部脱离母体去思索问题和表达问题，这是荒谬的。古典主义和现代主义必须紧密地携起手来，这样才能走得更高更远。这可能不是一代人完成的，但是要向着这个方向去努力。

还有，即使不联系什么古典主义和现代主义，外向的调查和内向的体验，从哲学上来讲也不是矛盾的，从来没有矛盾过。

朱又可：过去的那种现实主义文学，表面上是否更多地强调了客观的东西？

张炜：也不是强调，是人的生存条件和现实环境所决定的。比如以前要送一封信，最快的就是快马来报，但是无论这个马多么快，还是要马蹄子一步步把这几百里踏过。所以这一路对大自然的摩擦、感悟，对风景的观察，就没有多少忽略和省略，就要一点点亲历，一点点度量。人的行军也不是坐车，人跟大自然的肌肤相亲，是当年的科技条件和人的生存状况决定的，它不是某一种审美的理想和号召，而是在这种客观状况下面实现和形成的。现在邮递一封信，就不是快马来报的问题了，现在的信息可以在半秒内传遍全球。比如日本地震，几秒钟之后就会在电视或网络上出现一些现场画面。现代科技使人类的生活跟真实的自然场景越来越疏离，隔得越来越远。我们在操作更大的事物时，比如打仗，竟然可以兵不血刃，甚至在千万里之外让敌人毁灭——敌对双方根本不必见面。我们设计一个大山里面的工程，可能只在电脑上就能完成，而不必实勘。

人和大自然的这种关系，已经失去了实勘性和在场性，所以人类的情感表达也就改变了，不再可能拥有现场的辽阔感和巨大感。一切判断以及印象都来自二三手的东西，真实与我们隔离了。我们越来越可能在斗室中完成一切，在手上把玩一切，极度省力也极度便捷。这种生活状态当然要影响思维，影响我们的艺术表达。这样继续下去的话，人的躯体更多的就局限于斗室，就没有了阳光。思维也是这样，脱离了现场，再也不会健康。这里面需要一个全面的反思，所以我才提出怎样让古典主义和现代主义在内部打通，连为一体。未来的文学，真正大器的、深入的、撼动人心的、有更强大的记录力和震撼力的作品，还是二者统一的写作。

全盘西化和全盘本土化都是简单化

朱又可：80年代，为了改变中国长期封闭的状况，我们打开国门，那时的一个重要思想潮流就是学习西方，这是没有错的，但是也会多少有"全盘西化"的偏颇或诘难——没有偏颇是不可能的。现在似乎变成了抉择的困境，变得模糊起来，"复杂"起来。你有没有这种感觉？

张炜：不光我们这个民族，日本明治维新时就痛下决心舍弃东方，面向西方，脱亚入欧。实际上，我们不是从五四开始，而是更早的时候就发现了对西方这种选择的矛盾——越是有文化的人越是面临这种悖论和困境。所谓的西学为用、中学为体，也是这些方面的思索和判断，正确与否不说，还是做出了一个选择的。但"体"和"用"是互相渗透的，不可能有完全的"体"和纯粹的"用"。如果是单纯地抱着"体"和"用"一分为二的观念，就会产生很多麻烦。一方面，"用"的时候会影响到我们这个"体"；另一方面，"体"和"用"搅在一起——如果能取这当中我们认为的最好的东西，还差不多，因为西方的"用"也未必完全是好的，比如西药，全球面临的最大危机之一就是抗生素滥用，这已经成为医疗方面的一个大问题。所以有时候过了度，就会产生可怕的后果。

中国的文化，那么精致的中国的传统文化，其中优秀的部分，应该充分发扬，但如果把它发挥到极致后再往前走，就会物极必反。孔孟的思想也会被无限地挥发，以至于产生用药过量的毒素。看来理性对一个民族是非常重要的，仅仅依靠实践，如果是对它做了庸俗化的理解，只用它来判断事物和验证事物，也是非常有毒、非常可怕的。这里面理性的参与，任何时候保证理性的判断不被抽掉，在现代生活中是太重要了。让民众时刻保持这种理性，在群体行为里保持高度的理性，是非常困难的。有一部分精英、知识分子在不停地提醒，扮演这样的角色。一旦理性的精英群体被弱化，或者被轻视，或者他们的思想被禁锢——他们最大的行为就是思想——这个民族付出的代价会很大。

理性是西方最好的东西，它和东方最好的东西要结合。这既是理性的思考，又是一个浪漫的思考，实际上也很难。但是向着这个方向走的强烈的愿望，大概是不会错的。任何的全盘西化和全盘本土化，都是简单化和幼稚化。有人可能说，封闭久了，呼唤西化的声音就高了。但是无论这种声音高低强弱，都不应该取代理性的判断。

朱又可：你结合自己的创作，说说你个人在这方面的辨析、抉择。

张炜：我显然在文学上受惠于西方的作品。我阅读了大量的西方经典作家的作品，当代文学重要一点的作品都不会放弃，一定会或细或粗地读过它。在形式上我吸取了大量的东西，在思想方法、篇章调度方面也吸取了大量的东西。而我的很多表达方法和一些精神理念，跟我们传统的思想结合得比较紧，中国的经典作家对我的影响更深，随着年龄的增长，越来越显现出传统作用于我的力量。这里一再谈的儒学，在我的思考坐标里是一个显赫的参照物。但是像康德、叔本华、尼采这些思想家，像罗素和一些科学家、文学家给我的营养，也是非常具体的。在我这里还没有发生过一边倒的情势，没有非此即彼。在我心里面，他们没有互相抵抗和排斥，相反，我觉得他们常常是一致的，他们都有相通之处。

我觉得，东西方的很多东西相逢了是可以接通的。西方理性的、逻辑的、解剖的那种艺术思维方式我们熟知，我们还会发现他们也有写意，取向也不是那么简单，像东方的散点透视也不少见。东西方的思想与艺术都是人性的产物，必然有大量相通的地方，只是在表述的时候用的语汇不一样，但所奔向的目标和内容，实质上常常还是一样的。我更多是吸纳了、采用了它们的一致性。

第九章
在阅读中感受一种酽实的钢蓝色

2011 年 4 月 17 日下午
第九次访谈

  今天下午的话题更专业或更琐细一些，更狭隘也更宽泛一些，更枯燥或更深奥一些——关键是对谁而言——但主题相对集中。若说有时候主题是向外"荡开了"，这次则是向内小心地探究下去。

信仰与文学

朱又可：我看《你在高原》能感受到一种精神力量，觉得作为写作者本身，应该有一个信仰，不一定是宗教。

张炜：实际上，可能很多的中国人，不光是知识人，痛感这个国家有个很大的缺失：国民缺乏信仰。到了市场化的今天，几乎更无法谈信仰了。我们有时候觉得现实问题千头万绪，不同的人可以找寻不同的根源，但缺失信仰可能是一个最要害的问题、一个最紧迫的问题，同时又不是一朝一夕能够解决的问题。

人的恶无边地繁衍，这与心中缺乏神圣感有很大的关系。包括我们的文学，呈现出大面积的溃败状态，也与这个有关。我们缺乏一个心中有信仰的群体，很难约束人的恶，生活没有底线，到了让人始料不及的程度。我们可以随处遇到毫无忌惮、放肆的亵渎者，这会让一个文明社会感到恐惧。这样讲不是让人们都去信一门宗教。

在我们不远处有一所大学，不知道是校工还是学生，竟然用钓鱼钩拴上一块肉，钓山上的流浪猫卖给烧烤的人。如果是学生，他的未来就太可怕了。同样在这个地方，我看到一个老太太，还有一个退休的女人，她们没有多少钱，每天却要给流浪猫送吃的东西，风雨无阻。到了冬天，她们还给流浪猫搭了很多住的地方。这些慈悲的人家里都不富裕，好不容易挣来的一点点钱，还要给猫买食物。如果你到山下路边，只要太阳快落山的时候，一定有一个老太太提着猫粮走过来。这些流浪猫被人打得都很警觉，听到脚步声都躲起来了，但唯独对她的声音很熟悉，只要一响起她的脚步，猫们纷纷从树丛里探出小脸来——太阳照在这片大小猫脸上，就像摇曳的向日葵。这个瞬间给人的感觉好极了：老太太满脸幸福，猫也很幸福，它们撒着娇，叫着，汇拢在她的身边。这是同一个地方，就在教堂旁边发生的事情，却泾渭分明地区别出人类的恶和善。

强大的信仰力量，对人的培育和教化不可缺失。实际上，人世间的万事万物，有的非常复杂，有的也非常简单，那就是向善还是向恶的问题。

我问过这个老太太，你非常喜欢猫吗？她说喜欢是自然了，但也不完全是因为喜欢才这样做："这么一张张可爱的小脸，让它们冻死饿死，不忍啊！"在这么一个剧烈竞争的时代，"不忍"的人还是太少了，残忍的人却很多。未来如此发展下去，我们对于环境、对于生灵也就不会怜惜。做人连最基本的道德感和义务感都没有了，一切都以物利来衡量，就必然迫使或诱惑大家去干坏事。当然，功利心还会牵引我们做好事——格调不高的好事。比如我们平常说"水能载舟，亦能覆舟"，把它作为一个公理不停地赞美，实际上这与对神的承诺没有多少关系，这同样是功利换算的结果。内中的道理是：如果对水不好，水就会覆舟。出于对水的功利心和惧怕心，所以才要对水（民众）好，从根本上缺乏一个生命对水的义务和责任。人对水好，对水爱，是一种生命伦理。水像母亲的乳汁一样滋润生命，人于是要报答它、厚爱它，而不仅是出于恐惧和功利才要对它好。

从信仰的角度，仁善的行为是不求回报的，本来就应该如此。所以承诺不同、善意不同，行为也就不同。这看起来是对人从更高的道德层面提出要求，实际上只是最朴素、最基本的要求。像信仰问题，如果谈宗教教义，要涉及很多的书，是很深奥的宗教学；但是离开了这个层面又会发现，仁善和敬畏不是源于这种玄妙，不是后来慢慢形成的各种知识，而是非常纯朴的人与外部世界的依存、摩擦，是在这个过程中形成的一种向往和崇敬。人感到了神的存在，与神的意念开始接通。

现在的中国人怎样补上这一课？实际上，这不是一个简单的功利现实问题，不是为了国家的安定和民族的发展——虽然它有利于这一切，它的附加物一定是安定和发展；但是从更高的意义上讲，我们这个族群为什么在渺渺的生命旷野里迷失？这个追寻和设问才更遥远，也更迫切。恢复这样一种天然的、神秘的感触力和悟想力，心中怀有一种敬畏，这在今天是最为迫切的事情、最为巨大的需要。

事物发展都有一个极限和拐点。经过了文化专制时期之后，又是物质主义对人的侵袭和剥夺，这让人更加彻底地绝望。在这个前提之下，对于神性的那种呼唤和向往，可以是截然不同的，甚至可以是互相抵触的，但是人总要相信绝对的真理和永恒之物。把一切都相对化、与时同化，也就一定会变成渺小的机会主义者，会取消人的尊严，取消神圣的生活，这是极其悲惨的。世界上最悲惨的事物莫过于丧失人的信仰力和对真理的追求力。

朱又可：你书里写了那么多的动物和神话故事，你本人是怎样的？

张炜：我当然是心存敬畏的。比较起来，我更相信有敬畏者，他作为一个人更可亲近和信赖，创造力也更强。我甚至相信这种人在对待现实的态度上，会表现出他无所不在的善。因为敬畏，他才有了巨大的创造力。因为敬畏而丧失了创造力的情况，我们到现在还没有发现。无论是体力劳动者还是脑力劳动者，莫不如此。从这个意义上讲，我相信人间所有的生命，也包括植物，更不用说动物了，它们都享受着一种莫名的恩惠，受制于一种巨大的力量，包括对它们的惩罚和恩泽，无不如此。如果把这种力量叫作神也可以。大概基督教、天主教，包括东正教和伊斯兰教，把这种莫名的力量具体化，塑造成接近于人的形象，都是一种通俗化的理解，都是为了服从沟通的逻辑。实际上它是无形的、莫名的，但我不认为它和我们现实当中最积极的力量一定是对立和矛盾的。

朱又可：《你在高原》这部小说和信仰是什么关系？

张炜：现在一些宗教小说、宗教文学，无论是西方还是东方都不罕见，我很向往也很尊重他们的表达。其实文学里面的宗教性、它的神性是无所不在的，它可以用完全个人的方式，甚至让那些简单和机械的宗教论者感到陌生的方式来表达。比如可以绝口不提"神"也不提"上帝"或"佛"的字眼，但是却有可能充满了佛性和神性。有神性的艺术家，很容易从字里行间和其笔触里、艺术表达里加以感受，他和天地之间的连接在哪里。他的整个的游思无论如何还是受天上星光的牵引，受无所不在的那种执拗而强大的力量的控制。有时候能感觉到那只无形的手在操纵文字和思维，它不是表面的，而是极其内在的。当他跟这种东西接通的时候，他笔下出现的所有人物，也包括整个故事，都有一种晦涩和深邃存在，有一种质朴存在，也就更有可能摆脱现实生活中某个集团、某种世俗力量所制造出来的各种概念的辖制，使其思维能够始终行大道、走大路，不为狭隘的趣味和功利吸引和扭曲。这就是一个有神性的作家。这就是那种莫名的力量所给予的最大的恩惠。

朱又可：对，神性，这是重要的维度。不光从人，从自然山川也能见到神性。

张炜：我一直认为，有神的关怀，视野里肯定有更多的植物、动物，有大地、河流，就会更多地去仰望明月、星光，倾听海浪，注视山峦。特别在夜间，一个人在东部游走的时候，不知道多少次独自面对晴朗的天空，有时候有月亮，有时候没有月亮，在一片夜色里独处。那时候更多的不是恐惧——倒不是因为自己是一个信神的人，相信被护佑——准确地说，那一刻的自然天地所给予的陶醉覆盖了恐惧。在那个时刻，如果看星空，会觉得这个世界离我们那么遥远又那么切近，晴朗的天空有那么多眼睛注视过来，夜色中巍峨的山的轮廓在星光的衬托中透过来，会让我们惊奇于大自然是如此肃穆庄严。这种存在让人觉得触手可及，但是冷静地想一想，它这副模样已经存在了上亿年甚至更为久远的时光。从现代科技的角度，我们会考虑头顶的这片星光可能走过了多少万光年，此刻看到的是多少万光年远的星光与我们相逢这一瞬的影像，它们现在已不在人眼所观测到的位置而存在着……当我们想到这些复杂的问题，感受河流、山峦、天地、人、地球、月亮，它们极其奇妙的甚至分毫不差的排列和结构，还有天上的银河、各种星座的奇怪布局——比如北斗七星的位置，再比如天琴座、猎户座等，不论用什么名字来命名它们，都是尘世对神造物的记载方法——都会感受到它们的完美诗意。这不是绝对的渺小和短暂的自我对于永恒与浩瀚之间的差异而产生的迷茫和困惑，实在还有个体生命对外部世界的悟想和猜测的一种无边的延展性。所以我们会无数次地不可遏制地焕发自己的激情,去书写脚下的土地、山脉与河流,因为没有比它们和人的关系更能够形容和接近那种莫名的力量的了。当代文学缺少神性,如果用一个机械的办法去解决,就是鼓励作家去接近自然——但不是机械的外部艺术手法和文学手法,而是从神性自身出发又得到神性接纳的某种结果。

朱又可:人和人的关系是另外一种神性,其实你也在写,比如说那种痛苦,也是沟通神性的。

张炜:当写到苦难的时候,很显然有一种仰天吁呼、悲祷的气息和意味,不论书里怎样表达,在作家心里接踵而至、不可招架、层出不穷的人类永恒的苦难,只能求助于那种力量。有时候这种呻吟和长叹肯定是内心装了星空,装了渺茫的悲壮感。再就是人和人的接触,书里写到的人和人的交织,他们的命运——这种处理不是宗教的范本,也不是按照神学的思维逻辑去进行的,而是一个成年人、一个饱受坎坷的过来人的自然反应。这条路如果正常的话,会越走离某种感觉越近,因为我们面对的是没法解释的结局,是命运的曲线,最后找到一个最完美的甚至是个人觉得最确凿的解释生命与力量的关系,使所有的东西似乎都可以得到解决。有时候会觉得无奈和无力,再一想它还是冥冥之中的一种规定,所谓"天网恢恢,疏而不漏"。我们把这些宗教的说辞用到世俗上,甚至所谓具有威胁力的法律语系里的时候,会感觉到无论懂还是不懂的人,都会产生一种震慑感。

朱又可:书中有一部分人物,他们尽管受损害,但是不可能去损害别人。当然你不是拿宗教的逻辑来写人物的，但恰恰和宗教的悲悯或受苦心相吻合。

张炜：实际上，人因为饱受蹂躏而变得更加残忍，而报复社会和他人，这种情况文学作品反复写到了，现实生活中也会有。无论现实生活中还是书里创造和构思的情节，它都是真实的。但是我会觉得简单化和概念化。它实际上还是人性使然，而不是因为受到了损害才要对社会和他人进行报复。人性恶的东西没有得到遏制，否则行恶是没有理由的，所有的理由都是靠不住的。行善也不需要理由，所有的理由也都是靠不住的，它是冥冥之中的向往和义务。书里有那么多的人，过着世界上最贫困的生活、最闭塞的生活、最没有希望的底层生活，比如山区里面的山民，一代又一代，他们行走几天就可以抵达一个比较肥沃的地方，就可以一代代享受新的土地和山水，可他们为什么一直据守在祖祖辈辈毫无希望的贫瘠之地，这样一代代熬下去？这就是信仰的力量。他们个人生活得实在非常艰苦，但是那种希望、乐观、喜悦，宗教书里所说的感恩和喜乐，他们身上的确有，这不可否认。

到东部地区走一下，常常会感觉到这种神性在他们身上。他们没有受过布道者的感染，也没有读过宗教书，没有上过教堂，但是这种神性在他们身上的印记随处可见。这是我理解的信仰：有时候它不是一种简单的知识和高深的学科，不是教会后来衍生出来的专门的体系，而实在是一种非常纯朴的存在。这和人天性之中的善是有关系的，而且这个善能引导人对未知的力量产生敬畏和向往，这就是信仰产生的最原始的一种动力。像宁伽这类人，他大面积地去感受各种各样的人生和土地，实际上就是一种精神之旅、信仰之旅。我个人不相信，一个人经过这么漫长的跋涉之后，他身上的神性不会增加，善的力量不会越来越多地被召唤出来。

朱又可：一方面相信人性本身的力量，另一方面还需要超越性。如何解决我们中国人的这种超越性？面对现在的物质主义时代，人的内心如何安定？这也是古典文学中老生常谈的拯救命题。

张炜：信仰具有引导力，是绝对精神方面的力量；任何事物在面向大众的时候，又都有操作的层面，操作的层面必然会导致僵化、刻板和机械，但如果运用得好，这些东西会导向真实的部位，最后抵达彻底性。实际上，任何一种学问，任何一种科学，都要搭起自己的框架来，这个框架就是通俗化的过程，真正抵达它的实质的时候，这些框架自然有被忽略的一天。框架是表面的形式主义，但是缺了形式又不行。形式是规划和道路，是门，有时候离了它，大多数人是没法进入的。信仰如果抽掉了形式，只去讲自由，看起来是试图抓住事物的本质，实际上是狡辩。就像建一座楼，说是可以随便进出，但人的功力还不能够无形穿越的时候，把门封死就等于取消了进出的可能和资格，这怎么能说给予了进出的自由呢？无怪乎很多宗教有严格的戒律，有严格的教规，原因就在这里。它的规范、形式，实际上是强化内容，让人越走越深，把最深奥、最朴素的二者打通，这也许是唯一可靠的途径。当人在信仰之路上越走越远，将其化为血肉和生命的时候，当然也就非常自由了，形式的穿越对人来说将不成问题。包括佛教里面的高僧，也包括那些了不起的西方宗教人士，他们进入了极其自由的化境，那又另当别论。

《你在高原》的创作论：
语言、人物、情节、主题、世界观

朱又可：接下来的话题谈一谈《你在高原》的"创作论"吧。

张炜：在创作的时候会有很多预设的目标，因为这是个很大的工作，有可能花费漫长的时间，如果精神涣散，可能没有办法进行下去。时间带给作者的复杂性，是其他东西无法取代的。当然需要写作的理想，期望是本土化的那样一种写作。一个写作者有可能是站立在现代土壤上的，同时也是在昨天和今天之间的一个自由穿行者。这些说起来很容易，要做起来很难，必须有几十年的专业训练，这些自不待言。还有一条就是，即便有一些相悖的因素，它在克服和整合的过程中也会产生深刻的艺术。它应该是一个陌生的文本，这个文本的陌生化来自强烈的探索性。

朱又可：请你从语言、人物、情节等多个方面来讲一讲。

张炜：最好是尝试多种语言来表述。如果是一个短促的作品，一种语言够了；如果一本书超过了30万字，甚至更长，它里面就得有多声部。这不仅是叙述的角度造成的，像庞大的交响乐队里面也有不同的乐器，演奏的技巧也都是一流的，但是不同的指挥者处理起来差异巨大。很想尝试一下，让它里面有中西乐的交响，而不仅是乐器的不同。这样说就是选择各种各样的语言，尽管统一在作者本人那里，那里有同一个生命气质的决定力，但仍然会有许多不同，比如局部的、每一个章节的改变，会产生一些交响的效果。

我们有时候读一部书，会有一种表达上过于简单的遗憾。从语言的层面上看，它可能是使用了单一的语调。说话的方式、词语调度的方式，包括追求语言色彩的诸多方面，手段还不是足够多。这样的作品会缺少语言的多元化与充盈感。有人说，文学作品的纵深感主要来自情节、场面、意境甚至细节的堆积，但文学毕竟是语言艺术，在语言层面上抽掉了重重叠叠的多声部和多色谱，也就很难抵达那种纵深感。一部作品不能是一个语言的薄片。尤其是很长的作品，语言上的尝试、变革和努力，工作量往往超乎想象。再有耐心的读者都无法读完长达几十万言的、相对固定的节奏和色彩，以及不停重复的语气——他会难以忍受。

朱又可：你刚才说到语言，《你在高原》里面运用的语言是多种多样的。

张炜：作品的语言无论怎样调整，总是秉持了一贯的语言方式，它固有的韵致和色彩，这些语言的基本特征还是保留了下来，要变化也比较困难。但是严格来做对比的话，阶段性的变化一定要发生。短篇与长篇之间，不同题材之间，有时会有一些变化。

比起过去，这部作品的叙述客观性增强了。一般来说，好的文学语言总要强化主观色彩，即个人的方式、个人的语调。这些要非常曲折、非常细腻地体现在每一个词语里，作家调度每一个词语，都要渗透个人强烈的主观性——从语言开始，作品走向了真正的个人性，这才是独特的。所谓的诗性写作，就是这样运用语言的，无不如此。

大量市面上流行的文学作品,是缺少主观能动力量的,它们基本上沿用大家在一个时期广泛使用的语言,其表述调度总是这样的——作为语言,它的客观性太强了。我们常常会发现,这个作品和那个作品的故事情节有可能不太一样,但是它们的语言气息、说话方式大致却是一样的。语言有方向,有角度,也有速度。在某个时期,这些会被集体遵守。"文革"时期的语言速度和商品经济时代的语言速度不一样,个别作家的语言速度和一个时代的很多作家的语言速度不一样。

所以说,客观性太强的语言总是有问题的。既然这样,为什么我在新的写作中让语言的客观性增强?

我是说,这部长卷追求的审美倾向,必须要体现一种纪实的品格,要有目击、记录、记忆的性质,要突出这样的色彩。这就要采用貌似客观性很强的语言。实际上它把这种客观性局部化了,整体上还是在作者强烈主观性的顽强把握之中。所以,这种局部的客观性并没有破坏它的纯文学质地。如果这种局部的语言客观性过强,而又失去了主观把握力——一种强大的把握力——这种客观性就会把作品的文学性毁掉。有时候我们很可惜地看到,有些作者立志于雅文学的写作,但作品严格讲还是通俗文学的范畴,其中的主要原因,就是整个的语言表述客观性过强。

朱又可:你的篇幅,整个结构,决定了语言叙述?

张炜:是这样。有时候难免要吸纳很多表述的方法,比如报告文学的语气、纪实文学的语气,甚至是现场报道的记者的语感。有些半文半白的语言,清末的语言体系,也吸纳进来了。各种东西都需要,因为这是一场太漫长的叙述,语调不能太单一,不能板结和单调。而采纳多种语言表述方式，可以使整个语言板块处于不停的调整和激活的状态。刚才说的客观性很强的板块，就是这样的意义——如果没有它们，全都是主观性很强的语言段落，看少了可能觉得很生动，但是当篇幅超过100万字甚至更多之后，就会很腻的。

我们如果把那种很强的主观语调、独特的个人表达比喻成海参、鲍鱼的话，总是吃它们也受不了的。所以语言上的主观、客观、密集、疏离，完全在于作者的细致把握，这种分寸感要严格地控制。如果这方面失控了，写一个短的东西可以，稍微长一点，这个作品在语言上就失败了，有时候是没法阅读的。读者是不同的，其中有一种是初级的读者，他会随着故事往前走，不太在意语言；但是稍微专业和高深一点的读者，很快就会从语言里捕捉到节拍和韵致。节拍和韵致一旦发生紊乱，那接下去的阅读就没有了快感，就会不安和失望。

好的作家特别擅长控制叙述的节拍和韵致。他是用这个来调度和控制篇章的，作品的情节、结构和布局都由此开始。有一部分作家不是这样的，他们大致是以故事或思想——主要是故事——来架构作品的。但是再上升一步，他们就会用非物质的东西来凌驾于物质之上了，即让情节、人物之类全都退到次要的地步，让意境、韵致等虚幻的东西占据结构的重要位置。这是他们最重要的谋篇依据。当然这是难以控制的，非得有漫长的写作经历而不能为。

朱又可：你在书中使用了一部分半文言。

张炜：这些东西多了以后，在一部作品里也是很冒险的，因为它很容易成为一个凑起来的语言拼碟、一个什锦菜，搞不好的话会很糟糕，会产生另一种阅读紊乱。因为它的层次、逻辑关系，包括刚才讲的韵致，没有一个强大得像章鱼吸盘那样的控制力稳住，也就乱套了。这些乱七八糟的东西貌似紊乱，但在作家心里，其内在的艺术逻辑和层次一丝都不能乱。这个逻辑还不是一般意义上的数理逻辑，而是感性逻辑，更其复杂。这些很难用语言去表述，只能靠个人的感悟。

朱又可：接下来再谈谈人物。

张炜：人物的塑造，对一个写作几十年的作家来说是一个难题。因为随着写作历史的延长，他会发现自己的人物画廊里已经挤满了各种类型的人物、各种倾向和面貌的人物，性别以及性格、心灵质地的呈现，不同的重点都会重复——甚至是人物的活动轨迹，长时间的累叠也显得重复了。怎样写出全新的人物？或者很大程度上能够让人耳目一新的人物？这是一个需要克服的难题。

就人物塑造来说，写作生涯长达几十年的作家也许是相当忧虑的，一方面担心人物类型化，害怕写出"扁平人物"——普通读者能够迅速感受和赞叹的那种人物形象，很通俗，通常也被称为"类型化人物"。当正面看他的时候，他五官俱在且轮廓分明，但是侧面看的时候，就是薄薄的一个纸片了，没有厚度。原来他不是饱满的真实的"圆形人物"。类型人物是不耐久的，没有深刻的文学性。要避免类型化人物，就必得提高文学的纯度，这就回到了诗性写作。杰出的叙事文学一定是诗性饱满的，创作者的诗性思维充实着写作的每一个阶段，就会有一些极其独特的表达、一些深入的偏僻的发现。这些诗性思维就是抵抗扁平化、类型化人物的最有力的武器。

另一方面，也需要极其警惕"组合式人物"——为了避免类型化，就会在塑造人物的时候抓住一些不同的思想、相互矛盾的性格，把它们剪接组合。比如写一个人，写一种情况下的恶，再写另一种情况下的善；写一下他的粗暴，又写一下他的温柔，等等。类似的组合，只是变相的类型化。这个并不难做，但是因为简单、局限和粗糙，仍然是扁平人物的一个变种，而不是彻底的诗性思维的结果。彻底的诗性思维，是创造个体处于极其独到的爆发式的穿透和感悟之期，对生命的许多侧面、一些曲折幽深处的发现，既是瞬间的又是恒久的——当这些不同的、复杂至极的元素汇集到一起的时候，也就是真实的生命的再现了。这种复杂性绝不是简单的逻辑意义上的那种组合。

同时，还要防止不知不觉中服从当代生活的一些概念和理路。这是很容易发生的——不自觉的思维方式、行为方式，会掺在风里，无所不在，吹透这个世界上的一切，作者本人绝难幸免。一种无形的巨大的力量推动着你，你以为是自己在发现和寻找，实际上是在"抄袭"现成的流行之物。文字制成品里，声音和图像中，都有一些现成的元素，它们强力地灌输到一切方面，让人自觉不自觉地拾取。现在被无数次重复的所谓企业家、官场人物、知识分子、艺术家——或者是经过变形的处理，再以相反的面貌出现的这类人物——"抄袭"和"反抄袭"是一样的，非常值得警惕。

让个人完全回到、尽可能回到一种朴实的立场上，在这个立场上自信、顽强和执拗。由这个立场出发，来展开各种各样的想象，调度全部的能力，抓住最大的真实，写出"似曾相识的陌生人"，写出"陌生的熟人"，这是最重要的。

朱又可：再谈一下情节。

张炜：如果是一个简短的作品，情节似乎不难；如果是一个时髦的作品，情节也不难——可以从浩如烟海的当代作品、舶来品中借鉴，在短时间内可以编造组合出相当惊悚的、或曲折或新颖的、足够吸引眼球的故事。这在当代的确越来越不难了，哪怕是一个缺乏写作经验的幼稚的作者，也不乏编造和结构一个故事的能力。但是这样制作出来的故事，不可避免地带有时髦文化产品的烟火气，不会有纯文学的品质，只能是一些廉价的文字。它可能是便于接受的、喧闹的、在短时间内被认可的，但是如果放到时间里去浸泡，这种东西很快就破败溃散了，因为它不是来自生命体验的深层，没有生命的感动。

在如此大体量的作品里，不能故意写一种无情节的小说——所谓的淡化情节。如果对生活有一种执着的追求，有责任感，想淡化都做不到。一个人肯定会为生活中目不暇接的各种各样的个案、实例所打动，就会从中交织出自己绵密的情节世界。这种状态下产生的情节，是饱含了生命汁水的，而不是按照某种模式凝固起来的所谓"曲折巧妙"的程式。作品要脱离那种类型化的状态，最重要的还是要能够面对生活的真实，让其最大程度地左右虚构。一个行走者不能遗漏这一路的风光，所有的喜悦和悲观，而且要告诉未来的人和眼前的人。路上这些故事或许稍稍陌生，甚至会被质疑，但它们是真正有生命力的，是生鲜活泼的，而且会再生。所有雅文学的情节故事，都具有一种生长的性质。

朱又可：接下来再谈谈小说的主题吧。

张炜：小说的主题，和散文、论文的呈现方式都大相径庭，它不会搁在表面的，而是通过具体的细节乃至词汇去抵达。所以我们一谈"主题"，就会回到散文、论文这样的思维轨道，很难摆脱"通过什么，说明了什么"的思考框架。实际上，小说可以说是没有主题的，也可以说主题无处不在。一部很长的作品，它肯定会陷入作者复杂的世界观里。作者的经历、知识构成多么复杂，他的世界观就多么复杂。越是杰出的作家，他的思想就越是复杂，主题就越是晦涩。主题的晦涩不意味着作品思想性的单薄，当然也不一定就是深邃和丰厚。一个作家一辈子可能只写一个主题，他的所有作品都在说明这一个主题。思想自然会有转折和延续的阶段，而且作者一生的作品所表现的思想也往往是跌宕起伏的，最后的抵达不一定是最后的完成。有时候是戛然而止；有时候是欲罢不能；有时候是作者自认为完结了，其实是中断或一个阶段的终结。更多的作家是呈现一种开放式，他把自己都不能确定的对于生活的求索和探究罗列在书中，体现在各种各样的文学元素上，呈现给周边这个世界。

有时候我们在书中寻找具体的主题是困难的，但是字里行间寻找思想的倾向和情感的倾向倒是很容易的。但这些倾向，并不意味着一定是全书所强调的主题。比如有一些正面的思想，还有一些反面的思想却是用正面的手法去写的。在这种相互矛盾和交错的状态下，最后形成的将是一种综合的结果，全部的芜杂化是为了某一种单纯，这是大的艺术家共有的纯洁和天真烂漫——有时候物极必反，极其复杂的却要从简单出发，极简单的道路也可以抵达极混沌的思想状态。

而那些主题裸露的小说往往是廉价的，它们自己降格成为宣传品，化为一个时期社会机器上的"齿轮"或"螺丝钉"。像生活一样难以言说的写作者，实际上总是和生活的心跳合拍的，伴着生活心跳的节奏一路行走下去。这一切都不意味着写作者缺乏理性的掌控力，以至于导致整个作品破绽百出、相互交叠、矛盾重重、思维紊乱、胡言乱语——后者在当代娱乐意味十足的商业写作中不难发现，它们没有理性的贯彻，没有道德的负责。

朱又可：“世界观"是过去说得比较多的词，后来这个词好像不太提了。

张炜：作家世界观之重要，包括作家是否要有自己的世界观，以及有什么样的世界观，有了世界观以后又如何，背后藏下了一系列的问号。有人并不肯定作家要有世界观，如果有，那也要被改造。这是多么滑稽和荒唐的事情。这就等于取消了作家的世界观。其实一个人世界观的形成过程是何等的坎坷和复杂，除了经历甚至还有血脉，一切都在起作用。而且它是渐变的、活泼的，并非封闭的状态。如果世界上有最可以借鉴、应用和普及的一套世界观，那么这个社会就麻烦了。不同的人可以有不同的世界观，一个人在不同的时期内世界观也会发生一些变化。有的人对世界的看法是零乱的、破碎的，以至于不能够整合，但是无论如何，人对世界的全部判断应该是自由的，或者说要尽可能地追求这种自由。

越是好的作家，其世界观越是深邃和丰富，同时也越可能复杂和阔大。福楼拜写了一篇小说，题目就是"一颗简单的心"，主人公是一个没有主见的女人，她总是依附于他人更强势的看法。作家的心不可能过于简单，虽然"世界观"和"心"还不完全一样——"心"更多的是感性，也包括理性的一部分；"世界观"是从感性回到理性之后的一种综合和归纳。为什么作品的主题常常是模糊的？就因为这里是感性的空间、感性的天地，它还需要读者的理性归纳。作家的一部分理性是溶解在这个天地之间的——或者在感性的幕后，在它的背面和反面。理性和感性参与和交织在一起，纠缠不清。理性总要发生莫大的作用，如果这一次写作完成不了，那么在下一次还能有所作为，所以作家就抱着这种不能停止的企图心，徐缓地、不断地往前。

重复是为了强调

朱又可：这部作品和你以往的作品有关系，例如在《你在高原》里也出现了柏慧这个人物。

张炜：是这样，它跟以往的人物发生了联系的，好像只有《柏慧》那个单行本。那里面同样有柏慧、瓷眼和宁伽，这些人都出现了。当时想把《柏慧》也收入《你在高原》，后来做罢了。因为它的笔调、色彩甚至故事的处理，都和这10部书是格格不入的，它是那个时期很独立的作品。重复的主要部分是不存在的，只是一些符号，比如人物名字在重复。《柏慧》不是以故事见长的小说，所以它在这10部书里很难被容纳。

那么这10部书跟其他的书有没有关系？没有。以前提前出版过《怀念与追记》，后来又重写了，就是现在的《忆阿雅》；《西郊》重写为《曙光与暮色》；《我的田园》也重新写过，这样原来的书也就作废了。

有的读者指出我常常写到葡萄园，写到海边和半岛，这种场景似曾相识——其实不光是常常写，不光是过去写，可能未来也仍然要写，因为我只熟悉那个地方。福克纳也老是写他的那个古怪的县。索尔·贝娄几乎只写芝加哥，而且只写犹太知识分子，写他们生活的尴尬，写受离异的妻子折磨，写一个被大财阀控制的无望的美国社会，写黑人，等等。这些生活场景和有关的情节他写了一生，直到最后一部长篇《拉维尔斯坦》，还是在写这些故事。如果说"重复"，再也没有比这些大师们"重复"得更厉害的了。这个"重复"是要打引号的，只有大力量、大自信的人才能这样不停地"重复"。地理环境，特别是社会环境，甚至是思想环境，需要一再地追究和展现。这种"重复"仔细看绝不是那样简单，它是沿着一个方向继续前进，是必然要经过的路标，是强调和追究——追究力越大，这种貌似的"重复"也就越多。所以我个人钟情的心理与地理场景，不仅不是我的负担，反而是我最有希望的方面。如果我们不仔细阅读文本，不能深刻进入它的意境、语言和思想，包括它的情节、细节和诸多的情趣，就会一目十行地简单化，说怎么又来到了葡萄园和海边？是的，一切就在这里，这里是一个复杂的世界。

　　作家不停地写这个世界的某一部分、某一个侧面，不断地抵达另一个境界或者生命，这是非常有难度、非常需要耐心的。他要在相似的人物里面写出他们深刻的不同，伸开生活的最细部，这一切工作是很容易遮蔽个人视野，并且让思维枯竭的。当一个人有勇气沿着同一种类型、同一种地方的人物挖掘下去，就会发现这有多么困难。他会发觉自己常常理屈词穷。看一个作家有没有足够的想象力，就是看他敢不敢于"重复"一些人物关系和自然场景，这是判断一个作家的重要指标。

　　马克·吐温一生都没有离开那条密西西比河，海明威也很难离开他的战场、拳击场、硬汉们的海洋。而只有追求娱乐性和商业性，才非常依赖写作对象的花样翻新，外在的变异总是触手可及，可以信手拈来，因为这只动脑不动心。我们有勇气也有耐性抓住人性的主题，从头捋到底，这是极其艰难的事业。我不想回避这些难度，可能仍然要写半岛，写那个地区的故事，这些都在未来考验我。

朱又可：这种"重复"，别人认为是忌讳，比如宁伽不断遭遇的类似场景，还有不断地回到山区，做苦役，被侮辱和损害。但每次"重复"都是对心灵的一次触动。我们需要这种力量。

张炜：重复是一种强调，这是修辞学告诉我们的。但是重复绝对不允许成为真的复写，而每次都需要新的抵达。如果连细心的读者都看不出新的抵达，那就是地地道道的重复了。《西游记》里面有一些这样的重复，但也有一部分只是貌似的"重复"。包括《堂吉诃德》，主人公一路遇到的故事总在"重复"，有的已经是一些套路，这似乎值得讨论。我一直非常赞赏《白鲸》的"重复"，那些捕鲸的技术和方法、一些道具的详细描写，一再地重复，倒也相当有意味和勇气。作者能写出这样卓越的一部书来，要回避这样的"技术疏漏"大概可以手到擒来，那是非常简单的——相信他不会犯如此低等的错误。他是被更高的文格、更高的要求，甚至是更高的掌控能力和文学心智所吸引，才会做出那种貌似简单的选择，犯那种所谓的"低级错误"。

作家虽然不太可能告诉你一句话：尽可放心，那么低级的错误我绝对不会犯。谁也不敢说出这样的大话。但是一般来说，这种错误对一个写了几十年的经验丰富的作家来说，还是不会轻易犯的。几十年连续的书写是一个长调，不是气喘吁吁的几声呐喊；这个长调一波一波有连续性，它是生命的长调。他应该有大动物才有的"笨拙"，他会显得"平静"、"单调"和"苍老"——当然这些词儿一概都应该加上引号。

朱又可：就像有一片大山，不是一上一下就完了，是翻过一重山又一重山。

张炜：这个比喻很好。好比一个人在走长路，爬山，爬一座山又一座山。看上去无非是从山脚爬起，达到顶点，再下去，可是这座山和那座山一样吗？难道因为中间要翻越十座山才能抵达目的，就可以省略其中的某一座山吗？还有，他可以把某座山换成一条河或一个湖吗？他能弃山路登舟船吗？这不具有客观性，是做不到的。他必须一座山连一座山地攀登，再单调也要重复下去，这才考验一个人圣徒般的耐力和意志。

朱又可：《圣经》大量运用"重复"，四部福音，这个讲一遍，那个讲一遍，都差不多。

张炜：这样理解"重复"，是阅读里面的大觉悟。商业时代的小道是不会有这种理解的，阅读感悟到这一步很难。要突破多少机械化、多少教程化、多少平均数和刻板的公式，才能走到这种阅读的大觉悟里。在这40年里，我写了19部长篇单行本，写了二三百万字的中短篇和散文，才渐渐知道"重复"意味着什么。我知道那种完整的干净利落的结构框架是多么好，但是那种干净和单纯，不是这一次的追求——这一次或许要犯忌，要冒天下之大不韪。

朱又可：60个人的乐队和八九十个人的乐队是不一样的，虽然也能演奏交响乐。

张炜：这次既然是一场很大的交响乐，那么就不要简单了。既然是要更复杂的效果，让这种复杂性加强，那除非是突破一个度——在没有抵达这个度之前，那个取向或许有点危险。这部书中大部分是事件，是行动，因为它就是这样。从头看，你说情节很紧凑，实际上是事件很多造成的。书里面的喟叹、个人情绪的宣泄和表达也不少，但是都融化在事件里，相当于一辆车上的润滑油，不是一路滴答，而仅仅是够使而已。并非是个人的主观意念无处不在，不是那样。有的评论说它抒情性很强，但那是某一个局部，或者是笼统的感受而已。实际上，这是事件占绝对优势的10部书。

有人很喜欢《橡树路》里面阳子、吕擎他们这支小小的队伍。他们在大山里的行迹，如大雪天的折腾，后来一路遇到的骚老妈或毛头、老耿、狗秧子等形形色色的山民……我个人也喜欢这些。当然，我个人的东部半岛游走可能没有那么多色彩和戏剧性，但毕竟有很多相似的地方。比如少年和青年时期在山里遇到的那些很真实的场景，也必然囊括在里面。今天很多人可能说中国是富裕的，富得不耐烦，富得流油，有人甚至傲视第一世界和欧洲的老牌资本主义国家了。可是"高原"中展现的生活是那样的简陋甚至原始。如果有人对此产生怀疑，那就有可能还不太了解生活，也许是养尊处优的白领人士，对真实的生活有隔膜，吃有肉、喝有酒、行有车，要了解事情就听汇报，出门考察有设计的路线、有引导车，所有的场景都被安排好，于是他们眼里就只有这样的生活了。可这不是真实的生活，这只是表演用的道具。这一类人如果稍稍有勇气，做一个自由的、没有任何负担和包袱的人，倒可以到比较富裕的地区走一下，再到一般的普通的地区看一看，将二者加以对照。另有一部分人，虽然并没有那么优越，但因为仅仅是从荧屏、网络、报纸上看取生活，也会以概念化的场景以及生活气氛来理解现实——这样怎么会知道书里面整个的所谓虚构是不是靠谱？

现在所谓有"话语权"的一部分人，有写作能力的人，和指导生活、指挥生活的这部分人，在很大程度上是差不多的。他们在共同传达一些信息，这些信息其实有很大的虚假性。这个虚假性有时并不是故意为之，而是懒惰造成的——不是因为没有时间和不愿意疲劳自己的身体走到大地上去，而更多的是因为思维的懒惰，不愿意求真，不愿意辨析和探索。他们愿意听信，愿意盲从，以至于使自己陷入这种概念化的思维惯性里面去，一切代以概念，一切以流行的俗见为准。对生活的看法是一种"大阅读"的结果，而目前这种阅读的概念化是如此普遍，以至于使人无法摈除虚假性。还有"小阅读"，比如说具体到看一档文艺节目、一台戏剧或者是一本小说。"小阅读"受制于"大阅读"，如果前者偏离了或浮浅了，后者一定是糟糕的。对生活的评判概念化，对生活细节的展现概念化，对艺术的理解也同样概念化。有人会固执地认为颠三倒四、胡言乱语、乱七八糟就是一种现代时髦，下流、血腥和暴力等强刺激就是最高的、最适宜的时代艺术，打上了这个时期的商品印记和那种极其廉价的模仿，堆积起来就是文学。而在另一些人看来，这恰恰都是一些早就该被生活的碱水洗掉的脏物和赘物。

但是有人始终不懂，以为那种与当代风气一起破败的涂抹就是"文学性"。另一方面，还有人认为那种描述得相对体面一点的民众生活，才是当下的一种真实——在镜头里被打了光、抹上了鲜亮颜色的生活才是真实的生活，对其荒谬和虚假视而不见。所以，在这种境况下，我们还原真实的"大阅读"，就是还原一切的基础。

朱又可：这10部小说经过了20多年，中间多有反复和修改，这种修改跟以往的小说修改有什么不一样？

张炜：拖了很长时间的一个创作，修改往往会成为大问题。时间拖得越久，修改的任务也就越重。短时间内完成的作品，它的修改往往局限于词句的调度。和技法层面的修改不同，《你在高原》的修改是一些内在精神、结构，特别是气韵和色彩等的调度与整合。

在一段很长的时间中，人的生命必会改变。我们正处于一个急遽变化的时期，20多年里人的命运肯定会有一些极显著的变化，人的生活要经历很多的波折，情绪也在变化。所以在表述方面，笔调会有变化，色彩与心绪尚且连在一起，更不要说对生活的认识的改变而带来的诸多思索。一部很长的书，恰恰最需要这种变化——虽然有时候会造成极大的不和谐。在这种情况下，就需要用尽力量去调整和改造，这种工作可能是十分困难的。这比一个情节的改变、一个思想倾向的扭转还要困难十倍。要用多少语言才能改造一种韵律和色彩，那种修改是多么的麻烦和困难，但是再难也要去做。

另一方面，技术层面的更动也是很多的，比如要处理前后不一致的情节、细节的破绽，要注意在长时间里形成的表达上的疏失。这些都需要很多的劳动量。同一种劳动的坚持和延续有好处，漫长的工作会带来一些短时间内得不到的觉悟，时常会有一种豁然开朗的感受。但是这种漫长的坚持，也会带来大量的遗忘，因为遗忘而造成的疏漏就要补救，于是就留下了大量打磨的痕迹。这一切都需要在最后的完成里面做好。这是很孤独甚至是很费心思的劳动，但是只能一个人去面对，去解决。

和中外文学史上其他文本的区别

朱又可：这种文本的独特性和独一性，在文学史上与别的文本有什么不同？

张炜：我们所接触的一些"大河小说"，比较典型的当是普鲁斯特的《追忆似水年华》、马丹·杜伽尔的《蒂博一家》、肖洛霍夫的《静静的顿河》那一类。那些作品从头到尾是一个大故事，主人公是同一拨，每一部每一卷不可以完全独立。但是巴尔扎克的《人间喜剧》不是这样的，它每一本都是独立的单元。真正的"大河小说"结构上更严谨，丝络相连，它们一般有统一的笔调，篇幅上也保持一定的均衡性。但是后者又带来一些问题——今天如果是长长的几卷或几十卷，最不堪承受的，就是它的单一性和单调性。19世纪以来，只有在大师的处理下，而且是在当年的阅读环境和写作环境中，这种"单一性"才是被认可的。但是今天再重复他们那一切做法就很困难了，因为我们不可能在如此浩大的篇幅中让读者不再产生厌烦。

文学经历了一二百年甚至更长时间的演进之后，无论是所谓的现实主义还是现代主义，都已经积累了相当多的经验。今天的作家没法回避这一切，无论他愿意不愿意主动吸纳。所以我们必得反观传统，比如西方文学对我们的改造，还有国内国外两个传统对我们的意义。有时我们是这么急切地要在一种传统的空气里呼吸，就好像从充满了污染的环境里、从城市的环境里走到了山野中的人，要大口大口呼吸一样，我们是那样依赖和亲近自己的古典。在这10部书里，有一些沉在底下的东西，它们更属于传统，那种气息更内在，包括结构方法、表述语言。书中直接吸纳了古典的那些造句方式，比如明清以来的书面语。在现代主义潮流里常谈到"间离效果"、"零度写作"，还有什么所谓的"自动写作"，这些都不能远离当下的文体范畴。但是这些境外的借鉴仍然不能像中国的传统给予的帮助那样有效，它们仅仅是借鉴而已。

当然，批判现实主义在这几十年的影响是根深蒂固的，特别是伟大的俄罗斯文学对中国40后、50后作家的影响，简直是无与伦比的。50后作家可能是受其影响较大的一拨，他们虽然有可能运用和积累起更新的经验，但俄罗斯文学的精神仍然是其全部构成中最重要的部分。漫长时间中的形成，不是凭冲动和短时间内的试验所能代替的。新的尝试必然生涩，面向过去的打捞和崭新的试验是不同的。我在长达20多年甚至更长时间里的积累和使用，是极为复杂的一些经验，它们在文本形成的过程中不停地自我检验，不停地自我实现。这一切就像木工活里有无数的接头和榫卯一样，在完成一个器具的过程中，要不停地做试验，以便确认它足够稳重、和谐与美观，这样才敢把它放到一边，洗一下手，算是完工。

诗歌和小说的关系

朱又可：谈谈诗歌和小说的关系、诗歌和这部大作品的关系。

张炜：我觉得，如果不是一个以诗性为核心的小说，在当今就不会是真正的现代小说,严格地讲也不会是一个纯度很高的文学作品。但是一说到小说的诗性,或者单纯讲到诗性的时候,一般人马上就会给予概念化的理解,认为是那些言不及义的水词儿,什么优美的片段、飘忽的意象——这部分严格讲恰恰不属于诗。诗无论从哪一个方向来说,都是相当敏感和深邃的,是极独特的一次抵达和综合,当然包含了最大的喜悦,所谓的凄美、壮美和悲剧美,甚至还有其他,全都包含其中。它是整个的综合,最敏感、最深邃、最个人性和最具有敏悟力的独特的呈现,诗是这些东西。如果不能用论文来表达,不能用小说来表达,也不能用戏剧来表达,几乎用任何的文字形式都不能够表达的某一种情绪、意境和思想,而只能求助于一种形式,那可能就是诗了。它类似于音乐,有无限想象的空间和拓展性,有时候又像色彩一样难定寓意;既特别具体,又具有无限的膨胀力和笼罩力,诗就具有这些特点。想一下,小说里面缺少了这些东西,会是纯度很高的文学作品吗?只能是很通俗的作品,可能也就是一般的讲述,还达不到神性接通的境界——文字缺少了那个境界,就不是严格意义上的纯文学。

我们要极力回避另一种倾向,那就是伪诗性——表面的、廉价的、所谓的激动,华丽、绚丽的言辞堆积,或者干脆频繁地引入诗句形式。比如说写了一会儿就来了一篇什么诗,或者不停地有所谓的"诗"的冲动,有华而不实的浪漫言辞,这些实际上是对诗性的折损而不是加强。那些不可言说的、非常饱满的生命意绪在作品里得到强调、挖掘和展现,才是通向诗性写作的正确航路。

这部长卷中,主人公宁伽是一个很爱诗的人,除了向往地质工作以外,他也很愿意、很想当一个游吟诗人。这一方面是我向往的气质,是个人内心的浪漫想法;另一方面我也清楚地知道,如果一个人不懂诗不爱诗,他就不足以让我深深地喜爱,这个人也不够更高的品级。我觉得,一个需要花费几百万言加以诠释的人物,应该是爱诗懂诗的,本质上应该是一个不折不扣的诗人。像宁伽这样的经历和家族,诗不是因此而设,而是这个人骨子里就是一个诗人。当然,他可以不做诗人的工作,甚至可以一句诗都不写,但应该是一个与诗性深刻相通的生命。所以小说里宁伽会自觉不自觉地想起某一段诗,也曾经在里面吟诵过一两段诗,但这些对整部小说诗性的加强不是最重要的,也不是最关键的——没有它们,它的核心部分照样是诗性的,最重要的色彩一点都不会减弱。诗性写作(小说)如果减弱了故事性,那也是不可思议的。诗在这里面因为太难表述,所以必然要牵引出一连串复杂的故事。真正的诗性小说也会加强故事,突出其内在的缜密性、绵密性和趣味性,而不一定要使其减弱和淡化。有人认为诗性小说一定是情节比较薄弱的,这样的看法实际是错误和幼稚的——那样的小说离诗性可能更远,而不是更近。

小说中的诗性和神性

朱又可:说说诗性和神性的关系。雅克·马里坦,法国哲学家,他说过诗歌和宗教是一对姐妹,不过这对姐妹经常会打架。

张炜:我觉得诗性是生命在瞬间的开启和打通,是生命最敏感时段里的捕捉、思悟和表达。这往往跟神性是一致的,是能够打通的;神性有时候是一种不可掌握的遥远和神秘,但有时候它的指向又相对单纯；而诗性会溢出，会溢出通常意义上的宗教的边界——有时候会乱性，思维会放纵。但是这种一会儿溢出，一会儿收拢，一会儿放纵，一会儿战栗的拘谨，这种交错进行的生命状态，是诗的全部。而宗教感恰恰是强烈的忠诚和持守，这一点诗性和它产生了一些矛盾。但它们有一部分可贵的东西在本质上是一致的。诗人往往很难成为好的教徒，但是神可能最不讨厌的就是诗人。所以诗人可能是这样的，他在人群里面处于很特殊的位置。就境界而言，神性是高于诗性的，是诗性所追求的方向，包含了神性的诗性才是最好和最强的。

朱又可：多数人认为诗性小说是浪漫主义的品质。

张炜：往往如此，诗性小说是浪漫主义的小说。但是我们也会看到，单纯是诗的话，有偏向于现实感的，有偏向于浪漫主义的。我们不能过分地服从传统的判定，说李白是浪漫主义的，杜甫是现实主义的——李白的浪漫没有问题，但是看多了杜甫的诗，也会感到杜甫是相当飘逸和开阔的，只是因为他写了更多的现实细节，给人一种真材实料、干打硬凿的质地，所以我们就更愿意说杜甫是一位现实主义诗人。我们大致可以同意，诗里面有这两种不同的色彩。从这个意义上讲，诗性小说可以如此看待——在一部"大河小说"中完全有必要蕴藏一切——或者更愿意有浪漫主义的那种浓烈的气息，极其飘逸，令人神往，表达溢出边界的那种放纵感，那种烂漫和狂欢；或者愿意使某一个局部的质地非常现实主义，那种严峻甚至酷烈、具体和当下性，会使人在阅读中感受到杜甫式的酽实的钢蓝色——有人说，焕发出这种色泽的文学更耐久，也更有力。就像不能把诗意简单化，不能把诗性小说定于一尊，它的向度可能不只是两个，而是更为复杂。这一切全由创作者个人的丰富性和多种可能性来决定，很可能在未来各种各样的阅读里面，产生千奇百怪的感受。

朱又可：和80年代初的那种对诗歌的崇敬相比，这个时代，人们贬低和嘲笑诗歌。

张炜：80年代和现在对于诗的看法不同，这种体裁本身的地位也在变化，原因非常复杂。一方面是市场主义的实利化，对于诗的敏感、别致、个人化的、非现实的思维当然更加不理解和排斥；可是另一方面我们也应该看到，80年代的诗更有感而发，更落在实处。无论多么浪漫和深邃高远的诗意，都得从眼前踏步而起，而不可能空穴来风。当然，那个年代的诗歌现在看来也存在很多问题，比如有的写得过于高蹈。我们现在则越来越多的是文本间的投影，越来越翻译体、西方化，越来越没有根，越来越随意制造，人人都可以写回车键式的诗歌，怎么会不让人鄙视和疏远？

所以，有时候我们会觉得没有功利的写作虽然很好，但还要看是被迫放弃了功利，还是写作者的境界就是这样。这二者是大有区别的。起码有一部分诗歌是被迫放弃了功利——它在当下本来就得不到什么——内在的功利性仍然是非常强的，这样的诗歌不是真正意义上的好诗歌，不是真正卓然超拔的诗歌。当这样的写作群体失去了一个时期的读者，结果会有两个：一个是本身的纯度更高，这是群体的无功利造成的；另一个是这种文体愈加贫血，最后就是和潜在的或显在的阅读大众的彻底背离与隔膜，它更加苍白，不得不接受更大的文体挫折。

朱又可：你70年代初就写诗，一直贯穿下来，虽然你也写小说，但诗歌也一直在写，你始终认为自己是一个诗人吧？

张炜：无论是诗人还是作家，都是很高的称号。它们是一个时间里的概念，最好让后人去命名。如果是客套或一般的尊敬，我们会说这人是"诗人"那人是"作家"，实际上当代人不太知道谁是"诗人"和"作家"，因为它要经过后来的、他人的鉴别。这不是一个职业称呼。一个国家没有那么多的"作家"和"诗人"，严格来讲，没有多少人敢说自己是一个"诗人"或者"作家"，因为这只是个人的专业理想、人生理想。

我的诗写得成问题，虽然很热爱、有希望、有未来。我甚至觉得自己现在的诗写得还不如70年代好，那个时候更多的是写诗，那种表达很通顺很入眼，可以被别人赞扬和理解。现在就未必了，写得越来越多，理解力好像也高了，反而写不出那么流畅、饱满、鲜活的诗句了。这可能是被另一种文体干扰或过分吸引的结果。从事别的文体，当劳动叠加到了一定数量以后，二者会渗透和嫁接，在内部发生变异——这一变异就不得了，诗里面有了散文和小说的因素，处理好了是一个优点，处理不好只能让作者痛苦，再也走不出语言的魔障。

语言是很顽固的东西，有时候一旦形成了自己的方式，比如词语调度的方式，甚至思维的惯性，那就不知道要发生多少革命的决心，才能将其牵离原来的轨道。但诗实在有恩于我，它强有力地支持了我的创作，而不是减弱了我的创作。它甚至是我构思、架构叙事作品的一个基础。我觉得抓住了诗——不是形式，而是本质——也就抓住了文学的全部。

第十章
只有时间才能给予的那种神秘力量

2011年4月18日上午
第十次访谈

　　这是在济南的最后一次聊天了。下午的计划是去看看千佛山和大明湖。第二天,我将返回广州。

　　这是第七天,表面上刻板一律、实际上和内心的豺狼搏斗的工作马上要结束了,顿感一阵轻松。

　　上午的话题谈完后,中午,张炜设了送行宴,我们一起喝了红酒。

　　张炜的疱疹快好了,大夫嘱咐不能喝酒,但他是性情中人,自己主动要喝。

文学不需要迎合、取悦任何一部分人

朱又可：你说既不迎合读者，也不为市场和潮流写作，不在乎西方读者的好恶，这在当今让很多人想不通。关于这方面，你的深思熟虑是什么？

张炜：写作简单地作为谋生的手段，似乎不必。写作设计的标准要很高，不然就不如做其他事情，因为毕竟是纸上谈兵。一个人要活得有意义，最好从事具体的实际一点的工作。冷静地想一下，人不能过高地估计自己，有知识的人并不一定可以让纸上的东西变得有价值，许多时候这价值是虚幻的。在精神领域，要么有一个更高的取向，要么就舍弃。做一个人，应该非常害怕耗费自己的一生，做这么多纸上的事情，而且它毫无意义。这时候的取向不敢不高，有时候与志向无关，而与生命的恐惧有关——害怕浪费仅有一次的生命。如果将写作当成混生活的一种方法，那就离写作越远越好。既然不是方法的运用，不是方法的一种，那么它就跟生命的意义紧密结合了。这种结合产生的思考，才是有价值的。这是为那个更遥远的我负责，与感悟到的那个永恒对话，是这样一个过程。

既然是如此理解，写作活动就再也不会取悦于具体的某一部分人了，他们对作者来说不仅不重要，而且还会让他生出一种厌恶的情绪。所以，这种工作看起来是自说自话，是一个人的喃喃自语或大声呼吁，而完全不需要迎合世俗的利益。

朱又可：不急于走出去，也不急于迎合西方的读者？

张炜：西方的、其他的民族，离我们就更遥远、更不在话下了。写作既然不是一个商业策略，就不必在乎那些特别的诱惑。"走出去"是这些年常常被提起的一个话题，过去它离我们很遥远。强势的、上百年来都优越于东方的西方，处于文化制高点的优越位置，是拥有权势的一方，我们更加不必追逐。文学是倾向于弱小的，它对具有巨大影响的这种强力，尤其不能臣服。当下文学跟商业的结合，表现出一种脆弱的人格和一种依附性，很容易满足于一种强势的承认，比如文化强势。倒向强势文化比追求现实当中的一些东西似乎更有价值，在功利方面可以以小搏大，这个商业账本不难算。所以，文学走向其他民族可能是一件让人快乐的、有意义的事情，但我们却不能为了赢得这种快乐而改变自己，废弃最重要的探索和坚持。

朱又可：这些年每当诺贝尔文学奖颁奖的时候，中国都在讨论这个话题，你有没有想过这些？

张炜：我没有想过这个问题。我关注获奖者的品质和作品的阅读情况，包括喜欢不喜欢、熟悉不熟悉，我关心的是这些。专心于劳动的人可以不关心机会和机遇。只要是游戏，劳动者都尽可能离得远一点，即便这游戏大体是健康的，也不可能永远保持统一的品质。它有自己的喜好和判断，它的持久性使它拥有相应的影响。但劳动者的工作不应该受到诱惑。一个再好的文学奖项，都改变不了作品的品质。它在某些时候相当于赶路者途中的一杯酒，但是跋涉者绝不能为了喝到路上的那一口酒而日夜不安。这是可笑的。

一方面，人类在各行各业里保有他的生机和创造力以及他的丰富性，设定各种各样的游戏，甚至设立一些节令，这都是可以理解的，劳动因此而呈现出某种弹性。但是另一方面，沉溺其中就会发生变异，甚至会使很有尊严的劳动变质。劳动的目的一旦改变，一切原来的设计都是极其有害的了。这样的游戏和所谓的节令——当然它们大多都是良性的愿望，为了推动事业，为了树立起一种恒久的信念，这些是无可厚非的——使劳动者受到了打扰，多多少少的厌烦也应该理解。

朱又可：书中写到50年代的宁伽，还有梅子的弟弟等80年代末的人。这两种人差异很大。

张炜：即便是同胞兄妹，差距也会很大，我们会发现生命质地的差异。时间是一个很神秘的东西，而且西方的星象学——在这方面，东西方是可以打通的——尤其强调时间对于人的至关重要的决定意义，对一个生命性质的隐性和显性的根本性的作用力。虽然这方面的奥秘也许还需要更深入的探究，但是它最核心的问题是时间的问题，这是明白无误的。某些个时辰产生了某些生命，于是它们就有了种种差异，这并非完全是宿命论的观点，我们宁可相信这是生命与时间的关系，是科学的极严密的设定方式。由此来看，十年甚至更长时段里人与人的关系、他们的不同，也就好理解了。有的时候这种差异的确是需要以"代"来划分的，因为时间改变了，时间让群体之间呈现出某种差别，这种差别是无法改变的。

我个人特别相信，从原点或更多地从科学的角度去理解事物，比如看社会性格、社会层面、社会知识诸方面的不同，并非无稽之谈。当然也可以做出更多的解释，可以有完全不同的角度，这就没有什么神秘性了——比如一个人没有经过50年代的坎坷和童年的饥饿,在理解事物时当然就少了这些参照和体验。一个人经历了很多事情,最后都化为知识,也化为一种沉重的负担跟随一生。现在看八九十年代出生的人,他们显然跟五六十年代出生的人差别很大,但却不能说后来出生的这些人由于身上的负担少,就格外地欢乐,就更少痛苦。不是这样的。他们的痛苦会来自其他方面。像五六十年代、四五十年代出生的人,这些人心里装了一些让他们感到沉甸甸的忧虑一样,年轻一代面临的一切,如果比作酒的话,用民间的说法,也够他们喝一壶的了。所以,每一代都面临着冲破自己生命的屏障、命运的屏障这么一个前景,几乎是没有例外的。

现在让人感到难堪的一个问题,让年龄大的一拨人感到难堪的问题,就是他们自己熟悉的历史以及个人的经验,完全不被年轻的一代所接纳——老一代人的经验因为遗忘和不能衔接,可能会给年轻一代带来更大的苦难和不测,他们因此而忧心忡忡。这都是被历史反复证明了的,所以这些忧虑是有道理的,不是杞人忧天。

当然,中国代际的巨大差异和隔膜,也跟中国社会的更迭过快过频有关,即跟所谓永远在"转型"有关。

"幸福"是商业主义时代利润最高的麻醉剂

朱又可:这个时代好像谈论最多的一个词是"幸福感",怎样幸福和快乐,怎样开开心心,电视上到处都在谈。

张炜：挖空心思地制造幸福、制造快乐，恰恰因为这个时代有许多问题是很难解决的。生活给我们的空前沉重的压力，比如各种信息蜂拥而至带来的那种浮躁不安，使生存变得更不容易，使享受安静和品咂生活的空间消失了。消费快乐和幸福的概念，等于送给非常痛苦的人一针麻醉剂，这些东西久服之后会上瘾，一旦离开就不行。现代人会不停地去寻找这种娱乐场所，来安慰自己，以便遗忘真实的处境。

另一方面，商业主义很容易就发现了这种麻醉针剂的利润很高，而且制作工艺不需要特别讲究，成本很低。它依赖这种所谓的娱乐和快乐制造业获利很多，而且越来越不讲究工艺流程和基本的卫生条件。

那么，我们整个时代就走入了这样一个循环怪圈。怎样想办法打破它？这倒是我们面临的一个最大问题。当代群体里面有没有更有力的个体去不断地做出提醒？如果不能从这里面走出来，长期麻醉的后果将是相当可怕的。

朱又可：书中梅子的弟弟和女友，都在这样快乐着。这对年轻人的心态是怎样的？

张炜：有一些孩子很快乐，身上不断地表现出一种天真可爱的东西，也算自然淳朴——不能否认，他们的确给社会以欣赏的价值，鲜活的生命，活泼的自我。人都向往青春，向往快乐。但是这里面也有一个问题，一个处于十八九岁、二十岁年龄段的人，常常表现得比实际年龄更幼稚更单薄，这是不是更可靠更好，还要打一个问号。有一部分稚嫩是真的，是来自自然流畅的表达，但另一部分是服了麻醉剂的快乐，这二者掺和起来，就显得这一拨孩子愈加欢乐，愈加自我。

可是我们也更有理由担心，前面有很多的路会让他们始料不及——我们可以承受很多，是因为我们经历了很多。他们这种多少带一点表演性的快乐，实际上是很脆弱的，是不堪一击的。当他们脱离了保护，脱离了熟悉的环境，需要自己远行的时候，谁为他们撑开抵风挡雨的大伞？实在是不敢设想。

朱又可：表演性的快乐，现在的人就在追求这种快乐和幸福——你的小说当中基本不太涉及幸福的话题。

张炜：社会呈现出来的人生状态是得过且过，还有，关注得捞且捞的那点利益。当然有快乐感，人们也为这些东西去努力。这是一个剧烈的物质竞争的时代所必然产生的人生格局，这个格局不会变大，只会变得越来越小。当一个人的财富欲念越来越强的时候，人的格局不是随着欲望的增大而增大，相反是变得更小了。实际上，现在人的格局还不比六七十年代，尽管那个时候我们所谓的关心国家大事、思考民族未来带有某种简单性，或者是一种误解，或者是愚阁的一部分——但是也不尽然，它仍然具有一定的牵引性，牵引我们离开自私和狭隘，心里装上一些大事。当时人的敞开幅度是较大的，作为一代人的特征，它们现在完全消失了。犬儒主义盛行，人生没有异样的光彩，哪里还谈得到激情，哪里还谈得到因为迎合了某一种道德感而产生的巨大喜悦？在这样的物质主义时期生活，基本上没有劲，突然来了力量，肯定是打上了兴奋剂。所以，人们是多么单调急切地寻找幸福之源——无论是什么场合，见面就是"恭喜发财"，再没有其他的话，大家变得如此低级庸俗，因为已经没有任何其他的精神途径，没有别的方式。要谈幸福就是发财一途，就是这么简单仄逼，只能趋利，得到利益就成了万有幸福之源。在这种环境之下谈论幸福，或者是表达很多的幸福，就是一种庸俗。实际上，在任何时期、任何族群里，在精神性很强、心气很高的人那里，对"幸福"的廉价谈论，都使它成了一个等而下之的甚至是令人沮丧的话题。

朱又可：现在社会主流的成功观念，那些挣了很多钱的成功人士，构成了普遍的模仿和向往的目标和对象。

张炜：四五十年代出生的人，他们的记忆里事物真是瞬息万变。年轻的一代可能认为目前的逐利状态是一种天然的社会格局、道德格局、伦理格局，可是在上一茬人看起来，不久以前的社会还是以贫穷为荣，三代贫农还唯恐不够穷，还要强调自己是贫雇农。那个时期中农都抬不起头来，更别说资本家了，那是奇耻大辱。所有的人都在装扮贫穷，连从没有过的物质窘况都编造出来了。有一个写作者，他在70年代末忆苦之风余韵未尽的时候还在一个场合说：爷爷十个脚指头冻掉了九个，就剩下了一个。他还一边说一边流泪。后来熟悉他家史的人从忆苦场合离开，说他爷爷的脚指头怎么样自己是见过的，那是一个也不多一个也不少的，都很完整。原来那是他从一首歌里面听来的一个说法。

曾几何时，我们还是这样的一种欲求，我们的幸福来自对贫穷经历的编造；转眼不迭就到了这种炫富、追富、唯恐不富，恨不得一夜之间变成亿万富翁、几十亿富翁的时代。这真是两极相通。人类历史上很难找到这样一种现象，人们在两极里面挪动得如此飞快。

在这种人生的闹剧和荒诞里面，我们大可不必慌促成那个模样。财富不是坏东西，但是它一旦与人的精神构成对立，与人的自由构成对立，与人的道德构成对立，就会成为很坏的东西。一个正常的、健康的人宁可选择一种自然而然的简朴生活，像胶东海边人说的"玉米饼就小鱼"的生活。最后人的幸福无非都回到感觉上来了，如果破坏了生存的充实和愉悦，一切也就荡然无存了。比如有的人患了忧郁症，一直在巨大的沮丧和绝望中，一切物质上的成功对他几乎都是不存在的，因为他对欢乐的感知差不多等于零，甚至等于负数，他就是快乐不起来。幸福是一种精神现象，而我们现在却很少考虑到精神问题。那么这些财富的积累，我们的夸耀和追逐，也包括我们几十年前、不久以前对于贫困的那种炫耀，实际上是一种人生的荒诞。一个人从童年到老年，时间大致不足百年，只是弹指一瞬，而这一瞬要过得自由，多么可贵和不易。因为生命只有一次，所以从生命自由的意义而论，我们很早以前不停地夸耀贫穷，同样也是被物质所累的另一极的表达和体现。当然，今天的人们尤其是、更加是直接地被物质所累了。

朱又可：这两种东西，尚穷和追富的价值观，都是主流意识推动的结果，老百姓被这种价值观塑造了。

张炜：中国传统文化经典和西方的经典有些方面是一致的，即遏制人的物质欲望的膨胀，提倡人的精神的修葺。严格来说，当代许多人是冒历史和未来之大不韪。这种巨大的危险尽管有人发现，但是反对的声音是很弱小的，形不成规模。所以，人的物质贪欲被撩拨到现在这种程度，一颗贪心不仅在釜底燃烧，而且被拉出灶口，引到堂屋里燃烧——这让我们不能接近这个釜，更谈不上去抽釜底的薪。

我们不停地在讲我们追逐物质欲望带来的成就，而且摆出一些数字指标。但是这样的数字给出来的命题只是一个伪命题，因为它不是从收支平衡的基本原理上去换算，而只算收入了多少。这怎么可以？比如我们没有从环境的破坏需要多少补偿这个角度考虑过——社会人文环境和自然环境的破坏，需要巨量的时间才能弥补，而时间是无价的。这些都没有换算在里面。还有，我们为了追求物质财富耗尽的血泪没有换算出来，谁都没有也不敢这样换算。如果换算的话，就会发现，那些所谓的盈利数字，再翻几番都不能抵消我们的亏欠——心债、环境债、历史债，这是一笔笔巨大的债务，谁来偿还？得益者喜气洋洋地带走了当下的银行存款，留下有形和无形的大窟窿不知道由谁来填补。

随便举一个例子，在现实生活中，比如某个地方，有一个规模很大的民营集团，这个集团支撑着地方的税收等，很有名气。但是这个集团一路膨胀和发展，留下了很多精神垃圾和其他垃圾。周边的环境被污染得一塌糊涂，人们没法呼吸，没法喝水，没法正常散步——它污染的环境是要民众去承受的，它得到的利益是个人的或这个集团的，是这些人在分红利，而那片土地上的其他人在大口地、费力地喘息。那就可以明白，这个地区在物质方面到底是赚了还是赔了。且不说精神方面造成的破坏，仅是物质层面也没有赚到什么。这个集团为了自身的发达和膨胀，有多少不法的行为，以及多少不负责任的行为和方式，严重污染了当地的环境，做了反面的榜样——榜样的力量是无穷的，越来越多的人看到强者欺凌弱小以及横征暴敛是多么有效，这会给一个地区带来多么大的道德恶果。这样的反面榜样带来的效法力，它辐射出来的那种恶的力量，真的是十分巨大。这些事情是那么显赫地存在着，许多人却视而不见，还在不停地洋洋得意地言说着这个财富积累的"奇迹"。这部分人不是有心人——一个人连心都没有，怎么和他讲理？

朱又可：你想让历史的痛苦感传递下来，给人们提前打预防针，否则快乐的一代人将来会非常悲惨。

张炜：书中一部分思考者，他们深刻的忧虑是从生命意义上生发的，有时候这个层面的深度，可使其成为全社会的呼吁书。它试图用简单明了的案例去证明很多东西——但小说是诗意的综合，是极其深沉的生命的吟味——有一点可以肯定，它一定要有强大的善意，才会使整部书的审美意义增值和扩大，具有心灵的说服力。这二者是相互促进的。

忧虑无所不在，因为悲剧触碰到了实地，它不再是一个虚蹈。有时候诗人式的喧叙让人感觉处于一种虚蹈状态，而现在揭示的悲剧是踏在现实的泥地上，是一种真实的人生命运的底色。我们不是为了写出杰作才去追求悲剧，不是运用一种方法，而是要在诗与思的道路上往前，这就必然与它相逢——绝不会擦肩而过。这样的悲剧才是真正的悲剧。它也许并不是布满字里行间的血泪号啕，但是悲剧的底色会让人真实地品味。相反，那些血泪号啕的暴力和血腥，有时候只会形成点缀，是嬉戏的另外一种方式而已。真实的悲剧贯彻在可以感知、可以触摸的现代社会的鲜活细节中，偶以狰狞的面目出现；而生活的常态却包含了无尽的悲剧——从这个方面去感悟悲剧，倒算是一个入门。

文学批评为什么消失，批评家趋利避害

朱又可：过去的作家会将文学放在一个批评的传统中，当然

有时是大捧,有时是"样板"吹捧,但究竟是棒喝的多,下禁令的多。现在年轻的网络作家每人都有粉丝群,不容批评,越是畅销者越是如此。这和市场利益有关。你怎样看待新一代人和批评的关系?

张炜:一个朋友的孩子写得非常好,现在也有二十八九岁了。他在十几岁就表现出很高的写作能力,但是现在发表作品都很困难。这实在是一个很优秀的个体,无论是文学的态度、方向,都让人看到希望。可是他反而不成,这让我觉得非常奇怪。我平时阅读经典作品较多,所以不知道很多年轻作家的名字。但人有写作和出版的自由——不过有时出于各种各样的原因,比如没有阅读和写作的能力,给他这种自由他也难以运用——随着教育的扩大、网络及各种媒体的增多,这种自由会在更大程度上实现。我们书写的世界变得眼花缭乱,空前复杂,13亿人口隐藏了各种各样的可能性和创造力,某一部分人引起了更多的注意是自然而然的。但是一切都要等待检验和判断,包括群体的盲目,在这个过程里都会得到解决。

我觉得还是好好地读一些老书比较好,这样可以使自己安静。当代的书我读得不是很多,但我认识的人的书,或是一些让人感觉很有责任感的书,我要去读一读。当代非文学类的书我读得很多。对一些匆促出现的作品,因为时间越来越紧迫,精力越来越不济,阅读时可能稍微粗一点——有的散发出一股刺鼻的气味,回避都来不及,当然不能接近。这样说不是否定年轻一代。1975年我发表作品时年纪也很小,如果完全否定了30岁以前的所有作品,说它们都很幼稚,这也不是事实,起码对我个人来说不是这样的。我的一份沉甸甸的人生答卷,很可能就是在30岁之前交出来的,后来的作品开始趋向成熟和复杂,却失去了青春时期的那种单纯性和爆发力。

但是另一方面,我们对世俗层面的那种感谢还是必要的。《古船》出版的时候,我到一个大学去演讲,读者把我举起来,像传一个物件一样在空中手手传递,以表达那种欣喜之情。我当然很感谢他们,可是也有不安,只有他们把我放到地上时,我才大喘了一口气。《古船》签字售书时排起了长队,最后人们拥挤到把摆书用的铁案子都挤变了形。这种力量来自哪里?来自群体冲动。这个群体的冲动为什么没有持续下来?同样的作品还在那儿,为什么当年的拥挤不见了?令人深长思之。当然,《古船》和《九月寓言》这样的作品持续长销了二三十年,现在仍然有许多读者,也让人欣慰。

有一次我参观上海闵行玩具厂,正遇到一批玩具小汽车往外运,一大集装箱里面不知要装多少小汽车。那些小汽车很漂亮,模仿了世界上所有的车种,非常逼真。小的像火柴盒一样,大的也不过拳头大,非常灵活。如果说这种车几十万辆销售出去了,从数量上看也是真的——都是汽车,只是它没有内在的怦怦跳动的燃烧的发动机。看起来它跟真的有内在发动机的汽车模样相同,价值却没法比。一辆真的能够燃烧、心脏怦怦跳动的汽车,等于多少玩具小汽车的价值。这就是问题的关键。有时候我们对待文学作品的市场,也要回到这个思路上去。

人和书要远行。在生活中真正的远行,要有远大的决心和力量。刚才是用汽车比喻,玩具汽车自有益处,却不是成年人所需要的。成年人对玩具汽车羡慕得不得了,那不好。这种比喻是一个极端的例子,只是为了说明问题。玩具汽车的另一个对应物,就是那些负载持久的火车,特别是过去的蒸汽火车,载重量特别大,可以跑很远的路——它出站的时候发出很沉闷的扑通扑通的声音,冒着白烟,鸣着嘶哑的笛音,起动是很慢的,比人的跑动还慢。但是一旦它在原野上奔驰起来,驰骋起来，穿山过隧，载物多多，燃烧剧烈，动力强大，可以直接穿越欧亚大陆。要比灵活，玩具小汽车只用手指一碰，就可以像箭一样射出去，但是怎么可以和负重远行的火车相比？就是这么一个简单的道理。

朱又可：过去的文学有批评家在批评，也有政治的批评；现在批评家基本上是一个失语的状态。

张炜：现在的批评跟文学的关系非常正常，这个"正常"是对应着整个生存状态而言的。没有比这个时期的人更能够趋利避害的了。这是一个商业时代、重商主义的时代，人的一切领域都受这种重商时代的影响和塑造，人对道德伦理要能够迁就，要有足够的灵活性，这是一个普遍的现象和普遍的风气。

就像当年，我们随处都讲阶级斗争，说说笑笑里面还有阶级斗争，现在则是无处不在的灵活性、机灵和精明。这时候不需要智慧和人格力量，相反后者会给个人生活添上诸多麻烦，让人背运。谁不害怕痛苦？谁不害怕背运？于是那些最起码的文学的良知、炽热的激情，都随着现实利害蒸发了。如果在这个时候出现强有力的直话直说者，勇于说出自己的感悟和良知，那么这个声音在很多变异了的耳朵听来，或许还很粗糙尖利，甚至是沙哑可笑的一种怪声。最正常的声音被当作怪声来处理，在一片不以为然的嘲笑中被淹没——这种批评的声音不是没有，我们现在有，以后还会有，但是命运如何？但愿这样的声音与优秀的作品相伴而行，这未必不能创造历史。关键是一个人认准了一条路就可以走下去，沉默地走下去，喧哗地走下去——如果改变方向就要有理由，有逻辑的曲线，不能是随意转向；凡表现出极其灵活的身段者，都是大可怀疑的人。

朱又可：教授们害怕被批评的对象影响力大，在网络上被反骂。批评家常常认为还是不谈为好。按说他们可以指出作品究竟怎么样。

张炜：任何时期，都会有一些批评家恪守最高的原则，当然这个最高的原则会因时代而不同。对于一部作品，我们可以不谈，但不能把糟糕的作品说成好的作品。用沉默的姿态来表示拒绝，过去的时代是不可以的，现在却连这个都做不到了。现在人们早就注意到了，也给予了理解——这还不是最可怕的，最可怕的是有一些的确优秀的作品、不可多得的作品，反而遭到了相当集中的误解，比如贬斥；而一眼即可判定的垃圾，却得到了大面积的推崇。

难道是有一部分人对文学的标准"进步"到了我们的常识所不能理解的高度？这里会有一个极其怪异的标准和尺度？难道我们大家都是一些粗陋笨重的动物，突然来到了一个孙悟空主持的世界，他一翻筋斗就是十万八千里，我们都跟不上了？看来还是大可怀疑——是这个时代出现了进化惊人的、拥有巨大能量和奇异的动物，还是这个社会出了什么大问题？

朱又可：批评家认为自己是学者，学者好像就可以避免对作品做出判断。

张炜：哪一种学者？如果是一个进行当代文学批评的人，那么这个专业的螺壳对他来说是不存在的；如果是一个研究古典的或研究其他学问的学者，他有那么一个专业的螺壳，可以避免这个风险，可以躲到这个螺壳里。可是从事当代文学批评的人没有这个螺壳，他往哪里躲藏？所以这里面还是有疑惑和不解。但是说实话，大量的当代批评家还是犀利和敏锐的，对作品的洞察力、思维的包容性、细密性、思辨的能力，都让人感到惊讶。有时候文坛上缺乏振奋的、足以把沉睡的某一部分人唤醒的声音，很可能是因为我们的精神环境搅成的一团浓雾造成的，是这些东西让智者昏聩、醒者窒息。这种浑浊的聚拢，一旦把生活中的一个活生生的人击中，就足以致人死地或者造成难以复原的内伤。有时想到这里，就觉得有一种无法言说的感觉。总而言之，现在人在生活中的各种痛苦都来了，恒理没有了，一句话：没有底线。一个儿童溺水被人救起，那个搭救者还要受到很多非议。想想看，当下做事情是不是需要十倍的勇敢和果决？总是瞻前顾后，那怎么走？

　　写作更是如此。写作是一个人面对无数潜在的人，那种挑剔和回应将是各种各样的，如果没有勇气，干脆就不要写作了。要写作就要发言，如果还想做一个老好人，有时候会是十分尴尬的。怕得罪人，做什么都可以，就是不能做作家和批评家，这部分人就是不停地得罪人，不停地战胜自己的平庸，而战胜平庸的过程就是得罪人的过程——同样是团结人的过程——可以找到很多的共鸣者，他们会保护作者，会赞赏他，让他高兴，让他获得心理上的安全感。可是作者也常常茫然：这些保护的声音在哪里？他常常会发出这种悲凉的询问。只有一点是肯定的，他不是演出悲剧就是喜剧，只要他不那么平庸。

　　朱又可：现在人人都希望能够维护自己的小自留地，希望粉丝多、点击率高，害怕"说错话"，遭到别人的讥论。

张炜：据说网上有我的博客，我也打不开，是别人替我做的。他们说我有好几个博客。我没有做过，也不懂这个，平常也不上网。电脑对我来说就是用来购物或传输邮件的。像电脑、网络这种科技，在它变成陈旧的事物或习惯的事物之前，我不会太依赖它。

20年漫游中的危险与奇遇

朱又可：刚才说到玩具小汽车，那么《你在高原》就好比一个超大型的火车，是不是期待它开动起来一路发出巨大的声音？

张炜：一部很长的书，声音集中，穿透力或许强烈一些。客观效果是否如此且不管，作者书写39卷肯定不是为了这样的效果，而是表达的需要。原来试着出过其中的几本，后来才发现有问题——这几本和将要完成的其余部分，必然会构成各个方面的一些矛盾，在日后的衔接中就会破绽百出。这立刻引起了我的警惕。它必须作为一个整体去重新创造、修理，要有无数次的细细打磨。原来那几部单行本的出版，经历了四五年还可以，过了10年20年以后，现实世界和作者的主观世界都发生了巨大变化，就不得不做出大量的调整和改写。一般来说"大河小说"还是需要一次性地推出。至于它对读书界因此而产生的影响力、造成的客观效果，则不可以有太多考虑。

这是一场复杂而漫长的写作，需要写作者更深沉一点，更无功利性一点。它至少要化为一种日常的劳作状态，是一种积少成多、有韧性同时也有常性的工作。这个工作因为耗时耗力，还有深入的浩大繁复的思索，就更有可能借助时间之力——只有时间才能给予那种神秘的力量。有了力量才能聚焦，这种聚焦的能力是要求很高的，因为长时间的写作会使人心力涣散，涣散了以后这个书就没有力道了。经过了持久缓慢的时间，还能够聚焦，最后还能形成一个焦点，用来穿透和烧灼，这是最难的事情。

朱又可：写作伴随着行走，在20多年的行走当中，你是不是遇到了好多危险？

张炜：实际上，一场写作超过20年之后，这个过程就化为日常的生活了。创造是灵感爆发的状态，因为那种状态而变得超越——但是这里面肯定也有日常生活所包含的各种状态，尤其是很有趣的一些经历，甚至是很让人疑惑的经历。这些都会让人难忘，给人以特殊的帮助。

有一次赶路，突然我前面出现了一座孤零零的屋子，从屋子里走出一个人，当他转过脸的时候，我被他脸上的神态、五官的样子吓得转身而去，连头都不敢回。还有一次，我走在一个非常简陋的巷子里面，在月光下，全无意料地出现了一个不高的人，不男不女，头上缠着一些奇怪的布缕，那种眼神让我感到一种非现实、非生活的状态，好像是从另一个维度和空间里面出来的人。我是一个很大胆的、有夜行习惯的人，可是那次我真的害怕了。类似的这些经历很好玩，这跟我在葡萄园里、山里或者海边遇到的一些人多多少少还有些不同，与我跟那些孤独的老人在一起的愉快形成了鲜明的对比。

我是不害怕荒野里或大山里或海边那些独居人的。但是这种独居人有时候会让很多人害怕。我不害怕。一方面这与个人童年的孤独生活相关，因为那时候我接触过大量类似的人。另一方面我在游走中跟这些人相处较多，特别愿意看到这些没有被世俗生活概念化了的、被改造过来的隐士，我愿意跟他们对话，愿意去了解他们。我发现，他们跟世俗的现实世界脱开了距离，那样生活了很久之后，人性里面更坚实有力的、更有趣的东西就会凸显出来。他们说话所用的语汇跟我在人口密集的城市里听到的不一样，跟学术场合的语言更是十万八千里。他们还操弄着几十年前的语言，或者是边地的语言、海角的语言，但是这些语言跟我们的传统、跟我们的土地更近，所以听起来特别生动，特别有穿透力，特别能说明问题。他们对外部世界的评价也带着一种浑然天成的自然感，有时候你会觉得非常简单，但有时候还会觉得特别震撼——这种震撼力会改变我们很长时间形成的固有看法，改变我们的判断。

一些住在海边、离开了自己家的人，或者已经没有家人的这种独居者，一个人独处了三四十年、50年甚至更长时间的所谓"铺佬"，跟我特别熟悉，他们夜里讲的那些奇奇怪怪的故事，海滩的精灵与海里的水怪，会让人觉得这里面半是杜撰，半是他们真实的经历，有时让人无法窥测和探个端底。一旦他们喝了大量的酒之后，在那种半睡半醒的状态下讲出的一些故事就特别有意思。这种人的生活让人向往，他们的生活状态跟我们的差异太大了。所以我在写作当中不得不大量记录这方面的内容，有时还要专门为此寻找和奔走，因为它们对我来说太有魅力了，我愿意为之跋涉几十里上百里，去接近这样的一种记忆。当然，越到后来，这类人越难在平原上遇到了，他们越来越少了，有的不得不迁徙到更远的地方去了。

朱又可：20年间你还出了危险，出了车祸。

张炜：那些日子多么快活，可是一些危难也往往说来就来。这使我想到：可能生活中的一些不测就是这样发生的吧？它们总是在人们最不经意的时刻突兀地出现。记得有一天我在一个海岛上与一个初中时候的同学相遇，当时我们都非常高兴。我本来要在那里调查徐福东渡的一些行迹，已经住了好几天。他那天一时兴起，说要带我到一些没有人烟的小岛上去。我当然十分愿意。当年徐福就在小岛上寻找过他的人生灵感，以至于最后跑到更遥远的大海深处，一去不归了。

我们乘的那个舢板那么小那么窄，好在没有风浪，他摇着橹往前。后来我才发现，他不是经常出海的人，只在岛上做电影放映员，就是说他早就脱离了海上生涯。他可能小时候会驾船，所以并不畏惧进海这种事，但他忘记自己已经是个生手了。他是生手当作熟手用。结果到了一片海域之后，事情就变得没法控制了。原来大海就像陆地一样——完全可以看作是一个平原，上面有河流有浅滩——暗藏的海流就相当于地面上的激流险滩，相当于一道大河。有时候从水面上看不出什么异样，只等舢板驶进海流的时候，才感觉像被妖怪一把抓住了似的，小船被弄得不停地打转。我们都吓坏了。小船一次次碰到礁石上，我想这一下完了，大概得跟这个世界永别了。我们肯定坚持不了多久。

舢板箭一样向礁石冲过去，我不敢看它。它再撞一次就要散架了，我们也就要被弹到水里，然后，一切完结。他也吓得变了色，那支橹老远就伸出来——舢板撞上礁石前橹先撞上去，然后才是舢板。巨大的震动中，我们紧紧地抓住舢板，才没有掉进海里去……后来是一点一点想法腾挪出海流，但前进不得，只能小心地后退。这是我记忆里经过的一次危厄，过后许久，那场惊险还历历在目。

还有一次是在冬天，天奇冷无比，渤海湾一连冻住了十里之远，一眼看上去全是冰原。几天后风和日暖，冰原开始解冻。我和一个朋友在大晴天去了海边，一时高兴就爬上了一个足有 20 多平方米的漂浮冰块。冰块在海上轻轻摇动，就像一只小船一样。我和朋友只顾兴冲冲地交谈，丝毫也没有注意到立足的这只"冰筏"正在一股水流的扯动下往海的深处缓缓移动。更要命的是，我们谁也没有发现它正在变暖的水流里断裂——先是一小块一小块落到水里，后来发出了"嘭"的一声，才把我们震醒过来：这块大大的"冰筏"一下断为两截。我们同时也注意到它已经远离了岸边。两个人一下都蒙了。

　　脚下的"冰筏"还在碎裂和变小，并且还在往深处移动。我头脑里一个念头就是：完了，这回没有办法了。这样慌乱了一会儿之后，我们两个不知是谁想出了一个主意，就是伏身贴紧"冰筏"，以手做桨，一下下划水。"冰筏"艰难而缓慢地往挽救生命的方向——岸上移动了，尽管极慢极慢。就在驮载我们的"冰筏"破碎得只剩下几平方米的时候，我们终于到达了沙岸。当时可能都想哭出来，但彼此望了望，只笑了笑，伸伸舌头。

　　还有一次，因为要赶在天亮前乘车去另一个县市，我必须起早往镇子上的车站奔。当时我住在一个小村里，摸黑骑着一辆老式自行车往那儿急赶。我对那个地方很熟，知道前边不远就有一座大河桥，经过它就进入镇子了。可是我不知道那个桥墩正在施工，原地挖开了一个几丈深的敞向天空的大洞。不知为什么，那里没有挂那种拦绳和红色警示灯。我骑得非常急，一溜下坡，到了桥头那儿就栽进去了。一瞬间我脑子里一片空白，马上想到下面只能是一处施工的深坑，里面有刚刚浇铸了一半的桥墩，水泥桩上刺着一片尖利的钢筋。我在黑影中往下跌落了几十米，一直闭着眼睛。我感觉心脏部位在疼，或者是等待即将到来的剧痛。

　　我闭着眼跌落——突然一切都停止了，我好像落在了一片云彩上。是的，身子底下软绵绵的，我伸手试了试，是沙子！原来非常巧，当我一路跌下去翻滚了几次以后，被干土层下面溢出的一摊白沙挡住了，这片沙子只有几平方米，但是它足以让我软着陆，让我停在致命的危险的边缘——不然我只有磕碰着落向水泥浇铸的刺向天空的钢筋之上。

那一刻我肯定是面无血色。就那样，我完好无损地从深渊中爬了上来。我心里念叨：经过了这样的深渊，就让我一路平安吧，我实在受够了。

然而，事情并没有那么简单。就在乘车去邻县的山区里这次，入冬后，我又在当地海拔最高的一座山上跌伤了。那时我正在它下边的一条冰河边转悠，寻找过河的地方。我被一层浅浅的积雪欺骗了，结果奋力一跃时左胯骨被狠狠地撞到了。整整一个多小时的时间，我无法爬起，无法移动……这后来给我留下了永久的伤痛。

可是比起几个朋友，我似乎还算幸运。有一次我们在浅浅的海边拉围网，本来是绝无危险的事情，其中一位却因为近岸突然出现了沙陷，竟然就在大家的惊呼声中一点点沉了下去。几个人眼睁睁看着他消失，却毫无办法。还有一次几个人在海里游泳，其中一位"哼"了一声就倒在了水里。大家七手八脚把他抬到岸上，发现他的脚部有不大的一处蜇伤，伤口四周变成了紫色。没人觉得这会有多么严重，就搀着他回到了住处。可谁也想不到的是，只几天之后他就不行了，而且很快就被宣布不治。据说那是一种特别厉害的毒鱼所为，被它蜇伤如不能及时治疗，十有八九也就完了。

为了完成艰巨的写作任务，朋友给我找了一个"三线"时期的房子。所谓"三线"，就是在特殊年代里为了备战而筑在大山深处的一些应急工程。如今太平了，它们也就大半作废了。那都是一些很棒的建筑，一般来说隐蔽、结实，并有各种配套设施。朋友为我找的这一处是废弃不用的变电所管理房，它建在山岭外的一小块平坦地方，又沿山势修成了一个大大的院落。里面有救火池，有几棵巨树。一溜宽敞的大房子都空了，里面有几张陈旧的办公桌，几件破损的大皮沙发。

这里安静得就像另一个星球。无数的野物一天到晚光顾这个院子，竟然不怕突然住进来的这个客人。兔子和獾，一群群的喜鹊，有时会互不相扰地在我的窗外转悠。一些鸽子飞到窗台上往里看，想知道我的一些秘密。我只有一些书、一叠纸和一支笔，它们歪着头瞅来瞅去，一时不得要领。我向它们打着手势，它们并不害怕。到了夜里，这里的天空清湛得没法形容，星星又亮又大，仿佛从未有过地逼近了地面。我心里充满了感激，不光是感激我的朋友，还有另一些说不出的东西——也许是遥远的神灵之类，是无限远处的什么。我想，人在这样的地方心情就不一样，心灵也不一样。我想了一些很透彻的事情，一些长时间想不明白的事情。我想说：我多年来被纠缠着的一些东西，这会儿都在心中化掉了。我可以安静下来了。

就这样，我一连多少天不回城里一次，尽管这里只是不太远的郊外。我的朋友有时会来这里，他们带来一些吃的东西，并和我一起在院子里垦出一块荒地，种上各种作物。家里人除了搬来吃的东西，还要为我担心，担心这个荒郊野外会有什么来伤害我。其实这里比城内安全十倍，因为这里是荒野。我从少年时期就形成的一个概念是：林子或大山里总要比人烟稠密的地方更安全更适意。朋友们在星期天带来酒，于是就会有一场真正的欢宴。

就这样，秋天过去冬天到来。这里的冬天空气更爽，大树变得严肃无比。一些动物小心翼翼地来了又去，四蹄轻轻踏雪，胡子蹭在结了霜的窗户上。我注意到冬天的动物比春天和秋天时胆子要小得多，其中的原因不得而知。

接下去发生了一件坏事。这一天是冬至——我会一直记得这个节令。这一天家里人正出远差,并且下了一场连夜大雪。半夜,我突然觉得身上发冷,接着全身哆嗦起来,越哆嗦越厉害。我把所有的被子加上棉衣都蒙在身上,还是无济于事。我咬着牙关起来摸药,吞下一些药重新躺下,想不到不仅没有好转,反而觉得手心脚心都像有一束束针扎过来,整个人几乎一动也动不了。我知道这会是40度左右的高烧,是以前不记得发生过的严重症候。这是我最难挨的一夜。

可是天亮后并没有好转多少。我不记得是怎么坚持下去的。屋里没有电话,就是有,那一刻也抓不起话筒。当年我天不怕地不怕,血气方刚,可是就让这个冬天好好教训了一次。我给冻在了山里,一直烧了三天,整个人都蜷起来了。

我要好好感谢第四天。是一个画家朋友想起了我,他正要到山里找我。那天巧了,他说自己一高兴就上山来了,踏着厚厚的雪往山上登,越冷越来劲儿,就一直登上来了。他打门,没有声音,于是慌得干脆用一块大石头砸起来……我想下床去为他开门,可是刚一动就连被子一起滚到了地上。

朋友救了我。他好不容易才把我弄下山去,直接送进了医院。医生说:你真危险。

小时候住在林子里,结识了那么多植物和动物,只是不知道它们的学名。后来我发现要用学名说出别人才听得懂,就苦苦学起了植物学之类。我见过那么多、接触过那么多动植物,但是没有办法准确地说出它们的名字,这是不行的。

我到现在还使用一个背囊,朋友们只要打开我的背囊,里面什么东西都能找到。这就是长期过野外旅行生活慢慢养成的习惯。遇到一个困难就会得到一个经验，遇到一个坎坷就会增加一个防备，结果各种小物件就往背囊里扔。有时候突然想起一个东西要找它，只要有耐心，就能从大背囊的角落里把它抠出来。

像一些磕磕碰碰都不算什么了。生命的危险倒是偶尔会经历，食物中毒、生病这一类事情都不可避免，但是它们构不成传奇，仍然是很平凡的一些事情。写作、采访、记录，一些事故必然要化在这些过程里面。

朱又可：有人说，你在一个孤独的小房里疯狂地写作。

张炜：有的朋友写文章，说我是写作的疯子，他是想赞扬我的劳动和投入。我没有感觉是那样，可能后来一看照片才感觉当年有多么不堪。我写到《古船》的后半截，曾到一个人烟稀少的地方待着——总在那样的环境里受不了，但是那样的环境会给人很多灵感，如果在闹闹嚷嚷的街区里，好多问题就想不透，所以就需要静一下、隔离一下。这的确有作用。可是我的主要文字还是在安居的状态下写出的，但是在另一些地方的确会有异样的感悟。

他们说我是写作的疯子，主要是指我在 30 岁左右的时候，那个时候精力出奇地旺盛，虽然看起来人也很单薄，但是却可以连续工作，只睡很少的觉，可以白天记录采访一天，晚上接着写作。我可以每天写大量的不同类型的文字。我的阅读可以通宵达旦，大量的书都是那个时期读的。可以说当年书在我这里有多少都不够，我像吃草一样大口地咀嚼吞咽……

好像只一闪，这个年华就过去了，再那样阅读和写作是不可能了。好像过去的一切都是不可思议的：整个人就像一个过滤器一样，日夜不停地过滤那些书籍的河流、文字的河流,留下一切有用的东西。当年真的是有这样的感觉。那个时候有很多自不量力、盛气凌人,所谓的年少气盛。那会留下很多的遗憾、残缺,甚至也得罪了许多人。可是今天我离那种状态很远了,却又很怀念。这也让我觉得,我当时常常冲动了一点,是的,不能要求一个二三十岁的人像五六十岁那样深思熟虑,那样考虑周密。一个生命,每一个阶段都有自己的特质,一些固有的光彩和特征。

屋子大了不忍拆

朱又可:听说你这20多年在半岛地区不光是游走了,还做过一些事,办书院大家知道,还干过什么事?

张炜:我这人好奇心重,总也闲不住,每到一个地方就想做点什么,一度喜好"实业",可又做不好。因为总是急着走开,在一个地方待不久,所以干什么都没有常性。有人说,如果生在旧社会,我在农村会是一个不善经营的庄园主,在城市则是一个失败的资本家——一旦接近那些戴眼镜的学者多了,还会尝试着做起半生不熟的学问——也许最后由于有了这些曲折复杂的经历,就会感慨万端,并且从头细细地记下来,于是又成了一个有争议的作家。这些大概都是很自然的事。

有一年,我在半岛西部的一个林场住着——我太喜欢那里的大林子了——突然就来了通知,让我回城去,原来要开我们几个作者的欢送会,让我们一块儿下基层挂职锻炼。开始我不想去,后来知道要去的地方正好是半岛地区,也就高兴了。那是我的出生地,这些年我先是在机关里工作,后来又干别的,已经越来越少回去了。

去的是海边一个县市,刚开始还分管一点工作,后来做的就不多了。在许多年里,我更多的是以那个地方为中心,继续我少年时期就开始的四处游走。那里等于是一个游走的基地,可以把行走的路线辐射出去。往南到苏北连云港,往西到徐州,过黄河,走累了就回到那个大本营。那个时期除了琢磨写《你在高原》,还想着怎样为大本营做点实实在在的事情。当时我精力旺盛,闲不住,当地领导就说:"你最熟悉文体工作,干吧。"可是我想干点"实业",不愿总是纸上谈兵。在纸上虚构些什么,这种事我已经做得太多了。

说到"文体",我发现那里的"体"缺少一座体育馆;"文"缺少一座更好的影剧院。于是我就和有关单位商量怎样建它们。这可不算小事,因为要找钱找人。我领上几个人忙活起来,大家都兴冲冲的。周边的几个县市有的有体育馆,但我看不上眼:它们大都修得像少数民族的碉楼,是圆的,连马赛克墙皮都没有。我想建一座六棱形的,比省城的体育馆小一点的,看上去光滑发亮的。我们奔跑了多半年才开工,什么图纸、选址、资金,样样讲起来都不容易。大框架总算起来了,远远一看是个多么大的屋子啊,黑乎乎的。因为要修建内部的看台,还要增添其他设备,搞外墙装饰,钱很快就花光了,结果只能再想办法。

接着又建影剧院,整个过程也差不多。它费尽周折建了起来。一位领导背着手视察一番,说:"该叫'俱乐部'。"在很长时间里,那个俱乐部里面都是锣鼓喧天的,常常有各种演出,是当地最热闹的一个去处。我在那里面看过市剧团演出的吕剧《红色娘子军》的片段,还看过一些电影、外地来演出的现代京剧。最重要的是，我参与编剧的一个歌剧还在那里上演过，当时我就坐在前几排，心里有说不出的高兴。演出结束时，有人登台献上花篮，还把我拉到台上去照相。

许许多多年过去了，城市化发展的浪潮一浪高过一浪，我挂职的那座城市高楼林立，我奔走建起的那两个"大建筑"，如今早就被淹没在高楼的丛林中了。原以为它们已经被自然地拆除了，也不曾在意，可是有一次我出差，无意中却得知它们至今保存完好，并且还在发挥自己的功用。我找时间去看了一下，发现果真如此。不过，今天看它们的模样实在是太老旧了，真是灰头土脸。经营它们的人挥着大手对我说："不能拆，这么大的屋子谁好意思拆？"

造了两台机器

朱又可：听说你还给工厂造过机器，是真的吗？

张炜：我十几岁的时候游走到南部山区，因为背囊里有几本书，还有几篇草成的"作品"，也就以文会友，有缘结识了一位爱文学的当地领导。他无微不至地爱护我，让我住在一座好房子里。他下乡也带上我。有一次我跟他下乡到一个小山村里去，他忽发奇想对我说："你走南闯北见多识广，就不能帮村里人搞个工业？"现在听着像个笑话，可在当年一点都不是。当时他是病急乱投医，我也十分庄严地接受下来。我那时一直觉得他是我的知己。

搞什么工业？我心里也痒，因为我真的爱做实业。后来我自然想起了有关"工业"的经历:我初中毕业没能上高中,就在校办小型橡胶厂里做过一年。我对领导和那个小村的人提出了这个建议,他们一拍腿说:"那怎么不行?"我们说干就干。可是一起手才发现问题多得不得了,既没有启动资金,也没有厂房,更没有机器。我们最后在村外河边上找了块地,规划了一下就建厂房了。这事简单,山里人开一堆石头砍一些树,房子也就盖成了。

难的是机器,它叫"硫化机"。这问题把我挡住了。我那时想,它不是人造的吗?能不能想法慢慢造出一台机器呢?我想到这里,就急急地翻越大山,返回了平原上的那个校办工厂,仔仔细细把屋里的机器观察度量了一番。出了厂门,我还请教了当年去工厂拉机器的人,因为他能够凭记忆说出一些正在制造的机器的模样。那几台硫化机能生产一些小型橡胶制品。

可是当我去城里的工厂联系造机器时,他们马上问:"有图纸吗?"我垂头丧气地走开了,半路又折回,到书店买了一本机械制图的书。这期间我又跑了东部一座大城市,看了好几家大大小小的橡胶厂。我发现,即便是像样的厂子,也少不了使用手动的机器,那时还不全是电动液压的。我在短时间内搞通了一点绘图,并画出了一本子图纸,可是送到城里加工机器时,他们全都拒绝了。没有办法,最后只好找离山村不远的乡办农机厂,这些粗汉拿过图看了看说:"没什么,机枪咱都敢造。你在边上蹲着,咱不明白的就问你。"

一个星期后,机器真的造好了。因为要试压力,他们不舍得那么多瓶氧气,我就和赶车的人把机器拉到了大沙河套子里,先将气包灌了水,再垫上石头,用柴火烧了半晌。直烧到20多个大气压,气包还没有爆裂,就说明合格了。这在今天看起来是多么冒险的行为,想一想都后怕。可是当年一点都没有犹豫就那样干了,可见年轻人顾虑少，思想负担也就少。社会上有许多事情总是需要年轻人冲上去，这可能就是主要的原因了。

工厂开起来了，上班三八制，竟然在两年时间里红红火火赚了不少钱。当年造机器和出差的钱，都是小村人一元一角凑出来的。两年后开始高考，我就上学离开了，工厂的情况就不太清楚了。有一次在学校闲聊文科与理工科的事，我随口说了"造过两台机器"，一位同学就嗤笑说："大概是木头扎的吧。"我强调是铁的，"还有两个仪表"。同学就再也不笑了。

更有趣的是多年后我挂职到海边小城，有一天听说某个村子的工业搞得不错，就去参观。我看到了一个小型橡胶厂，精神马上集中起来。几个女工分别在一台四轮和两轮手动硫化机前忙着，我再也挪不动腿了。随行的问我："你爱好这个？"我没答，只问负责人这两台机器的来路。对方答："从南山买来的。那里的厂子不干了，两台机器扔在牲口棚里，我们只以废铁价就把它们买了来，修巴修巴还不照样用？"

齐文化、鲁文化、秦文化

朱又可：再转入这个话题吧，谈谈写这本书所处的文化语境。鲁文化、齐文化——胶东半岛包含着一种海洋文化，中国的西部是草原文化，这100年来西方工业文化也化为中国文化，是主流文化了。你的小说和现在所处的文化环境是一种什么关系？

张炜：从文化的层面看，涉猎更多的是齐国故地，也就是齐文化，再多一点就是齐国接壤的鲁文化。那时产生了比较大的七个国家，如果对齐国和鲁国做这种文化考察，会注意到一个实际上跟齐文化构成对立的、西部的秦文化，它更多地代表了农耕文化。齐国三面环海，是一个海洋、商业、开放、浪漫之都，它消化不了冷硬而强大的秦文化，却一直是对秦文化的一种腐蚀和抵消。秦文化似乎是强大的、冷血的，它走到了极端，最后统一了中国。鲁文化在西方的秦国和东方的齐国之间，它是一个文化的中庸地带。鲁文化强调事物的"中庸"，中庸是最准确、最持重的一种把握事物的方法。

鲁国的思想是在秦国的思想和齐国的思想发生交会抵消的过程当中推行的一种中庸文化。我们可以从几种文化的碰撞中受到启发，拓展思维。历史迫使我们了解它的游戏规则、前进步骤与方式。对于齐国非常强盛的那些年代，我们应该把西方凯恩斯的一些思想和管仲的思想做个对比，后者比凯恩斯不知道早了多少年，是几千年的事情了。但是他们有一些共通的地方和趣味，比如货币的使用、商品的流通，这一系列东西跟凯恩斯都说得通：消费拉动市场。齐国当时做的是独一无二的。今天商业运作的强度，包括某些局部的激烈程度、规模，实质上并没有超过齐国临淄，没有超过中国伸到海里的这个犄角——山东半岛。现在美国化的一些东西在齐国早就有了，看起来西方和东方的人性里面的共通性还是大于外部的一些习性和特征，这就是孔子说的"性相近，习相远"。临淄城的一些特性，它发达的娱乐业和今天曼哈顿的规模不同，但它的性质、表现的方式，从历史记载上看或有接近。它既产生了好莱坞式的精彩的艺术，比如"韶乐"；也有拉斯维加斯那样的黄色场所，它的官家妓院多达"七十二间"。

同时我们还会发现，在这种相对繁荣、糜烂的生活的夹缝里面,更有一些割据分散的小国家,一些自由思想者反而可以成长起来。这里面有理工方面的,有社科方面的。在这种剧烈的、混乱的甚至糜烂的商业气氛下面,在各种分散和独立的小国之间,有各种思想生长的空间。这些思想对应着它们的客观环境,即产生它们的腐殖质。

齐国当年也是如此,在这样剧烈的市场化之下,在一种畸形的娱乐文化当中,还有稷下学宫存在,即允许"百花齐放,百家争鸣",它把天下一部分很棒的思想者、文化人吸引到了齐国临淄。这与美国目前也有点相似,美国的那些商业重镇一般来说是物质主义的,物质远远凌驾于其他之上,它们以商业的成功为最重要的尺度。它曾经让犹太人和荷兰人在这个世界大舞台上站到了前沿,比如华尔街的金融家、大的实业家,这些至今多多少少都有当年的那些传统。这就是物质主义的游戏规则。可就在这个环境之外,还有一些保守的质朴的空间。今天世界上顶尖的科学家、文化人、艺术家,许多长期滞留在那里。这些方面多么像当年的齐国,齐国当时成为天下跳动的文心,孟子、荀子,那些重要的思想家都在那个地方留下了足迹,就连孔子也到临淄去过。今天回望,会发现春秋战国灿烂的思想天空上那些焕发出璀璨夺目光芒的星体,就在稷下学宫。比如"日服千人"的演说家儿说、思辨家田巴、创造大九州学说的邹衍等。

在齐国150年的历史上,稷下学宫最繁荣的时期总是与国家的兴盛相匹配。可见,正是因为有了巨大物质和巨大思想的交会和平衡,才有了这样的格局。我们有的时候太沉不住气,思考的坐标太小,不自觉地把10年20年的一些东西视为常态、定理和永恒法则。齐国的150年,在历史学家看来,其实是一闪而过的小小单元而已,但是如果让当代人亲自经历150年的话,那会是多么漫长的历史,会是一个了不起的事实存在。

我们今天也许需要寻找自己的东方——齐国，研究它的道路转向，作为前车之鉴。很多人研究齐国。一个文化人有一次说，假如我们的历史指针稍稍地挪动一下，不是指向秦国而是齐国，沿着这个方向走下去，今天的一切可能就完全不一样了。但是历史不可假设。齐国覆灭的真正原因，实在是需要好好研究，还有它跟秦国的关系，也需要好好研究。弄懂了齐国也就弄懂了秦国，齐国不仅是古代的一个极其重要的思想坐标，也是一个最好的商业标本。总之，没有关于齐国的考察，没有它在这部书里作为一个重要的声部，整部书就会极其单调。

朱又可：齐国和鲁国同样在山东半岛上，但两种文化差别很大。

张炜：齐国的形成，包括它的文化形成，由地理条件所决定。打开地图就会看到，齐国是三面环海，而且其中两面被阔大的洋面所包围，它就像伸入大海的犄角，探向了更加遥远的苍茫。这种海天一体的格局，也影响了半岛人的气象。他们面对着天地浩渺，心胸必会变得豁达，变得湿润，而不会那么干燥和冷酷。同时，一代又一代人接触大海的信息并传递回来——有一部分是幻想，有一部分是实在的探求。他们的生意可能做到了朝鲜和日本。大方士徐福历次远航，发生在西方哥伦布发现新大陆之前近两千年，在中国古代是了不起的。这比后来的张骞出使西域、郑和下西洋要早得多。这些远航的实践，对于一个农耕社会，在物质层面和文化层面具有多么深远的意义，是可想而知的。

如果从地质、地理学的角度研究，老铁山海峡那个时候还没有完全陆沉,它开始发生陆沉的时代可能是商代,或者更晚一点的时候。这就意味着可以往更远的地方,向西北和东北、向亚欧大陆的纵深进行勘测和求证。向外探索的去路来路都方便多了,半岛上至今还会出现一些异族人的面貌特征,这都是自古以来的大面积交流造成的。向外开拓的面积大、机会多,所以各种文化的交融和交会要更强烈些。东夷的"夷"字,再加个"金"字,就是繁体的"銕"字,它的铁矿开采起来很方便,于是成为最早的炼铁基地。甚至水稻的栽种也是比较早的。早在老铁山海峡发生陆沉之前,游牧民族就进入了半岛,所以齐国的战马是最有名的。现在还可以在临淄考古遗址中发现殉马坑,那些王公贵族们陪葬品的发掘让人非常震撼,那里面有大量的骏马殉葬。

齐国很早就有一种开放的气派,吸纳海内外各种人物,有了商业的大积聚和大流通。伴随着物质的流动,各种各样的文化对象被吸引来了,有了很多思想的标本。当时齐国给了文化人最大的满足,齐宣王和齐威王都爱好文学之士,给这些人最优厚的待遇。孔子说学而优则仕,仕而优则学,上大夫可以是学宫的人,国王也可以参与游学之士的讨论,而且积极提问。一些战略问题,就在稷下学宫里提出。他们探讨学问既深入又偏僻,还有日常的趣味性和生动性。

朱又可:秦文化也是地理决定的?

张炜:文化总是由山川水土最后决定的。秦国地处高原大陆,干燥高寒,可能树木也远不如东方——记载说是从东方运来树木修建阿房宫,可见当年那里除了一些小的局部,也不是那么水蒸雨润,不是想象中的草木旺盛。还是东方自然条件要好一些。秦始皇为什么一次又一次来齐国东巡？那是一种深刻的向往。东部这一带，历史上记载的齐国人，从谈吐衣着到拥有的丰富商品，在外地人看起来就跟今天贫困的不发达地区所看到的西方之都差不多。从齐国运到秦国的东西先进现代，让人耳目一新。齐国的女子到了咸阳，从气质到穿着，包括高挑的身材，都让秦国人惊艳。一切都是山水决定的，水土决定的。水土对人的培植力、对文化的培植力长久缓慢，但是不可改变。所以无论怎样顽强努力地改造，中国的一切还是来自这片水土，外来的文化再多，还是要经过这片水土去改变它。

朱又可：齐文化、鲁文化、秦文化，两千年前的文化，和今天的文化有什么关系？

张炜：齐文化在秦统一中国之后，一直延续了两千年，农耕文化占据了主要的地位。虽然鲁文化后来被封为独尊的正统，但实际上是"外儒内法"，骨子里仍然是秦国残酷的法家文化，即商鞅那套专制严酷的农耕文化。但是齐文化并没有被彻底消灭，而是沉在了中华文化的底层。它有时和儒文化结合，有时独自潜藏，但就是不能被消灭。到了20世纪西方的开放之流涌来时，它就从地下蓬勃地冒出来、生长起来了。

100年来，那锅千年文化老汤仍然没换

朱又可：还有一个是文化和制度的关系。如果说这种文化有

强大的惯性，被说成是具有超稳定性的，那么体制有没有用处？

张炜：制度实际上是文化的产物，在文化里面它是沧海一粟，制度包括体制；当然它的反作用也有，任何事物都是有反作用的，文化的母体又是山水和一系列事物的组成孕育，没有比山水再强大的了，其次就是文化了。

朱又可：一方面是现在的文化，现在的文化非常之混杂；另一方面是体制，人人嘴上都说体制——这个和文化之间又有什么关系？文化会反过来改造体制？

张炜：肯定是文化发生了变化，体制才会变化，体制是文化的产物。所以很难在短时间内看到一种体制发生剧烈的动荡和摇摆。如果一种传统文化的力量不耐久，适合一个民族的政体力量一定会减弱；或者是名义上培育了一种政体，但它的内核却并不是——有时候叫什么并不重要，要看它的实质内容。如果它的品质果真发生了改变，它就有足够的力量培植出新的东西。

朱又可：100年来的开放和变革，这种东方文化有什么变化？

张炜：百年还是一个微小的计量单位，不像想象得那么大。人生不过百年。人许多时候比文化性急，觉得百年了还不改变，实在不像话。文化是一个最长寿的老人，一个特别的老寿星，人和文化之间的寿命是不成比例的。

朱又可：许久以前有人就在说，我们现在面临着三千年未有之变局。

张炜：那是人的一个误解，是性急的产物。这话有时候是成立的，表面是成立的，因为凡事总是积累到一定程度就会发生突变。但文化不可以说改变就改变，它是一块百炖不烂的老牛肉，硬吞进胃里不行。把几千年的老汤泼出去，这在短时间内怎么办得到？西方一些新的文化成果影响了我们，看起来新的科技更是影响巨大，但是这一切综合起来投放到我们的东方文化中，只是一点点胡椒面和味精而已——说起来它有气味，它存在，但仍然不是这锅老汤的主体。

朱又可：这种文化的改变，恐怕没有一个时间表，还是要持续地改变——有些人希望改变、改革。但无论怎样，文化都会显示它的力量。

张炜：改变了也不要紧，它内在的节奏、内在的实质，还会按照固有的规定性运行。文化有时候是有形式冲动的，形式当然也是文化的内容决定的。这种冲动的性质不会超越这种文化，它仍然是在这种文化的掌控和允许范畴之内的——有时候所谓巨大的改天换地，只是巨大的形式上的变动而已。

朱又可：对这种文化，有人觉得绝望，觉得改不了。你怎么看？

张炜：尽管一种文化会特别长寿，作为个人，却要积极地去做，而作为个体生命，也必会因急躁而失望或绝望，但这并不意味着我们一定会放弃。一次次选择和探索，表明了人类的顽强。如果我们焦急地对待，只能适得其反，会被我们自己的这种绝望所摧毁。

朱又可：你是怎么处理《你在高原》这个作品和这种文化的关系的？

张炜：实际上，人的胜利感，好比造了一条小船、一只舢板，人驾驶着它飞快地驶过丛林茂密的岛屿，陷入天空和海洋之中，于是产生了一种错觉，不知道哪个在上面哪个在下面，失去了方向。人甚至会觉得海天也属于个人的创造，但实际上人的创造物不过是文化海洋里面的一点点个人元素而已。人有时候会误解，认为周边的一切都变化得飞快，实际上文化"老人"是基本不动的，它只是随着地球的自转而移动。

第十一章
这根弦，这根老弦仍然在弹拨

2011 年 5 月 9 日下午
第十一次访谈
（广州白云湖畔酒店）

5月5日，前面所谈整理出的一组报道在《南方周末》发表了，张炜适逢这一天从济南坐飞机到广州来领奖，他因为《你在高原》获得华语文学传媒大奖的"年度杰出作家"奖。

5月9日，这是张炜专门在广州空出的时间，我又有几个补充的问题要访谈。

我如约来到张炜下榻的白云湖畔酒店的房间，聊了三个小时。我发现这次他的语速明显比在济南的时候要快，夹杂的方言要多。

第二天，张炜就离开广州去了西安。

从锦鸡岭下到白云山麓，这漫长的"酒店长谈"算真正告一段落。难得的机缘。

虚构越大，求实的力量就要投放得越强

朱又可：你在档案馆工作了几年，能聊聊档案的事吗？档案和写作《古船》有没有关系？一般人不太利用档案，而你曾经在那个地方工作。

张炜：档案馆在国外跟图书馆一样，被公众广泛利用。国内的档案馆开放已经很久了，80年代就有，当然这开放有一个过程，开放的部分在逐渐扩大。但实际上人们对档案还是有一种神秘感，与图书馆的看法大不一样，所以踏入档案馆的人非常少。至于作家，档案馆几乎就没有接待过。我在档案馆工作四五年，接触的都是修史撰志的这一部分人，因为他们不来查找资料不行。作家是靠想象和虚构的，不需要做这些功课。当然，作家采访，到外面走，所谓的深入生活，也是做功课的一种方式。为什么会忽略档案馆？可能这与我们社会的一个比较深长的传统有关。因为我的工作就是做档案的，所以我有大量机会接触档案史料，主要是历史资料。有一段时间编纂《山东革命历史档案资料选编》，全书有1000多万字，却看了不知几千万字，从中受益很大。对敌伪档案、革命历史档案这两部分，印象特别深刻。

朱又可：你在档案馆编书时，是不是有一部分没有编进书里，要仔细选择？

张炜：是的。做过四五年档案管理员，看过的很多，可以化为

个人知识的一部分，帮助我深入理解历史和生活。我可以从那些记录中看到大量活生生的人物，那不是被别人加工了的事件和人，而是第一手的资料。中国和外国有所不同，国外的档案馆利用率很高，很多人把大量时间都花在档案馆里，这里比图书馆更为吸引作家、记者和学者，而图书馆吸引一般读者更多一点。档案馆里绝大多数的历史资料都有解密期，过了这个期限就可以看。我参与编纂了几十卷的《山东革命历史档案资料选编》，史料的阅读量是很大的。比如说写《古船》，最初构思的时候，那些阅读就起过重要作用，它对我原来的一些认识和想法虽然还不至于严重到颠覆性的地步，但仍然有矫正的作用。从真实的记录出发，再配合实地勘察，让思维材料变得进一步坚实。档案是凝固成文字的历史，是见证，它将与生活互补印证，这对一个作家很重要。这一系列的工作全是为了一个目标，就是进行一次大虚构——虚构越大，求实的力量就要投放得越强。仅仅用自己无所不能和千变万化的想象力去替代求实的工作，可能仍然不够。这里面涉及一个"做功课"的问题，功课做得越扎实，作品的虚构越有趣。仅凭斗室里翻天覆地的想象，一定会露出中空的虚症。

朱又可：你整理的档案起止于什么年代？

张炜：大致是20世纪30年代以来的敌伪档案和革命历史档案。山东还保存有山东分局的档案以及孔府档案。孔府档案对了解孔孟、研究儒家文化非常重要。

朱又可：你整理档案的时候，不存在解密的问题吧？

张炜：要编纂档案资料，选材是一个海量工作，主要是材料的剔除。作为一个编者，我看过的所有东西，有些是深刻地记住了，有些要在潜隐的记忆深处发挥作用。

朱又可：那时候你个人就能决定哪一部分入选，还是……

张炜：编选者有自己的宗旨、主题和要求，所谓的选材要宽，把关要严，最后通审，是这样一个过程。一些档案资料非常有趣，我们可以从里面学到很多语汇。比如战争时期，使用的一些词很古老，有的是专有的说法，很生动，令人难忘。过去中俄打交道，需要翻译，两个国家的官员语言不通，档案资料记载一行人的组成，提到其中还有两个"通嘴子"——"通嘴子"就是翻译。说到参加宴会的人，一位官员介绍，其中一个是他的"跟包"——"跟包"就是秘书。这样的老称呼让人觉得很好。提到印章，常说加盖"关防"。这都是古香古色的词语。由于文字的色彩不同，内涵也就不同。

看档案资料不仅是掌握一些事件和人物行迹，看问题的角度也会发生变化，连词采文风都会受到影响。比如《你在高原》里霍闻海写的自传片段、王如一编纂的那些词条，都散发出一些档案气息。其中能看到学究气很浓的、半文半白的或者戎马生涯留下的意味，这都是创作者难以设计和构思的。作家很难创造一个语调，但是借鉴一个语调却很容易。《柏慧》里关于徐福的英雄史诗，书中写的是主人公在不停的游走中搜集的——它的内容较好确定，但是它的韵致、色彩和气质，要控制和把握是困难的，这就要借助东部民间的口述文学。

韩复榘不是一副蠢样子，气质有点斯文

朱又可：你能举个档案中的人物和生活中反差很大的例子吗？

张炜：就说历史人物韩复榘吧，长期以来我们以为他是一个鲁莽可笑的武夫，一个滑稽的被嘲弄的对象。提到韩复榘，大家就想到那则关于体育的笑话（抱怨多人争抢一只篮球），还有做歪诗，等等。这些通过曲艺作品的描绘在民间流传，似乎已成共识。因为他的下场很惨，是一个失败者，无论正史还是野史，都不会为失败者负责。

《你在高原》就讨论了很多失败者和胜利者的关系问题，因为这实在是关于历史和真实的重要入手处。这种强烈的兴趣有一部分是做档案工作时形成的。原始的档案或较早的资料是比较能够真实再现历史原貌的。虚构离开了这种原貌，肯定会出问题。

以韩复榘为例，档案资料中有他的照片，还有手迹。照片上的他不但不是一副蠢样子，气质还有点斯文，看起来是睿智的。他的毛笔字也很秀气。记载中他被誉为"常胜将军"，打胜仗很多，非常英勇，身先士卒，还是西北军内三个体育健将之一；他的文笔很好，写文章能够抓住要点，思路清晰。就是这些非凡之处，使他在部队里青云直上。这样一个人怎么会是流传中的傻子？

可见形成一种共识很容易，但是显露事物的原貌和本真是困难的。就这一点而言，无论是革命阵营还是所谓的反动阵营，要鉴别就需要看档案，以打破生活中由于各种原因形成的流行概念。一个写作者，

一个求真的知识人，需要打破一些概念化的思维，进入真正具体的历史细节。要做到这些，看戏剧作品、文艺小说、某些人的回忆录，往往会大打折扣，远不如去看那些似乎笔迹刚刚晾干的文字材料。它们褪了颜色，有的甚至还带着血迹、夹杂着当年那些屑片，但常常让人心中猛然一动，让人觉得那么严酷和遥远的现实生活一下就拖近了。比如有人在炮火连天的战斗缝隙拿起笔，匆匆记了几页纸，却入了档案。或者是在非常危险的时候写下一封信、交代一个口供，形成的现场就保留下来了。这里还有大量的声像档案，包括录音和照片——当然那时候的文字记录是最主要的——当时的录音都是钢丝带，听起来尖声辣气的。听着各种各样的历史人物说话，觉得很神奇。

这些东西对人的帮助很大，我最直接的受惠就是《古船》的写作。那些惊心动魄的历史场景撩拨了我的好奇心，"土改"、内部争斗、村政初建，包括一个镇子一个乡村的局部历史，当年的代表人物跟这段历史更紧密更隐性的关系，都引发了我进一步探索的兴趣。

简单一点讲，有些代表性的赫赫有名的人物，他们是怎样参与那段历史的？涉及的档案大部分已经公开，民众都可以去查，问题是我们求真的热情有多少，激情够不够。事实上，许多人会觉得源头很远，形成的过程很漫长，早已经没有了耐心和兴趣。

文学是一场虚构，可是离真相太遥远的虚构就没有力量。有的作家说过：无边的随意、无头无尾无来由的想象，最后必然归于荒诞不经、不可信赖。这对写作者来说是非常危险的。对于事物真相的接近，不但不会限制虚构的能力，反而刺激和开阔了虚构的规模、深度和高度。受这种思路的牵引，我在半岛上大规模的行走就开始了。

我拜访了当年非常残酷的"土改"地区，最有名的是胶东莱西。潍坊的莱西，登州以东以西的犄角地区也都去过了。在那个年代里活跃过的积极分子，他们的后人，我接触了很多，这些跟档案里的记载相互映照，历史也就变得更具体、更鲜活。

朱又可：你想印证档案当中发现的问题？

张炜：是更具体的印证。当年的山东分局管辖整个山东，也包括今天的徐州和苏北地区，范围远比今天的山东要大，受华东局统辖。山东分局是一个重要的解放区，当年大概除了延安就是它了。它辖下的半岛地带，从抗日到"土改"再到整个国内革命战争前后，里面的故事多极了。一些极"左"人物搅在里面，留下了抹不去的历史痕迹。

带着社会层面的问题去走，好处是节省时间、比较集中，缺点是会遮蔽和遗漏其他的一些文学发现。因为文学发现是事无巨细的，甚至是在无察中出现的，但由于是带着问题走，所以对自然天籁、大地的诗意、无所不包的民俗，注意就要少多了。而后来《你在高原》的行走，无论是地理范围还是吸纳的问题，连带的和涉及的，都开始更立体、更宽泛了。这种行走跟童年的游走衔接起来了，因为当年不会带着某个问题去调查，而是很自然的生命奔波。中青年的行走跟童年的行走连接起来，二者打通了，这很重要。

朱又可：档案工作是从哪一年到哪一年？

张炜：从1980年初到1984年7月，在档案馆工作。

朱又可：当时《古船》的写作已经开始了，是吗？

张炜：是准备材料。我 27 岁的时候正式开始写。这期间因为工作关系和其他事情要出去跑路，写作的过程中也出去过多次。有一次，我跟一个好朋友去看《古船》里面写到的古城墙——郭沫若考察过，说那是东莱国都的一段城墙，但也有考古学家说是秦始皇三次东巡时留下的东方行宫遗址。考古者在墙边挖出的瓦当比锅盖都大，那么这个建筑该有多大？他们说那个墙是行宫的一部分。我后来把这个墙移植到《古船》的洼狸镇里，位置移动了，墙还是真的。今天那里成了国家重点文物保护地。我和朋友那次攀爬古城墙，一点点攀上去，最后却没法下来，差一点摔成重伤。

总之，档案馆对我的影响是多方面的，比如战地现场形成的简单尖厉的表述风格、一代文人形成的典雅文字、在私密场景下形成的语言色彩……词语的调动方式和我们后来的有许多不一样了。这些对我表达的多方尝试、探索和呈现都有影响。后来在《刺猬歌》、《丑行或浪漫》，更包括《你在高原》中，文字面貌就有些错杂斑驳了。

再就是追溯事物的真相和细节的这种兴趣，变得更加浓烈了。我过去这一段的创作，包括可以预见的未来的创作，都会受这种兴趣的牵引，这是在档案馆工作的最大收获。所以，我总是劝好朋友们像利用图书馆那样利用档案馆。档案馆为公众提供服务，有一种职业的自豪感和责任感。可是档案馆大致还是门可罗雀的。国外的档案馆是各种各样的，有非常个性化的，比如围绕一个人形成的档案馆，等等。

朱又可：你编的那个叫什么？

张炜：《山东革命历史档案资料选编》，分档案部分和资料部分。平常说的档案也包括了资料，要仔细分，资料和档案还有区别。档案是独一份的、原始的，比如手写的，没有编辑和装订的。一般都以手稿为档案，只有个别档案是印刷品形式的。有的尽管份数很少，甚至是独一份了，如各种油印的小册子什么的，但毕竟被编辑过了，这一般被称为资料。

抱犊崮土匪事件

朱又可：《你在高原》的写作也得益于档案资料？

张炜：对。还有一些史料对我触动非常大，我用在了第一部《家族》这三卷里，这就是土匪的惨烈行为——如果不看档案资料，无论如何也想不到。山东有名的出土匪的地方，就是枣庄的抱犊崮。如果看近代史，会发现一起非常有名的劫车案。当时的那列火车上有大量的外国人，土匪就把这帮人劫持了，将中国人和外国人一块儿拉到抱犊崮上去，目的是用外国人来要挟国民政府。抱犊崮事件震惊中外，当年报纸上有大篇幅报道。那些报道和来往电文，包括记者对事情的目击记录，今天看来惨不忍睹。

底层痞子运动的野蛮暴力令人恨之入骨。对于这部分人的社会意义，正常人既不相信，也不苟同。出于各种利益集团的需要，有人会歌颂野蛮的暴力和底层痞子，这太可怕了。中国的很多事情都是被他们毁掉的。无论是文化事业还是经济建设，常常毁于野蛮的流氓痞子。我们一度盛行和推崇的痞子文化中，对所谓的痞子的勇气、痞子的牺牲精神、痞子的奋不顾身，给予了大量的颂扬。它在我们的传统里，在我们不是太短的文化传统里，流脉长远。但是如果看了抱犊崮匪事，看了关于它的这批档案资料，就会觉得再泼辣的笔墨，都难以写出这部分黑暗的人性，都难以把这种底层的野蛮凶残充分地表达出来。

抱犊崮现在是一个山地风景区。那么美丽的自然环境中，当年却发生了那样的惨案。被劫者全被拉到了山坳里去，土匪一直看押，以饿不死为准。外国人开始处境还好一点，是土匪手里的牌，土匪要靠他们与国民政府讨价还价。

朱又可：他们要的是钱吗？

张炜：要钱也要官，土匪眼中只有这两样东西是有价值的——乱世价值观在土匪这里走到了极端。他们对中国老百姓最凶，资料中记载：一个土匪在人质中匆忙奔走时，被一个十岁多点的小女孩绊了一下，他一怒之下就和一伙土匪行起了兽行，当场就把小女孩强奸致死，周围的人跪下说情都没用！档案里还记载：这帮土匪在一个村庄里活动时，一个土匪看到从街上走过的一个小女孩，也是十岁多一点，就上前一把抓住，说我有一个兄弟就要下葬了还没有成亲呢，你就做他的媳妇吧。小女孩哭得撕心裂肺，土匪就在众目睽睽之下，把她钉在了那口棺材里，和死去的土匪一起埋了。

"文革"不是突兀发生的

朱又可：后来"文革"也有档案？

张炜：当然有。但"文革"的档案到现在还没有解密，看不到。我的工作量很大，只是编历史档案。"文革"档案现在仍不公开。

朱又可：《你在高原》写了许多"文革"的事情，虽然没有提这两个字；其他作家也有。亲历过"文革"的人再不写，这段历史就会被遗忘。

张炜：说得很对。后来出生的这一两代人让我们忧虑，他们没有经历，也没有了解的欲望。经历过这段历史的人觉得太重要了，必须反复讲，作为前车之鉴。没有这方面的记忆，这个民族就太危险了，还会重蹈覆辙，发生更多的苦难。善良人的愿望总是这样的。但是后来者不仅没有经历，而且大部分人毫无了解的愿望和热情。从这个意义上讲，一批当事人要写出当年，写得越饱满越真实越好。而且"文革"不是突兀发生的，它是跟更早的历史紧密相连的，是一个延续。被延续的那个源头还要追究，这就有了《你在高原》里某些篇章的叙说和描绘，是它的内在逻辑之一。

这方面的笔墨越往后占的比重越大。到了改革开放的这几十年，则是浓墨重彩，把细节抻得更开。这只是文学的虚构，而不是具体的历史关节。当今的文学虚构往往离不开"文革"的背景，无论是《古船》还是《九月寓言》，更不要说这个长卷了，都有"文革"的背景。

朱又可：这个长卷是有删节的。

张炜：《你在高原》删去了五六十万字，将来可以把它补上去。但不是"文革"的内容，而主要是当代生活部分，更具体、更锐利的部分，就像火药，书里加了那味药以后，可能就更有爆发力了。这会让它更有劲，它有一些纪实的色彩。

虚构作品不是报告文学，有一些敏感的关节不能去拆解，内幕不能去袒露。生活与文学是粮食与酒的关系，是化学变化而不是物理变化。纪实作品会更敏感，小说比的不是表面的敏感之类，而是深入人性的深度，是诗与思，是语言艺术的呈现。

一个50年代人的沉沦故事

朱又可：关于50年代人，有没有这代人的稍微完整一点的故事？

张炜：50年代的人是特别复杂的，这拨人能力都比较强。他们的生存能力很强。改革开放以后，最有作为的人常常在这拨里面。各个领域里面最有作为的人，很有一些50年代生人。他们最熟悉一些游戏规则——今天所有的规则都与过去旧的规则有千丝万缕的联系，一旦适应了新的规则，也就得心应手了。他们的阅历和经验都是第一流的，既不同于比他们更老的那拨人——那拨人年纪大了，反应慢了——又不同于比他们更年轻的一代——这一代往往缺少经验和韧性。而50年代出生的这拨人吃过大苦，经历过大场面，所以往往都是各个行当里面的领头者、成功者。但是这里面也有落魄的、悲观的、无所作为的。他们总的来说有强烈的理想主义倾向，但是一旦走向了实用主义，一个个也是蛮能干的，也会成为很成功的实用主义者、物质主义者。但稍有不同的是，他们一旦变成了实用主义者、物质主义者，也常怀有非常复杂的心态，往往充满了痛苦和矛盾。这方面的例子特别多。当然，这拨人的变化太大、区别也太大，千万不能一概而论。

比如有一个人，曾被称为某个地区的天才人士，他和许多人都差不多，从东北一个大城市下乡到一个山沟里，就是通常说的"知识青年"——这个例子也许十分说明问题——这个戴着眼镜的青年经过磨炼，最后能够和当地人那样推车种地，也懂得了不少中国农村的秘密。后来他爱过文学，写过书，总想法走出这个村子。在他二十三四岁的时候算是成功了，出版过的作品倒不多，但是他经商赚了一大笔钱。接着又是赔赔赚赚，一会儿是富翁，一会儿又是穷光蛋，最后谁也不知道他是什么阶层的人了。

但有一点是非常清楚的，就是他从离开那个小山村之后就再也不想回去了。同样，他从离开写作之后就再也没有表达过对文学的崇敬之情——而过去他一度是爱文学爱得要死要活的，把文学当成了生命。那个时候他很像一个精神骑士，富有牺牲的勇气，在半夜里谈到一些崇高的事业时，常常为没有献身的机会而痛苦得流泪。可是人们在很长时间以后才知道，他在商场上可以说坑蒙拐骗，做了不少坏事。那么一个理想主义者、可爱的下乡青年，几乎各种坏事都做过了。有人开玩笑，夸张地说：这个人不得了，除了没有劫持飞机，大概什么坏事都做过了。

朱又可：人的两重性。

张炜：这样一个人，他的能力和曾经的志向都不容简单否定。可是他做过的复杂的事情也是事实，就放在那里。他有豪情壮志，在得志的时候几次表达过类似的意思：他要用大笔的金钱做最伟大的事业。他认为金钱是一种巨大的力量，最后就看这个力量投放在哪里了。他所说的道理听上去并不错，可惜实践起来是极为复杂的过程。他关于金钱和人生理想的许诺，并没有践行。相反，最后却干了无数坏事，整个人都堕落了。他被自己选择的道路腐蚀了，在能够获得这种"巨大力量"之前就垮掉了，所以后来的事情基本上是没法再谈了。

像这样的道路以及实践者，好像并不太少，他们多多少少都有点相像，只是程度不同而已。比如一个十足的流氓，也有可能曾为理想激动得彻夜不眠，慷慨激昂，好像一旦遇到了牺牲的机会马上就会冲上去，连眼睛都不会眨一下。他们是很能大喊大叫的，并且会让一旁的人也像他们一样激动不已。但事实是当他失意了，状态糜烂了，也就成为另一种人了，连以前的记忆都羞于提起了。这种在两极状态下生存的人并不在少数。他们好像耻于做中间人，耻于做平平常常的劳动者，那是不可想象的，那样太无能了。他们如果真的发了大财，成为一个大财东，又会怎样？真的就可以指望吗？可以像他们原来许诺过的那样，将金钱这种"巨大的力量"投放到伟大的事业上去吗？那什么又是这种"伟大的事业"？他们说得清楚吗？

有过伟大梦想的一些人，有的发达了，也有的生活得很狼狈。这批50年代生人，从不同的生活轨迹上看，会有许多相异处，也有不少相同处。有些人在某一方面成功了，却同样无法阻止自己的沉沦和颓丧，因为他们发现自己仍然"壮志未酬"。

朱又可：他们的出身一般都很好。

张炜：出身可以是正经的什么世家，比如出生在某一个城市里最有名的"橡树路",但堕落许多时候是不讲出身的。书中常常不忍把他们写得那么恶劣,但有时候实在也没有办法。

我刚才举的东北的那个下乡青年的例子,还构不成《你在高原》里的林蕖,因为林蕖比他们更为老谋深算,同时也要发达得多,他是亿万富翁。这种亿万富翁所谓的积累金钱要有"伟大的使用"、要改造社会的雄心和抱负,大半是不会实现的。这种人不少,他搞一个实业,但是最后发现那种"伟大的使用"并没有机会,于是又转向了另一种使用,过起了糜烂的生活。但是要说他心里面理想主义的抱负完全熄灭了,也不全对。或许还有一点,或许他还在找机会。比如有的人把钱投向了报纸和出版,想再度接近"精神",后来却同样变成了利益行为。这部分人有点像林蕖,这样的人在《橡树路》和《忆阿雅》里都出现过,他们几乎个个都曾经是大学里的热血青年。后来他们经历了生活的动荡,然后转向了商业。许多人公职都不要了,或辞或被辞。这拨人里不少的富豪,有能力有理想。理想是力量,能力是整个复杂的社会阅历给他们的,他们又受过良好的教育,诸多条件结合起来,很是不同。在中国不成熟的商场游戏里面,他们个个都是好样的,都是强者。最早富起来的一拨人里面,这类50年代生人占的比例很大。

朱又可:为什么是这个年代的人?

张炜:这个年代的人是允许高考之后第一二拨上学的人,1977、1978级的,到1979级就结束了。这两三拨考生是中国社会沉淀下来的。这么一部分有能力的年轻人,都是50年代左右生人——当然也包括40年代后期,这不能划得太严格。这部分人,成为长期社会动荡之后第一拨接受高等教育的人。那时候考大学多难，招生名额少且报考人数多，社会上有很多位置等待他们，毕业后就可以顺利就业，大多是较好的岗位。这部分人对外的触角打开得最早，了解世界上的事情最多，对国内情况也最熟悉。当社会到了某种转折的时候，他们会非常敏感地抓住机遇，投入进去。所以，他们成了一个时代里最重要的人物。后来他们经历了生活中的一些挫折和失败，找到了迂回的路线，就是去赚钱，搞实业，搞商业，大富翁里面占比例最大的就是这拨人了。他们刚开始赚钱不是为了做富翁，而是像林蕖一样，准备做一种"伟大的使用"。书里的那个精神病人，用他的疯言乱语说出了很多秘密——他们要积蓄一笔大钱，结一个更大的网——这是雄心勃勃的，不得了。他们始料不及的是，这个社会迅速被娱乐和物质瓦解到难以回返的程度，最后连他们自己这个阶层都被物质主义、被奢华腐败的生活给弄得骨头酥软了，再也振作不起来了——自己既不可能行动，也没有人和他们一起行动。整个族群失去了筋脉，它们被物质主义这只手抽掉了。

这有点像齐国临淄。那种物质主义把什么都腐蚀掉了。以前那么严酷的追赶和打杀，都涣散不了稷下学宫这一批学人的精神，但是物质主义的力量就这么大，最后的齐国完全没有了力量。人在这个时候的绝望才是真正的绝望——他们发现金钱没有"伟大的使用"，没有这个可能性，这是第一；第二，更可怕的是，他们发现自己和同伴，这帮最有希望的人，也被物质主义打倒了。这方面的例子在现实中太多了。现在再想在这拨人里找一个非常清醒、顽强、有足够韧性的人，不是没有，而是很难了。有一部分人早就变质了，他们是合流者、合谋者。这是让许多人感到痛苦和绝望的事实。

书里这方面没有过于展开，没有那样的笔墨空间。但事实上这种

第十一章　这根弦，这根老弦仍然在弹拨

痛苦是很沉很沉的一根弦，那根弦很粗，不是高音，但是一旦拨动，会轰击心灵。这是整部书里贯穿的一根老弦。所谓的 50 年代生人的悲凉、痛苦、绝望、沉沦，让我们站在边上的第三者看起来，都会有一种大疼。只有看得仔细，才会理解这个话。《你在高原》删去的五六十万字，影响了一根老弦的共鸣。不过这根弦，这根老弦，仍然在弹拨，它仍然会引起那种震耳欲聋的和声。

朱又可：你觉得这种灵魂沉沦了？

张炜：难以从头言说。很多很多心里装了大事的人，他们是痛苦的。这些人智商很高，各方面知识的准备很充足。他们哪里是另一类土老帽实业家所能比的。他们每个人都西装革履，手提皮箱，健步如飞。整个皮箱里全是钱，贿赂，飞车，用钱摆平一切。他们跟有权有势的人合伙做事——看起来在一条船上，其实完全是两条心。他们可能做着更大的准备。他们最终不是想要一座银库，银库完全不是林蕖们的目标。但是后来我们大家都没等来这个"伟大的使用"。整个事件的深刻性和悲剧性就在这儿。

那是一根老弦，任何杰出的书里都应该埋着一根老弦。中国的弹拨乐有这样的名字：中弦、子弦、老弦——子弦就是最细的弦，老弦就是最粗的那根弦。细弦的尖音拨响了很刺激人，很多人听了以后会振作，很提神，很惊讶；但是老弦弹拨一下，会把心底振动。

朱又可：再版的时候把删掉的补上去？

张炜：找一个机会，我会补上去。有人说书已经这么长了，读

者不一定读那么细。那是两回事。做事情不要那样想，先要做好。书刚出版的时候也有这种疑问，就是谁来读的问题。他们不会问这四五百万字一个字一个字落实到纸上意味着什么，更不会问20多年的光阴对一个人意味着什么，只知道指责长、长。漫长的劳动本身不是罪过，关键是这种劳动的性质到底是什么。可以不看，可以不读，可以不喜欢，但是老弦自己会鸣响起来，低低的，有人会在午夜里听到，并且坐起来望着窗外的夜色。

这种劳动本身是没有过错的。因它是一个巨大的劳动而恼怒，这只能是毫无理性的痞子思维，是"抱犊崮思维"。有人说这个年头，就是搭救一个落水儿童都会有人挑出很多毛病，都要被骂，毫无逻辑可言，毫无良知可言。是的，我们不得不时常面对这种"抱犊崮思维"。

朱又可：新疆的史诗《玛纳斯》、大型古代套曲《十二木卡姆》，演起来是一连多少天多少夜的，一个套曲接一个套曲。一个几分钟的歌曲岂能和它们相比？

张炜：它们综合了多少漫长时间里的智慧，凝聚了多少劳动。因为太长，有这个疑问也很正常，但是对待劳动和光阴则是另一回事，要进入它们的时间和空间并判断劳动的品质，这应是一个前提。因为人是天地之间的生命，是光阴给他们劳动的可能，他们的劳碌、他们的成果有品质上的差异，可以区分和鉴别，但是对光阴和劳动本身不能有其他非难。比如22年也不是那么廉价的，时光对谁都是宝贵的。对光阴的态度，反映出人性的清明或阴暗。

游走的四个阶段

朱又可：你游走了这么多次，这么久，从时间上看，如果把每一次的顺序捋一下，大致是怎样的？

张炜：回顾一下我的游走，我觉得应该把它分成四个阶段。一个是少年阶段。因为当年活动的范围不可能更大，它就在登州海角的海滩平原上。那个时候很孤独，有时候不跟家人在一起，父亲又不在身边，个人游历的范围、广度和深度是有局限的，也就是在登州海角的林子里、海边加河边，跟猎人、打鱼的人、采药的人接触比较多。这可以看成我少年游历的前奏，也是一个组成部分。

朱又可：因为孤独才去接触别人。

张炜：孤独、童趣、好奇，关键词是这些。从那个时候开始我养成了跟别人不一样的性格，形成了自己的知识结构，比如关于植物、动物、林子、海洋、渔民的生活，包括地质队员的生活、流浪人的生活，像猎人、采药人，我对这一部分人的生活内容的了解，和关于他们的知识，可能比一般少年要多。如果说这一范围不大的游历也很重要的话，那么它就意味着为后来文字的长途跋涉和身体的长途跋涉构成了一个基础、一个开端。这是少年的游历，这中间我也曾经到南部山区去过，但是时间比较短暂，范围仍然局限在登州海角那么一个范围。这是第一个阶段。

第二个阶段是少年往青年过渡的时期。我不得不离开林子里的家，一个人到南部山区游历。那是被生活所迫的离去，从此游历的范围就特别开阔了。比如经常翻越很大的山，翻过胶东屋脊（栖霞市境内），西到胶莱河，南到琅琊台，东到荣成角——就是那个有名的"天尽头"。

这个时期的游历是最重要的一段。要活下去，还要背着自己的书和所爱的文学等全部家当——它们都在背囊里。我前面说到的"造了两台机器"，也都是在这个过程中完成的。就是初中之后，大约有几年的时间，这中间又返回海边的一个高中读了一段，后来又回到了南部山区。当高考制度得以恢复，我就在南部山区参加了一个补习班，突击学了数学。语文和历史考得很好，地理也不错，但是数学不及格，因为没有好好学过。那时候考学多难，文科就更难了，与我们对决的不是别人，正是可怕的"老三届"。

第二段游历对我最重要，它使我接触了形形色色的文友，结识了各种各样的流浪汉、山里人。当时没有什么具体的目的，就是混饭吃。本来我是到南部山区叔父家的，但不适应，心也野，只待了一个星期就离开了。到处玩，交朋友，这是我一辈子最深刻的游荡记忆。很多的痛苦、欢乐，成为写作的情感和生活的资源。有时候作品的内容可以变一下，但是写的常常是那时候的感触。

第三次行走，就是离开档案馆以后，围绕《古船》的社会调查，以及前前后后的行走。因为目的性太强，生活中的趣事，包括民俗、天籁这些东西都不太顾得，比如路上看到一棵陌生的好树，也不会追问它的来历和名称；看见一条河流，也不会去问这条河叫什么，流经哪里；看到一座山，也不会考虑它多高，属于什么山脉；看到一只鸟或别的动物，也不想知道它们是什么名字，从哪里迁徙过来的。就是一种社会层面的考察，与我心中的问题无关的，都构不成兴奋点。我急于做的功课都是社会层面的,比如哪里发生了一个历史事件,当事人是谁,激烈到什么程度,死了多少人,以及这个地方政权的更迭——完全是档案工作带来的那种兴趣和欲望。

我参加的《山东革命历史档案资料选编》要出很多卷,其实从那个时候就开始了。这套书一直做到了《古船》出版以后。到了1988年或者再晚一点,就构成了我的第三次行走。

第四个阶段,和第二个阶段的重要性可有一比——我突然觉得,要写一个更大的东西,感知的触角就要全部打开。我甚至自修了地质学、植物学、海洋动力学、考古学和土壤学,尽管是突击式的。那时候精力多得不得了,现在想起来都奇怪:白天走,晚上停下来还得把感想笔录下来;同时还录音,经过哪里,有什么感触,自己对着录音机讲一通。有些录音还请人给打印出来,有些则反复听反复看。笔记很多。跟朋友一路的争论、讨论,直到现在还历历在目。

那时候精力用不完,在行走的间隙也写个不停。那几年有用不完的力量,现在想一想,过去一天能够做成的事情,现在一个星期也做不完。年龄的奥妙就在这里。现在有经验了:想东西慢慢来,这样才会想得更周到,不冲动。我现在只能同时做一两件事,而当年可以同时做许多事。比如行走一天,把整个经历全记下来,到晚上还到近处走访、聊天,回到住处还要写一些片段。这些工作竟然可以同时进行,现在回忆起来还多少让自己吃惊。

那次行走,搜集的各种资料、积起的录音带装了好几箱子。因为录音带珍贵,有时候用完了翻成文字,回头再用,就这样还是装了几大箱子。当时觉得这么大的工作,准备得越充实越好,信心推动着我往前走,很有趣,很有力量。这段经历以后也影响到我的写作。

第四次行走对我很重要,而且这次行走的范围扩大了,到了国外的许多地方。因为学术交流、出访的机会多了，还有自己计划跑的很多地方，加起来很有了一些。过去鲁南只去过一次，那时那里太苦了，像我前面说的，最偏僻的地方到了冬天烧地瓜干，锅里煮的也是地瓜干，晚上睡觉的时候，大风刮过的感觉就像石头从头顶滚过。但是现在他们说那里富了，但在我看来还是很苦。好的是现在小山村里总算有点路了，过去进不去出不来，煤炭柴草都拉不进去，烧煤炭和烧柴草比烧地瓜干的代价还要高。西部的东平、马踏、微山等四湖地区我也去了。在四湖区有大量的所谓"隐士"，他们莫名其妙地聚拢在一起，有逃避计划生育的，有捕鱼的，有逃难的。这些人在苇丛里生了很多孩子，也没法细细统计。

朱又可：博斯腾湖边也住了类似的人，有很多逃犯、逃计划生育的、打鱼的等。

张炜：苏北、河南、山东的人全搅在一块儿，什么口音都有。这些年没有去过了，不知道那里的详情。那里以前经常发生械斗，两个省不停地去解决，公安都出动了人马。那里是边缘地区，三省交界处，因为抢夺资源，或者其他各种各样的原因，山东的跟苏北的打，跟河北河南的打……

第四次行走触角张开得较大，什么东西都留意。无论是民俗、动物、植物、河流、山脉，只要遇到就要记录。我一定要找到那里的地图，不是一般的公路图，而是找带等高线的。我各种设备都有，什么海拔计、气压计、罗盘之类都有。那是最重要的行走，会对我长期发生作用。有计划、有目的的长途行走，随着年龄的增长，已经不太可能了，但是它一直诱惑着我。

关于游荡,分成这样四次,就比较清晰一点。这四次行走构成了《你在高原》出版之前的全部。我的行走是有原因的,有自觉的和不自觉的,有被迫的和主动的。

挂职时期,开始第四次游走

朱又可:第四次行走中的第一次是什么时候?走到哪个地方?

张炜:那是我去挂职之后的事情,1987年11月。让我们挂职是为了纪念"五·二三",全国有一批作家都用这种方式投入到"第一线"去了。对作家来说,无论采取哪种方式,只要能接触生活的方方面面,都有意义吧。当时我在山东西部的冠县林场,正跟几个朋友在一块儿——提前也没人跟我沟通,就通知让我挂职了。挂职的地方正好是童年生活过的胶东半岛地区,这倒是让人高兴的事——当年离开以后,回胶东半岛的时间就很少了。由于离少年时期生活过的那片林子、大海比较近,这让我非常高兴甚至冲动。当然当年的大林子不复存在了,但总还有点林子,所以我就经常在那里徘徊。

最有意思的是那段时间去海岛,以前没有上过的小海岛都去了。后来书中写了"毛锵岛"、"粟米岛",都是来自那时的印象。海岛生活有趣极了。秦代大方士徐福当年寻找长生不老药,这些海岛肯定都是他的落脚点——由近及远,沿渤海湾里的海岛链,后来就转到了朝鲜半岛——从济州岛再绕到日本,是这样一条路线。他是沿着半岛周边这些小岛一点点转过去的，这样才能经常补充淡水和规避风潮，等待季风和海流。受那个时候的航海技术所限，徐福只能沿着这个路线走。为什么有人会以为徐福起航地是连云港那一带？就因为那是"看图说话"造成的。那里从地图上看离日本多近啊！殊不知当年要渡过这一段海洋是根本不可能的。书里有一个叫纪及的历史研究者，他指出研究历史疑案万不能"看图说话"。那个地方离日本直线距离近，如果从胶东半岛坐船，则要转更远的路。有人固执地以为那个地方才是徐福的起航点，他忘记了，秦代人怎么可能穿越这片开阔的激流海洋？所以一定要利用海岛链，沿着近陆水道而行，这样一遇到风暴，船就可以靠岸了。

就像习惯了在一个窝里生活的笨拙动物一样，离开老窝就不舒服，回到了少年和青年时期生活的地方，游走和行动如鱼得水，我又活得生气勃勃了。我想在那个地方做更大的事情，比如写作，就构思了这部长卷。

朱又可：挂职多长时间？

张炜：九年。但是没有靠在岗位上，时间一长，地方上也不要求一个写作者如此了。很多跟我同时下去挂职的，只待了一段时间就回城了。我没有回来，是因为接上了昨天的游走——像长征迈出了第一步，不能很快地收住脚步。这九年结束了以后，我还经常回去，还是到处走，走得更远，收集的材料也更多。

朱又可：你在机关待的时间是比较少的？

张炜：挂职期间没怎么待。1987年用车不方便，路也不好，长途游走就要准备吃苦。我回城坐交通车，一趟路晃荡多半天，大约需要七个小时左右，现在不可想象。那时也习惯了坐慢车，能搭一个卡车到什么地方已经很好了。如果徒步，到一个地方走不动了，就再坐支线的交通车。我常年习惯了这种生活，看起来节奏慢，实际上收获很大。这就像纯文学小说一样，把情节压缩了，却把细节放大了。现在我年纪大了一点，加上住过多次院，慢慢就得依赖现代交通工具了。而过去，一辆老式自行车常年陪伴我，几十里路上百里路都是骑它。

朱又可：挂职可以经常跑掉？

张炜：因为工作很少——写作者的挂职有所不同。了解当地行政、民生，这些东西都有好处。像当地兴建大的工业项目，先要有计划书，对污染情况的考察、对土地的研究、对地质方面的调查，这些在书中都有许多反映。龙口港的建设，大的化工项目，各种各样的计划书，都要涉及地质、土壤、海洋、大气污染、环保，每个方面都需要专家来做计划书。参与这些工作，对《你在高原》的写作是大有益处的。如果没有这样的参与机会，要得到这些资料是很困难的。这就是实际工作中的获取。

当然，写作的时候要有所改变，不能原样把它弄下来。像龙口港的扩建项目，围绕立项的争取，形成的材料是精装的几大册——地质资料、海洋水文资料等，这要付出多少专家的心血，对海洋动力、地貌、地质水文的勘察都是很细的。这些东西都是宝贵的资料，都是我的重要贮藏。

朱又可：也是工作的一部分。

张炜：我可以主动地去参与。这就跟在档案馆看了大量的历史档案是一个道理，它对完成《古船》等一系列作品很有帮助。在想象和虚构中心里有底，不然就不着边际，想象就没有说服力。所以不能对某种参与工作的形式简单否定，只要这个经历对写作有好处，就要珍惜。

朱又可：对官场的了解也有帮助？

张炜：一个写作者对官场的了解是重要的。一个知识分子，对体制的很多东西、对那种结构关系不敏感，就会影响对社会事务的判断。因为我很早在机关工作过四五年，后来又有挂职的经历，所以对它的形态会有一些切近的考察。这是当代生活的一部分。

朱又可：在那个场合要按照另一种游戏规则来？

张炜：写作者挂职，总还有一定的超脱性，会议也不一定如数出席。挂职，可以说找到了一个相对稳定的大本营——我那些年行走的路线，如果把它们画下来，就是一个中心往外辐射很多的线，有长有短，最后再返回大本营。那是个休整地，得到补充后可以再度出发。这种生活结束以后，那里仍然还有大本营的感觉。今天的书院离挂职的场所大概有几十公里，仍然在它的地盘上——我依旧可以从书院出发——我已经习惯于以那个地方为立足点和大本营了，因为那里离我的出生地很近。这种生活对我来说很自然，很本色。

第十一章　这根弦，这根老弦仍然在弹拨

朱又可：你对这次挂职的游走路线很熟吧？

张炜：我对龙口这个地方最熟，当时打算把龙口、福山、莱州、招远、栖霞、海阳这几个地方的每一个村落都走到。雄心很大，后来才知道不切实际。我把这个范围内的地图做了标记，每走一地就做上记号。从龙口开始，然后就是招远、福山……条件很好，有时候乘车，有时候步行。最后福山和莱阳这部分还是没有走完，却花掉了大量的时间。

朱又可：一个县得走很长时间。

张炜：太难了，这个计划有点大了。就算每个村子不走那么细，也还是不现实。一个村子如果没有意思很快就过去了。走到洼狸，那个村大，合作社时期要分成三个生产大队。关于洼狸我记了很多东西。后来我到鲁南去了，到青岛李仓区——那里当时比较穷。青岛多漂亮，李仓区里却有贫民窟，不像样子。那个地方让我待了一个星期。潍坊当年破破烂烂的，也比较脏。还有威海老区等，我都搜集了不少资料。

朱又可：第一天行动走到哪里？

张炜：第一天走到了一个外号叫"小延安"的地方，本名叫"黄城阳"，是抗日时期《胶东大众报》的创刊地，后来的《大众日报》是它合刊改成的。那个地方是真正的老区，很有意思。那里山势特别好，四周的山组成一个圆圈，它在中间，非常偏僻。怪不得它会是老解放区的一个重要堡垒。那里直到现在还很穷，是扶贫对象。第一次到黄

城阳时,那里没有电视信号,所以也没有电视机。那个地方的山墙上还有 1949 年前的一些老标语。我刚开始走得最多的是山区,因为对这一片平原已经很熟悉了。

朱又可:你第一次走到扶贫那个地方,感受是什么?

张炜:就是那个地方的山特美,人特穷,差不多这是一个规律。电视不能接收,村里见了生人高兴,夜不闭户路不拾遗,人特别纯朴。讲那段革命历史的人很多,有自豪感。

朱又可:保留了 40 年代的感觉。

张炜:越贫穷的地方山水越美。我们平常说"穷山恶水",不是特别恰当。实际上,穷的地方往往山水都非常好。龙口的黄城阳是这样,南部山区的潘家店、苏家店这些地方也是如此。这都是最穷的地方,但是山水美得不得了。今天去看,那里仍然是最穷的地方,环境破坏了一些,民风也不如过去了,因为有了电视,人学坏了。他们对外地人不像过去那么热情,因为产生了怀疑。电视做了好事,但它做的坏事更多。要把一个淳朴的小山村变坏非常简单,将一台电视机放进村子里就可以了,少则一年多则三年,这个村子的风气就完了,跟过去完全不一样了。

我每走过一个地方,最深的印象就是:山美水美的地方,也往往是最穷的地方,同时也是民风最好的地方。有人说,不能把这个跟富裕、文明对立起来——可事实上就是对立起来了,怎么办?可见,如果没有信仰作为一种强大的牵制力量,民风淳朴跟所谓的现代文明真的就会对立起来。

穷的地方还有一个特点，就是对动物特别好，家家养猫养狗，情同手足。那些贫穷的小山村里，老太太在街上坐着，往往都抱着一只猫，抚摸着猫说话。我问：你们这里有没有打猫的？老太太笑眯眯地说：猫是爱物，怎么能打？猫和狗跟人的亲密程度要比城里、比富裕地区高得多。狗也不咬人，和村里人一样欢迎生人，人走到哪儿狗跟到哪儿，一开始跟上一条两条，最后是一小群，它们都跟着客人——客人访贫问苦，它们也跟进去。我印象最深的就是到谁家去都会跟着一条狗，最后好几条狗都跟着进门，真好玩。那些狗都很瘦。

老人与英雄

朱又可：第二次去了哪里？

张炜：到了栖霞。西部最高的一座山叫"蚕山"。为什么到那里去？因为认识一个老人，他是一位当地战斗英雄的战友。这位英雄是在24岁的时候被打死的。我认识的老人是英雄的战友，他腿上有一个洞，受过伤，参加了无数的战斗。有一年动员部队回乡劳动，他就回来了。他跟那个英雄是一个班的，我们让他讲英雄的故事，他就讲了许多。他说，那个英雄为什么被打死了，就因为越是危险越要往前冲，别人都说他傻。他俩有一次一块儿受伤，养伤时一起住了很久，是邻铺。他说那个人会玩游戏，把火柴盒用一根线连到另一个病房里，那边说话，这边贴着耳朵听就能听见。那是"土电话"。他说有一次打仗，子弹非常猛，大家都卧倒，而那个英雄站起来张望，他就牺牲了。

那个蚕山，书里改成了"砧山"——所有真的山名都统一改了。

那个地方发生了重要的战斗，我就去实地查看。在那里不远，我看到了很大的烈士陵园。我在那个地方走了一个星期，包括蚕山附近的一些村庄。那一次我完全是徒步攀登，也是一个乐趣。到了登州海角以后，最感兴趣的不是平原，因为少年时候对这一切太熟悉了，特别想了解的是山区——胶东的山真美，漂亮极了。

在蚕山上，有一个人陪着我走。他说：这个山顶有一种石头可以吃，你信不信？我说：不可能。他说：这叫"脆骨石"，就是发青发白的一种石头。他找啊找，好不容易找到了，从石缝里抠出来，拿到嘴里就吃，咯吱咯吱嚼碎就咽了。我也拿了一块嚼了嚼，真的和脆骨一样，但是没有咽。小说里写到了一种"脆骨石"，就是蚕山上的。我印象很深，那天中午太阳晒着，石英石斑在山里像一面面镜子似的。他到处找"脆骨石"，嚼了就咽，还说：你放心吧，牙弄不坏。他说：挨饿的时候，我们上山找过这种石头吃。

蚂蚱庙

朱又可：你第二次跑了多长时间？

张炜：有一个星期的样子。慢慢地由近到远就跑开了，以山区为主，兼顾平原。有时候回到龙口整理一下笔记，休息一下。当年有个事情很难做，就是收"教育附加费"，公办教师每个月有工资，是国家财政拨下来的，大量的民办教师工资就靠教育附加费，这个要从公社和大队收上来集中发放。这个工作麻烦，矛盾多，当时就让我去收。一个个乡镇串，倒是非常有意思。整整做了两个多月，了解了许多事情。关于一些近乎失传的拉网号子、海边河汊的掌故，都是那段时间收集的。

朱又可：每个村子都要走到吗？

张炜：主要是去乡镇，重点的村子需要和乡镇的人一块儿去。那段时间收集民间许多拉网号子、海边神话故事。在屺峿岛的一个沙坝有一个村子，那上面有一个蚂蚱庙。为什么有蚂蚱庙？因为过去蝗灾来的时候蝗虫铺天盖地，胶东历史上经常遭受这种蝗灾，他们就说蚂蚱有神灵。蚂蚱体量很小，所以用不着盖那么大的庙，就盖一个桌子高的、很精致的小庙。现在搞成旅游岛了，那个庙也就没有了。我画了一个蚂蚱庙的草图，记下了它的传说和功能。它是实在的东西。当年老百姓到了秋天或者春天，蝗灾要发生的季节，一定要在这个地方进一些香火。我没有听说别的地方有蚂蚱庙。

岛主

朱又可：这两个月，主要是跑教育附加费。

张炜：对。这个过程遇到的怪事也有一些。有一次到一个岛上去，他们总是说"岛主"如何。岛主是当地的叫法，相当于村长。我以为岛主长得巍巍峨峨很高大，一见才发现原来个子不高，剃着秃头，络腮胡子，穿一条既不像裤头也不像长裤的粗布下衣，一过来就叉着腰说话。其实他并不是什么领导，但所有事情都是他说了算。岛上有书记，他在大家眼里却不是主事的。可能是性格或辈分的原因，这里什么事情都得岛主说了算。他也不尊重上面来的干部，对谁都不尊重，粗声辣气的。后来慢慢跟他熟了以后才好一点,他原来是个不错的人。

我第一次在他那里吃到一种东西叫"海肠子",过去见了都不敢吃,像胶皮管一样,一段一段的,很鲜。岛主喝酒的时候用碗,不用杯子,花生米用手去捏,小鱼也用手抓着吃。他问:嫌我邋遢吗?我说不嫌,也用手捏着吃。我把他写在文章里。那个人很豪爽,还提议让我在这个岛上盖一个房子,说:我给你盖。我说如果有闲房子就可以住,不必盖。他大手一画说:这一排都是你的。我后来再没有去过。

那个海岛很美,后来搞养殖了,环境就差一点了。当年去的时候就是一座仙岛,东边一座山头,上面有个灯塔,灯塔下面的鸟粪有几尺厚,是几辈子攒起的鸟粪,多好的资源。岛上还有黑色的石头,无比坚硬,叫岛石。很多墙都是黑岛石做的,就像钢铁一样。

人送外号"野蹄子"

朱又可:第三次行走呢?

张炜:第三次不太记得了,零零碎碎不停地走,越走范围越大。我回济南有时就往南去鲁南鲁西了。每一次印象都特别深。我离开案头的时间越来越多了,一方面是写累了,另一方面要补充材料。前十年我走得比较多。

朱又可:就是1988年到1998年?最后一次翻山越岭地走是什么时候?

张炜:90年代。因为我走,在路途上停留的时间就比较长,停在一个地方就可以写东西，写一段再走。后来走的时间越来越少了，因为工作量很大，我不能老在外面，有时候因为资料的问题，就频频改换环境，这使我的肠胃不好了。后来我更多的是在几个地方住——有一个搞摄影的好朋友，我常回到他的家里去写。我写作不择条件，只要安静就好。他那个大炕就成了我的写字台——炕沿本来是齐的，坐那儿写没法放腿，他家的炕却凹进去一块，正好可以放腿。我在他的炕沿上写了很多东西。整理录音都是在他家，他留下了很多照片给我。我在胶东行走时留下的照片，有许多就是他拍的。有个青年画家陪我走了几个地方，还画下了一座山里的屋子——为什么要画它？因为我差点冻死在里面。他还画了海边的一些鱼铺，因为我写了很多它们的故事。我有一个跳楼自杀的画家朋友——那是一个天才，我在书中几次写到了他，他那么年轻，画得那么好！我的一幅素描就是他画的，也几次用在了书里。

朱又可：看到了，头发很像。

张炜：头发粗密，是现在的六倍。我不停地写，不停地走，头发就一点点离我而去了，散在风里了。

朱又可：最后一次在山里比较长时间的行走是什么时候？

张炜：不记得了。走的里程越来越短、越来越少了。一个是体力问题，另一个是时间问题。后来需要奋力地写，留给案头的时间要很多很多才行。因为四五百万字，得一个字一个字记在纸上。

朱又可：走了多少次没法计算了？

张炜：没法计算了。整天这样走来走去，根本没有办法计算。有时候走和工作、出差和写作，都搅在了一块儿，成了一种生活方式、一种习惯了。我在一个地方总是待着就不行，待不了几天就烦躁得不得了，必须走，必须捎起背囊。我常常有一个错觉：远处有一个人在喊我——快走啊，快走啊……在济南待不住，在龙口待长了也不行，老觉得远处有一个声音在说——走啊走啊……常常半夜醒了就听到这种呼喊——你有没有这种感觉？

朱又可：我也有。我在一个地方待时间长了也必须要出去。

张炜：有时候坐车也不行，必须徒步走上一场。我在一个地方住下以后必须出去走———一般都在村里找户人家住下。后来我出了一次事故，被车撞了一下，这给我增加了行走的困难。再加上年纪大了，家里事情也多了，还有写作任务的牵累，这才走得少了。路上有人给我起了一个外号，叫我"野蹄子"，就因为我根本待不住。那时候我的脸晒得花花狸狸的。

朱又可：等于动物化了，这种行走像动物一样。

张炜：反正我不能在一个地方长待。我是平脚板，他们就很奇怪，说：平脚板的人一般不能走太久，你竟然特别能走。

朱又可：你走多了以后是不是很轻松，不累？

第十一章　这根弦，这根老弦仍然在弹拨　405

张炜：那时候他们说我的腿很壮，不像现在这样。我从小在沙滩上跑、爬树，身体特别好，好到让他们惊讶的地步。现在总在屋子里写作、读书，身体不太好了。过去皮肤红黑，在阳光下……

张炜生活创作年表

1956 年

11 月 7 日，出生于海滨丛林。原籍山东省栖霞县。因社会动乱，全家自 20 世纪 40 年代初由龙口市迁入渤海湾畔的海滨丛林。

1970 年

入丛林附近的联合中学读初中。

在油印校园刊物《山花》上发表散文。

1972 年

未能升入高中。自该年起，在胶东半岛地区断续游荡数年，直到 1978 年考上大学。

1973 年

6 月，在龙口完成短篇小说《木头车》。

入高中。继续尝试写作短篇小说、诗歌、散文、戏剧等。

独自到南部山区拜见一位老琴师学琴，拜见一位地方报纸通讯员学写作，皆有获益。

1974 年

6月,在龙口完成短篇小说《槐花饼》,写出中篇小说《狮子崖》初稿。

去龙口北部渤海湾中的桑岛短期居住,探究岛上渔民生活。

1975 年

叙事诗《访司号员》发表(刊物不详)。

1976 年

在龙口完成短篇小说《钻玉米地》、《锈刀》、《铺老》、《叶春》、《槐岗》。

在栖霞完成短篇小说《开滩》、《造琴学琴》、《石榴》。

1977 年

4月,在龙口完成短篇小说《玉米》。

在栖霞写作短篇小说《公羊大角弯弯》、《在路上》。

在龙口写作《下雨下雪》等。

1978 年

8月,考入烟台师范专科学校(鲁东大学前身)中文系。

1979 年

2月,在烟台完成短篇小说《悲歌》、《告别》等。

1980 年

1月，参与创办的校园文学刊物《贝壳》创刊号油印出版，发表短篇小说《春生妈妈》。

3月，在《山东文学》第3期发表短篇小说《达达媳妇》。

6月，毕业分配到山东省档案局（馆）工作，参与编纂《山东革命历史档案资料选编》（全24辑）。

1981 年

4月，在龙口海滨采访渔民，搜集民间传说、拉网号子等。

5月，参加《青年文学》在青岛浮山举办的"青年作家笔会"。

1982 年

3月，出席山东省作家协会举办的"张炜短篇小说讨论会"。

4月，加入中国作家协会山东分会。

5月，在《山东文学》第5期发表短篇小说《声音》（《小说选刊》第7期转载，《新华文摘》1983年第5期选载）。

8月，作为山东作家代表团成员访问东北，在沈阳、长春、吉林、哈尔滨等地参加多场文学聚会。

10月，担任山东省青年联合会副主席。

短篇小说《看野枣》获《泉城》文学奖、《山东文学》小说奖、山东省政府文学奖。

短篇小说《古井》获《泉城》文学奖。

1983 年

2月，在《青年文学》第2期发表短篇小说《拉拉谷》（《小说选刊》

第 6 期选载）。

2 月，短篇小说《声音》在中国作家协会举办的 1982 年全国优秀短篇小说评选中获奖。

3 月，加入中国作家协会。

4 月，参加中国作家协会在河北省涿县举办的第二届农村题材创作研讨会。

7 月，参加《柳泉》举办的"黄岛笔会"，完成中篇小说《护秋之夜》及《秋天的思索》。

10 月，首部短篇小说集《芦青河告诉我》由山东人民出版社出版。

短篇小说《拉拉谷》获中国青年出版社 1983 年度文学创作奖。

1984 年

4 月，在《小说家》第 2 期发表中篇小说《护秋之夜》。

7 月，在《人民文学》第 7 期发表短篇小说《一潭清水》（《新华文摘》1985 年第 4 期选载）。

7 月，调任山东省文联创作室专业作家。

8 月，在《文汇月刊》第 8 期发表短篇小说《黑鲨洋》（《新华文摘》第 11 期选载）。

10 月，在《青年文学》第 10 期发表中篇小说《秋天的思索》。

12 月，在《人民文学》第 12 期发表短篇小说《海边的雪》（《小说月报》1985 年第 2 期选载）。

12 月，参加中国作家协会第四次代表大会。

1985 年

2 月，短篇小说《一潭清水》在中国作家协会举办的 1984 年全国优秀短篇小说评选中获奖。

6月24日，获共青团山东省委授予的"新长征突击手"称号。

6月，在《收获》第3期发表中篇小说《你好！本林同志》。

8月，赴山西参加首届"黄河笔会"，游五台山、大同、忻州等。

8月，在《当代》第4期发表中篇小说《秋天的愤怒》(《新华文摘》1986年第2期、《中篇小说选刊》1986年第3期选载)。

11月，参加山东省作家协会举办的《黄沙》讨论会。

短篇小说《声音》获济南市政府文学特别奖。

1986年

4月，中短篇小说集《浪漫的秋夜》由中国青年出版社出版。

10月，参加在河南郑州举办的第二届"黄河笔会"。

10月，在《当代》第5期发表长篇小说《古船》。

11月18—20日，出席山东省委宣传部、省作协、省文学研究所、省文学创作室、《文学评论家》等单位联合召开的《古船》讨论会。

11月27日，参加人民文学出版社主办的《古船》讨论会。

12月，中篇小说集《秋天的愤怒》由人民文学出版社出版。

1987年

8月，在《钟山》第4期发表中篇小说《海边的风》。

9月，随中国作家代表团出访德意志联邦共和国，参加波恩大学中国文学周活动，历时20天。顺访德意志民主共和国。

10月，在《文汇月刊》第10期发表短篇小说《美妙雨夜》(《新华文摘》1988年第1期选载)、《采树鳔》、《激动》、《梦中苦辩》。

10月，《张炜中篇小说集》由中国文联出版公司出版。

10月，连任山东省青年联合会副主席，同时任中国青年联合会委员。

11月初，到龙口市挂职深入生活。

11月20日起，在龙口市与青年作者做不定期文学讨论，历时五年，后整理为《葡萄园畅谈录》。

1988年

3月，开始长期旅居胶东，搜集研究民间历史资料，写"大河小说"《你在高原》片段。

4月，任山东省作家协会副主席。

7月，中短篇小说集《童眸》由北京十月文艺出版社出版。

10月，在《人民文学》第10期发表短篇小说《冬景》(《小说月报》1989年第1期选载)。

11月，获山东省委省政府授予的"山东省专业技术拔尖人才"称号。

12月，在《十月》第6期发表中篇小说《蘑菇七种》。

中篇小说《秋天的愤怒》获1986—1987年《中篇小说选刊》优秀中篇小说奖、山东省青年联合会青年益友奖。

短篇小说《荒原》获无锡国际青年征文金鸽奖。

在美国《世界日报》发表短篇小说《冬景》。

1989年

4月，长篇小说《古船》繁体字版由香港天地图书有限公司出版。

5月，中篇小说《秋天的思索》获1984—1988年《青年文学》创作奖。

7月，长篇小说《古船》繁体字版由台湾风云时代出版公司出版。

8月，长篇小说《古船》获山东省青年联合会青年益友奖。

9月,中篇小说《秋天的愤怒》获山东省首届泰山文艺奖一等奖。

12月,长篇小说《古船》获台湾金石堂最受欢迎图书奖。

担任山东省徐福文化研究会副会长。

1990年

3月12日,短篇小说《满地落叶》获1988—1989年《山东文学》小说创作一等奖。

11月18日,短篇小说《钻玉米地》在台湾《联合报》发表。

11月,短篇小说《梦中苦辩》在台湾《自由时报》发表。

1991年

4月,短篇小说集《美妙雨夜》由上海文艺出版社出版。

6月,《张炜中短篇小说集》由人民文学出版社出版。

7月,写作《你在高原》之四《鹿眼》片段。

8月,写作《你在高原》之三《海客谈瀛洲》片段。

10月,写作《你在高原》之七《人的杂志》片段。

12月,《你在高原》之六《我的田园》(上)由江苏文艺出版社出版。

12月,散文集《周末对话》由江苏文艺出版社出版。

短篇小说《玉米》获《当代小说》杂志优秀作品奖。

开始写作《你在高原》之一《家族》。

1992年

1月,中短篇小说集《秋天的思索》由香港天地图书有限公司出版。

1月,写作《你在高原》之九《荒原纪事》片段。

3月,写作《你在高原》之六《曙光与暮色》片段。

5月，在《收获》第3期发表长篇小说《九月寓言》。

5月，写作《你在高原》之二《橡树路》。

12月，获中国作家协会、中华文学基金会1992年度庄重文文学奖。

12月，写作《你在高原》之十《无边的游荡》片段。

中短篇小说集《秋天的思索》由台湾风云时代出版社出版。

长篇小说《古船》由台湾风云时代出版社再版。

1993年

1月，在《上海文学》第1期发表散文《融入野地》。

2月，在《峨眉》第1期发表《你在高原》之六《我的田园》（上卷）。

4月，在《峨眉》第2期发表《你在高原》之六《我的田园》（下卷）。

6月，长篇小说《九月寓言》由上海文艺出版社出版。

8月，五卷本《张炜名篇精选》由山东友谊书社出版，包括《中篇小说精选》、《短篇小说精选》、《散文精选》、《随笔精选》、《问答录精选》。

10月4—18日，山东大学、山东师范大学、烟台大学、烟台师范学院联合举办'93张炜文学周，其间多次参与座谈并致答辞。

11月，担任中国国际徐福文化交流协会副会长。

长篇小说《古船》韩文版由韩国草光出版社出版。

长篇小说《九月寓言》由香港天地图书有限公司出版。

长篇小说《九月寓言》获山东省优秀农村题材小说奖。

短篇小说《造琴学琴》获《山东文学》奖。

1994 年

2月，在《比较文学》第2期发表随笔《域外作家小记》。

2月，在龙口接待法国翻译家居里安·安妮一家。

4月，散文小说专辑《怀念与追记》获1993年《广东文艺》文学奖。

5月，短篇小说《消逝在民间的人》获1993—1994年《天津文学》优秀短篇小说奖。

6月，《九月寓言》获第二届上海"长中篇小说优秀作品大奖"长篇小说一等奖。

6月，中断《你在高原》之一《家族》的修改，开始写作长篇小说《柏慧》。

8月，在《收获》第4期发表散文《夜思》。

11月，散文《融入野地》获1992—1993年《上海文学》奖。

12月，长篇小说《柏慧》由北京十月文艺出版社出版。

12月，长篇小说《古船》获1986—1994年度人民文学出版社长篇小说奖。

12月，中篇小说《秋天的愤怒》获1986—1994年度《当代》中篇小说奖。

短篇小说《晚霞中的散步》获广州朝花文学奖。

短篇小说《武痴》获1993—1994年《天津文学》奖。

1995 年

2月，长篇小说《九月寓言》获山东省1994年精品工程奖。

4月，在《收获》第2期发表长篇小说《柏慧》。

4月，"新人文精神讨论"在全国展开，与张承志并称为"二张"，备受肯定和争议。

5月，长篇小说《古船》由台湾风云时代出版公司再版。

6月，《忧愤的归途》由华艺出版社出版。

6月，获山东团省委、省文化厅授予的"山东省十大青年文化名人"称号。

9月，《你在高原》之一《家族》由上海文艺出版社出版。

10月，在《当代》第5期发表长篇小说《家族》。

11月，再次获山东省委省政府授予的"山东省专业技术拔尖人才"称号。

11月1—5日，在山东威海参加"世界环境与文学"会议。

12月6日，出席上海文艺出版社、《文汇报》等四单位召开的长篇小说《家族》讨论会。

12月，长篇小说《家族》由《中华文学选刊》第6期选载。

12月，散文随笔集《生命的呼吸》由珠海出版社出版。

12月，中短篇小说集《如花似玉的原野》由人民文学出版社出版。

1996年

2月，六卷本《张炜自选集》由作家出版社出版，包括长篇小说《古船》、《我的田园》、《怀念与追记》，短篇小说集《一潭清水》，散文集《融入野地》，谈话录《葡萄园畅谈录》。

2月，散文随笔集《纯美的注视》由上海远东出版社出版。

4月，在《长江文艺》第4期发表短篇小说《致不孝之子》。

7月，长诗《皈依之路》分上下篇在《上海文学》、《青年文学》第7期发表。

8月中旬，受美国出版索引协会主席罗伯特·鲍曼、《美国文摘》邀请访问美国，历时两个月。其间参观纽约世贸中心及爱默生、艾略特、梭罗、惠特曼等作家旧居。《世界日报》、《侨报》等多家媒体报道并发表专访,《美国文摘》发表《20世纪杰出华人作家——张炜》。

10月,在《钟山》第5期发表中篇小说《瀛洲思絮录》。

10月,日本放送出版协会《中国语讲座》开始推出张炜作品专辑,从第10期到第12期共74篇。

10月,主编的《徐福文化集成》(全五卷)由山东友谊出版社出版。

10月,随笔集《心仪——域外作家:肖像与简评》由山东画报出版社出版。

12月,短篇小说《致不孝之子》获《山东文学》优秀作品奖。

12月,长篇小说《我的田园》获山东省精品工程长篇小说奖。

在日本《中国现代小说》季刊第11卷第3号发表短篇小说《致不孝之子》。

长篇小说《家族》由香港天地图书有限公司出版。

散文随笔《时代:阅读与仿制》法文版由法国Bleu de Chine出版。

在《新华文摘》发起的评选"最喜爱的作家"活动中,入选十位作家(位列第二)。

1997年

3月,四卷本散文随笔诗集《冬天的阅读》、《大地的呓语》、《羞涩与温柔》、《皈依之路》由东方出版中心出版。

5月,在《莽原》第3期发表短篇小说《仙女》(《小说选刊》第8期选载)、《唯一的红军》(《小说月报》第8期、《读者》第12期选载)。

6月,在《美国文摘》第6期发表随笔《我的创作——兼谈中国大陆新时期文学》(上)。

6月，小说《远河远山》由明天出版社出版。

7月，在《美国文摘》第7期发表随笔《我的创作——兼谈中国大陆新时期文学》（下）。

8月，在《花城》第4期发表小说《远河远山》（上）。

10月，六卷本《张炜文集》由上海文艺出版社出版，包括长中篇小说四卷，中短篇小说一卷，散文随笔诗一卷。

10月，应韩中友协与日中友协邀请访问韩国和日本。

在日本放送出版协会《中国语讲座》第10期发表小说《挖掘》。

散文随笔集《生命的呼吸》获国家新闻出版署颁发的1995—1997年全国城市图书奖。

《张炜名篇精选》（增订本五卷）获山东优秀图书奖。

编著的《徐福文化集成》获山东省精品工程奖和优秀外宣奖。

1998年

1月，短篇小说《致不孝之子》获《长江文艺》1996—1997年优秀小说奖。

2月，散文集《凝望——47幅图片的故事》由山东画报出版社出版。

4月，长篇小说《九月寓言》（修订本）获中国作家协会、国家新闻出版署颁发的"全国优秀长篇小说奖"。

10月，随中国大陆作家代表团首访台湾地区。

10月，受日本神奈川大学邀请访日，未能前往。为"国际圆桌会议·亚洲的社会和文学研讨会"提供书面发言《当代文学的精神走向》。

10月27日，在台湾《联合报》发表散文《山脉长存》。

11月7日，访问香港大学并演讲，后整理为《术与悟》。

《张炜小说选》由美国Blue Diamond Publishing Corp出版。

1999 年

2月，在《天涯》第1期发表文论《当代文学的精神走向》。

2月，在《中国作家》第1期发表短篇小说《鱼的故事》（《小说选刊》第3期选载）。

2月，在《寻根》第2期发表系列散文《徐福在日本》七题：《正史与口碑》、《佐贺》、《新宫老人》、《熊野》、《黑瘦青年》、《船队途经济州》、《日本学者说》。

3月11日，在济南接待德国学者提罗·蒂芬巴赫。

3月，长篇小说《古船》由法国文化科学中心确定为法国高等考试教材。

4月，受颁国务院政府特殊津贴。

11月，在《作家》第11期发表长诗《松林》。

11月，作品集《当代中国文库精读：张炜》由香港明报出版社有限公司出版。

12月，长篇小说《古船》入选《亚洲周刊》评选的"世界华语小说百年百强"。

12月，长篇小说《古船》入选由人民文学出版社与北京图书大厦评选的"百年百种优秀中国文学图书（1900—1999年）"。

在日本季刊《中国现代小说》第11卷第13号发表短篇小说《一潭清水》。

北京大学出版社出版的《百年中国文学经典》收入长篇小说《古船》、《九月寓言》，散文《融入野地》及短篇小说《一潭清水》。

散文随笔《心仪》法文版由法国 Bleu de Chine 出版。

长篇小说《古船》英文版（节本）由美国 Walt Whitman Publishing.co 出版。

长篇小说《九月寓言》由台湾时报出版公司出版。

长篇小说《远河远山》由香港明报出版社有限公司出版。

2000 年

3月初，应邀出访法国。9日，在法国国家图书馆演讲"想象的贫乏与个性的泯灭——对世纪末文学潮流的忧思"。12日，在法国作家协会演讲"自由：选择的权力，优雅的姿态"。

3月中旬，应意大利那不勒斯东方大学邀请出访意大利。

5月，在日本《螺旋》杂志第5期发表短篇小说《怀念黑潭中的黑鱼》。

10月，在《收获》第5期发表长篇小说《外省书》(《小说选刊·长篇小说增刊》2001年上半年号选载)。

10月，长篇小说《外省书》由作家出版社出版。

10月，在上海《文学报》、上海社会科学院举办的"百名评论家评选九十年代最具影响力的十作家十作品"中，张炜与《九月寓言》双双入选。

10月，长篇小说《九月寓言》获台湾好书奖。

11月，获评《中国文化报》"中国最受读者欢迎的作家"。

11月，出访日本，在一桥大学演讲《我跋涉的莽野》，在九州博多西南学院大学演讲《焦虑的马拉松》。

12月，获评新浪网"中国十大最受欢迎作家"。

《张炜小说选》法文版由法国 Bleu de Chine 出版。

2001 年

3月，《东岳文库·张炜》八卷十册由山东文艺出版社出版，包括长篇小说《古船》（上下）、《家族》（上下），中篇小说集《海边的风》、《蘑菇七种》、《请挽救艺术家》、《黄沙》、《金米》、《葡萄园》。

5月，中篇小说单行本《蘑菇七种》由南海出版公司出版。

6月，在日本《螺旋》杂志第6期发表短篇小说《美妙雨夜》。

11月18日，在台湾《联合报》发表短篇小说《钻玉米地》。

11月，在《当代》第6期发表长篇小说《能不忆蜀葵》。

11月，长篇小说《外省书》由台湾联合文学出版公司出版。

11月，《你在高原》之六《我的田园》由漓江出版社出版。

11月，受梅耶基金会邀请，以作家代表身份赴法国里尔参加第一届世界公民大会。

12月1日，在美国《世界日报》发表短篇小说《钻玉米地》。

12月12日，访问里昂第三大学，发表题为"纸与笔的温情"的演讲。

12月18—22日，参加中国作家协会第六次全国代表大会，当选为全委委员。

12月，《张炜诗选》由法国 Poetiques Chinoises Daujourdhui 出版。

法国 Editions Do La Maison 发表文论《选择的权利，优雅的姿态》。

《想象的贫乏与个性的泯灭》由法国 Littérature Chinoise 出版。

长篇小说《外省书》由香港天地图书有限公司出版。

2002 年

1月，长篇小说《能不忆蜀葵》由华夏出版社出版。

3月6日，在山东大学发表题为"文学的现代性"的演讲。

3月8日，在苏州大学发表题为"世界与你的角落"的演讲。

3月，随笔集《楚辞笔记》由台湾时报出版公司出版。

5月，中短篇小说集《蘑菇七种》由台湾印刻出版公司出版。

8月，接受《南方周末》采访，后整理为《对世界的感情》。

9月，长篇小说《外省书》获首届齐鲁文学奖。

10月22—23日，在山东省作家协会第五次代表大会上当选为山东省作协主席。

10月29日，被中国海洋大学聘为"驻校作家"。

12月，参与筹划的国内第一座现代书院万松浦书院在龙口建成。完成散文《筑万松浦记》。

长篇小说《古船》在日本《螺旋》杂志第2期开始连载，至2004年第5期。

2003年

1月，《你在高原》之八《西郊》（后更名为《曙光与暮色》）由春风文艺出版社出版。

1月，长篇小说《丑行或浪漫》由云南人民出版社出版。

3月，在《大家》第2期发表长篇小说《丑行或浪漫》。

5月，在《天涯》第3期发表散文《筑万松浦记》（《新华文摘》第7期选载）。

8月，在烟台参加出版咨询年会，并做题为"精神的背景"的发言。

9月29日，万松浦书院开坛，发表开坛致辞。

11月26日，在济南参加山东省档案馆名人档案库建立暨张炜手稿捐赠仪式，向山东省档案馆捐赠和寄存4000余件手稿资料。

11月，在《上海文学》发表短篇小说《父亲的海》（《中华文学选刊》第1期、《新华文摘》2004年第2期选载）。

11月，长篇小说《丑行或浪漫》获2003年"中国最美的书"奖。

12月，长篇小说《能不忆蜀葵》由台湾麦田出版公司出版。

长篇小说《丑行或浪漫》由台湾印刻出版公司出版。

短篇小说集《鱼的故事》获中国作家协会、国家环保局颁发的首届环保文学奖。

长篇小说《丑行或浪漫》获中国书刊协会年度畅销书奖。

《北国的安逸》由法国 Missives 出版。

《张炜散文》由法国 Veronique Meunier 出版。

2004 年

1月，获评为"2003年度山东省有突出贡献的中青年专家"。

3月，长篇小说《丑行或浪漫》入选中国小说学会"2003年度中国小说排行榜"。

3月17—29日，应法国文化部邀请，随中国作家代表团赴法国参加中法文化年中国图书沙龙活动。在法国国际会展中心做"鲁迅与中国当代文学"等三场演讲。活动周结束后，接受马赛大学邀请赴法国南部马赛大学讲学一周，并游览普罗旺斯地区。

5月，《你在高原》之五《怀念与追忆》（后更名为《忆阿雅》）由花城出版社出版。

11月，长篇小说《家族》（插图本增订完整版）由文化艺术出版社出版。

11月，山东省档案馆举行仪式，接受张炜捐献的部分手稿、著作版本等资料，建立"名人档案室·张炜"。

2005 年

1月，在《上海文学》第1期发表文论《精神的背景》。

4月，主编的万松浦书院院刊《背景》创刊号出版。

5月，长篇小说《远河远山》(续写完整版)由时代文艺出版社出版。

5月，散文集《绿色的遥思》、之二《批评与灵性》、之三《永恒的自语》由文汇出版社出版。

5月，孔范今、施战军主编，黄轶选编的《张炜研究资料》列"中国新时期文学研究资料汇编·乙种"由山东文艺出版社出版。

6月6日，在万松浦书院主持国际诗歌节并发表致辞。

8月，在《十月》发表长篇小说《远河远山·下》(《北京文学·中篇小说月报》第8期选载)。

9月中旬，赴英格兰参加国际诗歌节，顺访伦敦大学，参加诗歌朗诵会。

9月29日，在苏格兰湾园艺术中心主持万松浦书院论坛首次中英诗人大对话。

9月，诗集《家住万松浦》由时代文艺出版社出版。

《张炜小说选》由德国 SINICA 出版。

2006 年

1月，主编的《巴金箴言录》由时代文艺出版社出版。

1月，散文集《存在与品质》、之五《生命的刻记》、之六《诗性的源流》由文汇出版社出版。

6月28日，在首届上海文学周发表题为"今天的遗憾和慨叹"的演讲。

7月，长篇小说《九月寓言》由美国 Homa & Sekey Books 出版。

10月，哈珀·柯林斯出版集团在法兰克福书展举行新闻发布会，宣布"拥抱中国"选定出版三部中国现当代文学经典作品，长篇小说《古船》与沈从文的《边城》、老舍的《骆驼祥子》入选。

在日本《火锅子》杂志第 68 号发表短篇小说《冬景》。

《穿行于夜色的松林》由法国 Between the Langage 出版。

2007 年

1月4日，受聘为中国石油大学兼职教授及人文社会科学学院名誉院长。

1月，在《当代》第1期发表长篇小说《刺猬歌》（《长篇小说选刊》特刊2卷选载）。

1月，长篇小说《刺猬歌》由人民文学出版社出版。

1月，长篇小说《九月寓言》由日本彩流社出版。

3月4—16日，率山东省作家艺术家南美文化考察团访问拉美三国：古巴、阿根廷、哥伦比亚。

3月，散文集《张炜自述：野地与行吟》由中国社会出版社出版。

4月12日，在复旦大学发表题为"沉迷与超越"的演讲。

4月13日，在上海作家协会发表题为"言说的细部"的演讲。

4月17日，在北京师范大学发表题为"在半岛上游走"的演讲。

5月18日，在万松浦书院主持第九届徐福故里文化节暨《徐福志》首发式。

8月19日，在万松浦书院出席山东省学术（创作）基地、山东省广电总台工作室揭牌仪式。

12月1日，随中国作家代表团出访俄罗斯。拜谒雅斯纳亚·波良纳列夫·托尔斯泰故居、圣彼得堡陀思妥耶夫斯基故居。

长篇小说《古船》英文欧洲版由美国 Harper Perennial Modern Chinese Classics 出版。

2008 年

9月18日，在四川眉山"传统文化论坛"发表题为"大物与大言之间"的演讲。

9月，访问韩国，参加中韩作家讨论会。

10月16日，在北京师范大学国际研讨会发表题为"茂长的大陆"的演讲。

11月，在《人民文学》第11期发表短篇小说《东莱五记》（《小说月报》2009年第1期选载）。

11月，在《小说界》第6期发表长篇散文《芳心似火》。

12月31日，出席山东省首届泰山文艺奖（文学创作奖）颁奖大会暨首批签约制作家签约仪式。

日本《火锅子》杂志第5期开始连载《古船》（至2012年载毕）。

长篇小说《古船》北美版由美国 Haper Collins Publishers 出版。

短篇小说《东莱五记》入选中国小说学会"2008年度中国小说排行榜"。

2009 年

1月，长篇散文《芳心似火》由作家出版社出版。

1月，中篇小说单行本《蘑菇七种》由作家出版社出版。

3月，《蘑菇七种》单行本由美国 Homa & Sekey Books 出版。

4月11日，在淄博"读书大讲堂"发表题为"独一无二的文化背景"的演讲。

4月25—29日，出席在济南举办的第19届全国图书交易博览会。

5月，启动万松浦书院《徐福辞典》编纂工作，担任编委会主任。

6月，小说集《野地与酒窖》由明报月刊出版公司出版。

7月，小说集《野地与酒窖》由新加坡青年书局出版。

10月10日，在中欧作家对话会上发表题为"与全球化逆行的文学写作"的演讲。

10月30日，短篇小说《东莱五记》获第七届人民文学奖·优秀短篇小说奖。

12月，诗集《夜宿湾园》由上海文艺出版社出版。

2010年

1月，十卷本《中国当代作家·张炜系列》由人民文学出版社出版，包括长篇小说《古船》、《九月寓言》、《柏慧》、《外省书/远河远山》、《能不忆蜀葵》、《丑行或浪漫》、《刺猬歌》，中短篇小说集《海边的雪》、《蘑菇七种》，散文随笔集《夜思与独语》。

1月，三卷本《张炜作品》（《梦中苦辩》、《紫色眉豆花》、《筑万松浦记》）由青岛出版社出版。

3月，历时22年创作的"大河小说"《你在高原》（精装版）由作家出版社出版（《家族》、《橡树路》、《海客谈瀛洲》、《鹿眼》、《忆阿雅》、《我的田园》、《人的杂志》、《曙光与暮色》、《荒原纪事》、《无边的游荡》）。全书分39卷，计450万字。

3月16日，作家出版社举办《你在高原》新书发布会，因在香港讲学未能出席。

3月—6月，作为驻校作家受邀赴香港浸会大学主持"小说坊"，讲授小说写作。

3月，散文集《我又将逃往何方》由香港商务印书馆出版。

4月，在《香港文学》4月号发表短篇小说《叶春》，创作谈《写作，我们这一代》，文论《选择的权利，优雅的姿态》、《悲欢与喜庆之间》、

《书院随谈》。

4月,《你在高原》之二《橡树路》由上海文艺出版社出版。

4月,接受香港媒体采访,谈《你在高原》的写作,后整理为《渴望更大的劳动》。

5月2日,在香港中央图书馆发表题为"大自然,城市和文学"的演讲。

5月11日,接受香港电台采访,后整理为《潮流、媒体与我们》。

6月5日,与香港中学生聚谈,后整理为《更清新的面孔》。

7月,在《中国作家》第4期发表《你在高原》之九《荒原纪事》(上)。

7月4日,受邀任母校鲁东大学文学院名誉院长。

7月5—6日,出席鲁东大学校庆活动,发表题为"今天的阅读"的演讲。

8月30日,出席第17届北京国际图书博览会中国作家馆开馆仪式。

9月,在《中国作家》第5期发表《你在高原》之九《荒原纪事》(下)。

9月4—5日,出席中国作家协会主办的《你在高原》研讨会。

9月20日,在北京大学发表题为"留心作家的行迹"的演讲。

9月24—25日,在美国哈佛大学出席第二届中美作家论坛,发表题为"午夜来獾"的演讲。

10月10日,在中国现代文学馆发表题为"文学:21世纪的印象与展望"的演讲。

10月11日,上午出席由中国人民大学文学院、中国人民大学当代文艺思潮研究所主办的"《你在高原》长篇小说研讨会";下午在鲁迅文学院发表题为"消失的'分号'"的演讲。

10月19日，在海南师范大学发表题为"小说家和散文"的演讲。

10月21日，在华中科技大学发表题为"时代的阅读深度"的演讲。

12月21日，在中法作家对话会上发表题为"对经典的最后背离"的演讲。

12月，获评新浪网"2010年中国十大最受欢迎作家"。

《你在高原》之九《荒原纪事》获第四届鄂尔多斯文学大奖。

2011年

1月2日，在《中国教育报》"2010年度十大文化人物"评选中列首位。

1月9日，在《出版人》杂志与搜狐读书频道联合主办的"2010中国书业年度评选"中获"年度作者奖"。

1月9日，香港《大公报》公布2010年度"最值得珍藏的人与书"，张炜和《你在高原》列首位。

1月10日，获《齐鲁周刊》"2010十大齐鲁精英人物"。

1月13日，《你在高原》入选《当代》长篇小说"年度五佳"。

1月中旬，《你在高原》在香港《亚洲周刊》"2010年全球华文十大小说"的评选中位居榜首。

1月22日，参加中国现代文学馆第二届中法文学论坛。

1月，《你在高原》获评《人民日报》、人民网举办的"2010年度影响力10部书"。

1月，《青年文学》第1期开始连载《小说坊八讲》，至2012年第1期结束。

3月1日，出席"中国作家出版集团奖"颁奖大会，长篇小说《你在高原》获特别奖。

4月，《小说坊八讲》繁体字版由香港商务印书馆出版。

5月5日，《南方周末》推出"张炜专题"。

5月6日，在华南师范大学发表题为"求学今昔谈"的演讲。

5月7日，获第九届华语文学传媒大奖"年度杰出作家"奖。同日，新书《午夜来獾》发布会召开。

5月10—13日，在西安出席中国—韩国作家交流会议。

5月26日，受邀任聊城大学文学院名誉院长。

7月20日，在济南主持召开纪念山东省作家协会成立60周年大会。

7月，《童年》（自传）法语版由法国 Veronique Meunier 出版。

8月6日，在万松浦书院接待西藏作家代表团来访。

8月15日，在万松浦书院接待河北"寻访文学大家"交流团。

8月20日，第八届茅盾文学奖揭晓，《你在高原》居五部获奖作品之首。

8月26日，在北京参加第八届茅盾文学奖获奖作家中外记者见面会。

8月28日，山东省文艺评论家协会组织召开第八届茅盾文学奖获奖作品《你在高原》座谈会，张炜因出访未能参加。

8月30日，出席在澳大利亚悉尼举办的"中国文化年"活动项目之一中澳文学论坛开幕式，发表题为"当代写作的第三种选择"的演讲。

9月5日，山东省作家协会在济南召开张炜长篇小说《你在高原》座谈会，张炜因出访未能参加。

9月14日，聊城大学文学院主办张炜作品研讨会暨获奖祝贺会。

9月19日，出席在国家大剧院举行的第八届茅盾文学奖颁奖典礼。

9月，《小说坊八讲》由生活·读书·新知三联书店出版。

10月13日，在中国国际徐福文化交流协会第三届会员代表大会上当选为会长。

10月29—30日，参加鲁东大学举办的"张炜《你在高原》研讨会"。

11月26日，在四川眉山"文化讲堂"发表题为"文化环境与自然环境"的演讲。

11月，长篇散文《芳心似火》由韩国Book Pot出版。

12月9—11日，出席复旦大学中文系和浙江工商大学人文与传播学院在杭州联合主办的"张炜创作学术研讨会"。

12月11日，在浙江工商大学发表题为"不同的志向"的演讲。

12月18日，在湖南"文学名家讲堂"发表题为"数字时代的语言艺术"的演讲。

《你在高原》之十《无边的游荡》由《长篇小说选刊》特刊8卷选载。

2012年

1月9日，在北京出席长篇小说《半岛哈里哈气》新闻发布会。

1月，在《花城》第1期发表长篇小说《半岛哈里哈气》。

1月，《半岛哈里哈气》套装五卷（《养兔记》、《美少年》、《长跑神童》、《海边歌手》、《抽烟与捉鱼》）由河北少年儿童出版社出版。

3月29日，参加由华中科技大学中国当代写作研究中心主办的湖北省高校研究生学术沙龙"《你在高原》读书会"。

5月12日，在万松浦讲坛授课。

7月5日，出席山东省作家协会第二批签约作家签约仪式。

9月上旬，与美国出版商签署国际版权合作协议。

9月，《游走：从少年到青年》繁体字版由台湾思行文化传播公司出版。

10月，在万松浦书院主持"徐福笔会"。

11月12日，出席在国家图书馆举行的首部回顾文学人生的自述《游走：从少年到青年》新书发布会暨作品多语种推介会，向国家图书馆捐赠《芳心似火》手稿。

11月，《张炜及其作品》英文版由美国 Eric Abrahansen 出版。

2013年

1月11日，在北京参加20卷本《万松浦记：张炜散文随笔年编》、8卷本《张炜中短篇小说年编》（珍藏版）首发式。

4月，《古船》瑞典文版由瑞典 Jinring Publshing House 出版。

5月12日，在万松浦讲坛授课。

5月，《九月寓言》瑞典文版由瑞典 Jinring Publshing House 出版。

8月28日，出席第20届北京国际图书博览会中国作家馆开馆仪式，出席《张炜长篇小说年编》、《散文年编》、《短篇小说精选》英文版新书发布会。

30日，出席中南传媒集团在北京组织的"行走·思索·行走——《张炜散文随笔年编》研讨会"。

8月，《张炜小说选》英文版由加拿大 Eric Abrahansen 出版。

8月，19卷本《张炜长篇小说年编》由作家出版社出版。

8月，7卷本《张炜中短篇小说年编》繁体字版由台湾大地出版社出版。

9月，在《北京文学》第9期发表中篇小说《小爱物》、《蘑菇婆婆》（《小说月报》第10期选载《小爱物》、《蘑菇婆婆》，《小说选刊》第10期选载《小爱物》）。

9月，《万松浦书院10年》由万松浦书院印行。

10月3日，率中国作家代表团参加土耳其国际书展，发表题为"两片文学的沃土"的演讲。

10月，《远河远山》日文版在日本 Mitabungaku The Literary Quarterly 发表。

《张炜小说选》英文版由加拿大 Eric Abrahansen 出版。

2014年

1月21日，中篇小说《镶牙馆美谈》获首届边疆文学大奖金奖。

2月14日，在济南出席山东省作家协会第三批签约作家签约仪式。

4月26日，《张炜散文随笔年编》获第三届朱自清散文奖，出席在扬州举行的颁奖典礼。

5月22日，参加第三届万松浦讲坛。

6月，《丑行或浪漫》瑞典文版由瑞典 Jinring Publshing House 出版。

6月，《蘑菇七种》塞尔维亚语版由塞尔维亚 Geopoetika 出版。

7月，万松浦讲坛讲稿《也说李白与杜甫》由中华书局出版。

9月13日，儿童小说《少年与海》获全国第十三届精神文明建设"五个一工程"奖。

9月，在《诗刊》发表长诗《归旅记》。

10月18日，出席巴黎第三届中法文学论坛，在法国东方语言学院图书馆和法兰西国家图书馆参加对话会。

10月29日，受聘山东理工大学首批"驻校作家"。

10月30日，在万松浦书院出席中国国际徐福文化交流协会与山东省学术（创作）基地举办的《徐福辞典》专家审稿会。

11月，48卷本《张炜文集》（精装本与平装本）由作家出版社出版，包括长篇小说19卷，中短篇小说7卷，散文随笔20卷，诗歌2卷。

11月，散文集《描花的日子》（插图本）由明天出版社出版。

11月22日，出席在山东省档案馆举办的"张炜创作40年研讨会暨手稿、版本展"系列活动，捐赠8部中长篇小说手稿给山东省档案馆。《张炜文集》（48卷）首发式同时举行。

11月23日，出席山东新华书店、中华书局主办的《也说李白与杜甫》揭幕式暨签售会。

12月2—3日，出席山东省作家协会儿童文学创作委员会2014年年会扩大会议，发表关于儿童文学创作的专题讲座，向浙江师范大学儿童文化研究院捐赠手稿。

入选山东省首批"齐鲁文化名家"。

长篇小说《古船》法文版由法国Roman Seuil出版。

2015年

1月29日，获第三届《青年文学》杰出成就奖。

4月19日，出席济南品聚书吧与北大纵横EMBA班举办的专场见面会。

4月21日，出席山东省第一批签约文艺评论家暨省作协第四批签约作家签约仪式。

5月16—21日，出席第四届万松浦讲坛。

5月，《寻找鱼王》由明天出版社出版。

6月，《寻找鱼王》在《人民文学》第6期发表。

6月11—17日，参加第三届中韩日东亚文学论坛在北京、青岛举行的活动。

8月25日，出席万松浦书屋开业典礼并剪彩。

8月27日，出席第22届北京国际图书博览会。

8月，中短篇小说集《鸽子的结局》由安徽文艺出版社出版，并收为《张炜中短篇小说年编》第 8 卷。

8 月,《古船》西班牙文版由加拿大 Eric Abrahansen 出版。

10 月 20—22 日,出席 2015 年全国报告文学年会并致辞。

10 月 22 日,《徐福辞典》由中华书局出版,出席北京首发式。

10 月,《春声赋:张炜创作 40 年论文集》由山东大学出版社出版。

11 月 3—6 日,在韩国出席中韩著名作家(张炜/金周荣)作品研讨会。

11 月 13—16 日,出席在湖北武汉举办的法国文学周活动,15 日上午与法国翻译家安妮·贝尔赫雷特·居里安在湖北省图书馆做"半岛故事与法兰西情怀"的主题对话。

2016 年

年初,长篇少年小说《寻找鱼王》先后获十几项荣誉,包括国家新闻出版广电总局 2015 年度"大众喜爱的 50 种图书"、中国出版协会 2015 年度中国 30 本好书、《出版商务周报》2015 年度桂冠童书、新阅读研究所 2015 年中国童书榜最佳童书、腾讯·商报 2015 年度华文好书、《中国教育报》2015 年度教师推荐的十大童书、《中华读书报》2015 年十佳童书、《中国新闻出版广电报》2015 年度好书、《中华读书报》2015 年度百佳图书之童书、《新民晚报》和当当网合办的首届"父母的选择"童书榜 2015 年度十佳童书、魔法童书会"妈妈眼中的 2015 中国原创好童书"、山东省图书馆首届奎虚奖优秀图书奖、第三届关爱成长"上海好童书"等。

1 月,万松浦讲坛讲稿《陶渊明的遗产》由中华书局出版。

4 月 6 日,参加山东省作家协会和济南法语联盟举办的中法文学座谈会。

4月9日,长篇少年小说《寻找鱼王》获评"2015中国好书",参加中央电视台"2015中国好书"庆典。

4月,16卷本插图珍藏版《张炜文存》由山东教育出版社出版,包括长中短篇小说9卷、散文6卷、诗歌1卷。

4月22日,出席在山东书城举行的《张炜文存》首发式,受聘为山东"全民阅读形象大使"。

4月,长篇童话《兔子作家》套装六册(《为猫王立传》、《鼹鼠地道》、《寻访歌手》、《孤独的喜鹊》、《马兰花开》、《天使羊大夫》)由安徽少年儿童出版社出版。

5月6日,出席台儿庄"贺敬之柯岩文学馆·柯岩馆"开馆仪式。

5月,在《天涯》第3期发表中篇小说《狮子崖》。

5月,在《人民文学》第5期发表长篇小说《独药师》。

5月,长篇小说《独药师》由人民文学出版社出版。

6月15日,参加人民文学出版社等单位主办的《独药师》新书发布会。

7月,"张炜少年读本"套装五册(《永远生活在绿树下》、《美生灵》、《岛上人家》、《名医》、《魂魄收集者》,洪浩选评)由山东教育出版社出版。

7月,长篇小说《独药师》由《中华文学选刊》转载。

8月,《当代·长篇小说选刊》第4期选载长篇小说《独药师》。

8月,《江南·长篇小说月报》第4期推出"张炜长篇小说"专号,刊登长篇小说《独药师》、《外省书》及评论文章、研究资料。

8月,长篇小说《独药师》入选由中国图书馆学会、韬奋基金会、中国出版集团公司、中国报刊发行行业协会、中国新华书店协会联合组织的"出版界图书馆界全民阅读好书榜(50种)"重点推荐图书

（2015—2016）。

9月24日，出席齐鲁书香节暨2016山东书展。

10月，散文《屺姆岛纪事》获人民文学观音杯散文特等奖。

10月，《兔子作家》（六卷）阿拉伯语版由黎巴嫩Digial Future出版。

11月6日，参加济南垂杨书院"张炜研究资料中心"落成仪式。

11月17日，长篇少年小说《寻找鱼王》获"2016陈伯吹国际儿童文学奖"图书（文字）奖。

11月，《古船》俄文版由俄罗斯Hyperion出版。

11月30日至12月3日，在北京参加中国作家协会第九次全国代表会议。12月2日，在中国作家协会第九届全国委员会第一次全体会议上当选中国作家协会副主席。

12月21日，长篇小说《独药师》获人民文学出版社"2016年度十大好书"。

12月22日，长篇小说《独药师》获《当代》长篇小说论坛"2016年度网络票选五佳作品"。

12月26日，长篇小说《独药师》获《中华读书报》"2016年度十大好书"，张炜获评"年度作家"。

12月27日，《寻找鱼王》获中国出版协会第六届"中华优秀出版物奖"。

12月，《兔子作家》获腾讯与《中国出版传媒商报》联合举办的"2016年华文好书评委会大奖"。

（编者：张洪浩）

后　记

张炜这位27岁写出名作《古船》、30年来创作量惊人却又沉潜的劳动者，终于又一次沉默潜行，完成并出版了他花费22年时间的"大河小说"《你在高原》。他可以缓口气了。

我"趁人之虚"，跟他做了11次采访，就历史、文学、时代、革命、道德、信仰、人性、婚恋、家族、土地、时间、写作秘密等话题，听他从容道来，大抵梳理了其无比纠缠又勇气非凡的思想历程，读者诸君由此可以渐渐清晰：张炜何以成为今天的张炜。

这是长久以来思想失语后的一次舒缓而漫长的言说，是一个人孤独穿越之后对20多年地理和文化时空的一次耐心的检索。

这可以看作一个作家的文学自传，当然加上了"第三者"——不用说，作家总是和自我对话，自我算是"第二者"——有了"第三者"的刺激，可能就有所不同：自传转向了开敞。它留下了一份张炜个人的"文学断代史"。它是一个始料未及、没有路标的冒险长旅。因此，它是犹疑的、试探的，在路途中会担心森林里的交叉小径被不小心错开——这是极可能的。怎么能不是呢？

这段从济南到广州的"酒店长谈"，不同于读小说，又似乎不亚于读小说：可以从中窥见一个作家的秘密，还有一个记者的——秘密和破绽的袒露使得你无法销赃毁迹。

20世纪90年代以来，中国发生了翻天覆地的变化。一个知识分子开始了个人的第二次抉择，或者变成肥厚的腐殖质的一部分，或者在肥厚的腐殖质上逐渐长成为大树。在物质主义流行的时代，知识以及知识分子在这个社会中的位置是什么？信仰或信念有什么意义？我们对于改变失去耐心或期待甚高了吗？20世纪90年代以来与辛亥百年来的关系，与三千年未有之变局抑或三千年未变之局的关系，张炜都几乎一一直面，并不回避。

十字架并不缥缈和轻巧……

朱又可
2013年5月13日修订于广州
2016年12月24日圣诞节前夕再次修订于广州